humanística

43

DE PLATÃO A CRISTO

Como o pensamento platônico moldou a fé cristã

LOUIS MARKOS

Tradução
Luiz Paulo Rouanet

humanística

Edições Loyola

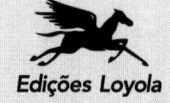

Título original:
From Plato to Christ – How Platonic Thought Shaped the Christian Faith
© 2021 by Louis A. Markos
InterVarsity Press – P.O. Box 1400, Downers Grove, IL 60515, USA
ISBN 978-0-8308-5304-5

Originally published by InterVarsity Press as *From Plato to Christ* by Louis Markos. © 2021 by Louis A. Markos. Translated and printed by permission of InterVarsity Press, P.O. Box 1400, Downers Grove, IL 60515, USA. www.ivpress.com

Originalmente publicado por InterVarsity Press como *From Plato to Christ*, de Louis Markos. © 2021 by Louis A. Markos. Traduzido e publicado com permissão de InterVarsity Press, P.O. Box 1400, Downers Grove, IL 60515, USA. www.ivpress.com.

Dados Internacionais de Catalogação na Publicação (CIP)
(Câmara Brasileira do Livro, SP, Brasil)

Markos, Louis
   De Platão a Cristo : como o pensamento platônico moldou a fé cristã / Louis Markos ; tradução Luiz Paulo Rouanet. -- São Paulo : Edições Loyola, 2024. -- (Coleção humanística ; 43)

   Título original: From Plato to Christ : How Platonic Thought Shaped the Christian Faith.
   ISBN 978-65-5504-389-1

   1. Cristianismo - Filosofia - História 2. Igreja Católica 3. Platão I. Título. II. Série.

24-214753   CDD-230.1

Índices para catálogo sistemático:
1. Cristianismo : Filosofia   230.1
Tábata Alves da Silva - Bibliotecária - CRB-8/9253

Capa: Ronaldo Hideo Inoue
(execução a partir do projeto gráfico original de Manu Santos)
Diagramação: Sowai Tam

Edições Loyola Jesuítas
Rua 1822 n° 341 – Ipiranga
04216-000 São Paulo, SP
T 55 11 3385 8500/8501, 2063 4275
editorial@loyola.com.br
vendas@loyola.com.br
www.loyola.com.br

Todos os direitos reservados. Nenhuma parte desta obra pode ser reproduzida ou transmitida por qualquer forma e/ou quaisquer meios (eletrônico ou mecânico, incluindo fotocópia e gravação) ou arquivada em qualquer sistema ou banco de dados sem permissão escrita da Editora.

ISBN 978-65-5504-389-1

© EDIÇÕES LOYOLA, São Paulo, Brasil, 2024

Para meu irmão George
*Com memórias de muitas conversas noite adentro sobre
Deus, o homem e o universo.*

Sumário

Prefácio 11
Nota sobre a tradução 17

Parte 1
A concepção pré-cristã de Platão

1. Sócrates, os sofistas e os pré-socráticos 21
    Verdade como revelação 22
    Em busca de definições 24
    O enigma pré-socrático 30
    Solução de Platão 33

2. República 41
    Intimações de Nietzsche 43
    Mentiras nobres e definições verdadeiras 51
    A alma tripartite 59
    Reis-filósofos 65

3. Os mitos – parte I 69
    A preexistência da alma 71
    Uma grande e misteriosa verdade 74
    Dia do julgamento 78

4. Os mitos – parte II 83
A jornada do filósofo 90

5. Leis 101
Virtudes morais e gosto estético 105
Poetas e legisladores 108
Confirmação do pecado original 111
Acalmando os deuses 115

6. Timeu 119
A queda de Atlântida 121
Um conflito entre Oriente e Ocidente 124
Criação e cosmos 125
Entre anjos e animais 134
Homens e mulheres 137

Parte 2
O legado cristão de Platão

7. O caminho ascendente 143
Preparando o caminho 144
Através do espelho, no escuro 149
Compreendendo a natureza humana 152
Corpo e alma 154
Macho e fêmea 157
Praeparatio evangelica 161
Precauções e esperança 164

8. Devaneios de Orígenes 167
O Deus que é sabedoria 168
A cera e a lama 173
A preexistência da alma e a salvação universal 177
O desejo da alma 181
Uma jornada para casa 182

9. Platão no Oriente: os três Gregórios 185
Gregório de Nazianzo sobre a teologia 186
Gregório de Nissa sobre Moisés 191
Gregório Palamas sobre a luz incriada 195

10. Platão no Ocidente: Agostinho, Boécio e Dante 201
A conversão de Agostinho 203

A *Consolação* de Boécio 206
A jornada de Dante 210

11. Da Renascença ao Romantismo:
Erasmo, Descartes e Coleridge 217
Erasmo sobre a justiça 219
Descartes sobre a busca da verdade 223
Coleridge sobre a imaginação 227

12. O platonismo cristão de C. S. Lewis 233
Lewis sobre a escolha 234
Lewis sobre o inferno 238
Lewis sobre o céu 241

Conclusão 245
Platão, o subcriador 245

Ensaio bibliográfico 249
Capítulo 1 249
Capítulo 2 250
Capítulos 3 e 4 252
Capítulo 5 253
Capítulo 6 254
Capítulo 7 255
Capítulo 8 257
Capítulo 9 258
Capítulo 10 259
Capítulo 11 260
Capítulo 12 261

Índice das escrituras 263

Prefácio

Ao intitular este livro como *De Platão a Cristo*, não pretendo sugerir que só os cristãos podem aproveitar sua leitura. Espero que seja lido por pessoas de todas as religiões ou por não religiosos que compartilham o amor pela beleza, a fome por bondade e a paixão pela verdade meus (e de Platão). Mas desejo, sim, sugerir que as obras de Platão podem ser lidas, de maneira mais proveitosa, em dois níveis simultâneos: como obras de gênio propriamente ditas e como escritos inspirados utilizados pelo Deus da Bíblia para preparar o mundo antigo para o advento de Cristo e o Novo Testamento. Platão, pelo menos em minha mente, é o maior filósofo de todos – a culminação do melhor da sabedoria pagã (pré-cristã), sabedoria que desafia o espírito, assim como incendeia a imaginação e deixa a alma ansiando por mais. Embora careça da revelação direta (ou especial) concedida a Moisés, Davi, Isaías, João e Paulo, Platão, todavia, foi inspirado por algo além dos confins de nosso mundo natural. Juntamente com sábios greco-romanos como Aristóteles, Cícero, Ésquilo e Virgílio, Platão vislumbrava profundos mistérios sobre a natureza de Deus e do homem, a terra e o céu, história e eternidade, virtude e vício, e amor e morte, os quais apontam para a plenitude da visão de mundo judaico-cristã.

Estou ciente de que semelhante leitura de Platão e de sua obra pode parecer, na melhor das hipóteses, bizarra e, na pior, para a mente contemporânea, pós-Iluminismo, como anti-intelectual, mas não devemos esquecer que muitos dos melhores pensadores do passado – homens como Orígenes, Agostinho e Erasmo – sustentaram essa visão de Platão e de seus companheiros protocristãos. A própria razão de que Aristóteles e Virgílio poderiam servir como prógonos e guias para os dois maiores repositórios do ensinamento católico medieval (a *Summa theologiae* e a *Commedia*) é que Aquino e Dante compreendiam que seus mentores pagãos tiveram acesso a uma sabedoria que transcendia sua época e lugar. Embora acreditassem que a queda do homem se dera tanto no corpo como no espírito, também acreditavam que o homem fora criado à imagem de Deus e ainda retinha a marca de seu Criador. É verdade, nossa razão, consciência e faculdade de observação foram corrompidas pela queda, mas ainda operavam e podiam nos proporcionar conhecimento limitado do Bem, da Verdade e da Beleza.

Com efeito, tão certo estava Boécio de que o homem decaído retinha, sob o amplo guarda-chuva da graça de Deus, a capacidade de tatear em busca do que é real (ver At 17,27), que ele tentou, em sua *Consolação da filosofia*, incorporar princípios éticos, embora se confinasse estritamente à sabedoria alcançada por pensadores pagãos como Platão e Aristóteles. Chaucer, autor do terceiro maior repositório do ensinamento católico medieval (*Contos de Canterbury*), claramente acreditava que a tentativa de Boécio havia sido bem-sucedida, pois seu *Conto do cavaleiro* (*Knight's tale*) atinge o mesmo posicionamento literário-filosófico: apontar para a mais plena revelação cristã, ao mesmo tempo em que limitava seus personagens a crenças acessíveis ao mundo pré-cristão. E Chaucer tomou emprestada a maioria dessas crenças de um livro que ele traduziu para o inglês médio: a *Consolação da filosofia*.

Deixe-me ser claro: tratarei Platão como fonte *bona fide* de sabedoria. Embora de modo algum eu vá abdicar de minha responsabilidade em medir, testar, avaliar e criticar, minha postura primária diante de Platão será a de um aluno aprendendo ao pé de um mestre. Platão foi um gênio, um vaso través do qual muita beleza, bondade e verdade foi lançada em nosso mundo. Ele não foi infalível, nem livre de erro, mas emitiu uma luz que faríamos bem em seguir – especialmente se desejarmos nos mover no caminho ascendente para as coisas que são efetivamente reais e verdadeiras.

Se lermos Platão nesse espírito, acredito que seremos modificados pelo que lemos. Passaremos a ver nosso mundo e o próximo com olhos diferentes, reavaliaremos o valor das coisas que antes acalentávamos e, talvez, até alteremos a trajetória de nossas vidas. Os diálogos de Platão são divertidos, e o grande mestre não se furta a torcer o nariz de seus leitores, mas que ninguém pense que se trata apenas de passatempos para alunos (ou professores!) ociosos de universidades. Platão é coisa séria, e nós também devemos sê-lo.

Ainda que Platão tenha ajudado a ensinar ao mundo ocidental que o conhecimento é algo que deve ser buscado por si mesmo, em lugar de sê-lo como método utilitarista para alcançar poder e riqueza – ensinamento fundamental para as instituições das artes liberais –, ele não considerava a filosofia como sendo meramente um fim em si mesma. A filosofia propriamente buscada e adequadamente manejada deve levar a um fim maior e superior – a contemplação do que Platão chamava de Bem e do que mais tarde os teólogos cristãos chamaram (seguindo Platão) de Visão Beatífica. O propósito da dialética de Platão não é nos ensinar a fazer jogos mentais, mas nos impelir no caminho para maior sabedoria e visão. Embora Platão, pré-cristão, não soubesse que a Verdade, em última instância, é uma Pessoa (ver Jo 14,6), ele a procurava de maneira tão tenaz e apaixonada quanto Salomão, João ou Paulo. Façamos o mesmo.

O caminho à frente

Meu diálogo com os diálogos de Platão se inicia com um olhar mais atento à influência que Sócrates, os sofistas e os pré-socráticos exerceram sobre o pensamento e a prática de Platão. Sócrates, por toda a sua paixão e gênio, assim sustentarei, era o tipo de pensador que era melhor fazendo perguntas do que fornecendo respostas – ou seja, o tipo ideal de pensador para inspirar seu pupilo brilhante a vestir o manto do mestre e se mover para formular respostas. Os pré-socráticos, por outro lado, prepararam o caminho para Platão, ao apresentar um enigma para o qual Platão proveria, no mundo pré-cristão, a mais original e influente solução.

Depois do primeiro capítulo, que inclui uma rápida visão geral dos primeiros diálogos, socráticos, de Platão, darei plena atenção aos grandes diálogos do período intermediário de Platão, incluindo *República*, *Banquete*, *Fedro*, *Fédon* e *Timeu*. É nesses diálogos que a voz madura de Platão é ouvida em toda a sua beleza e majestade, e nos quais suas ideias mais duradouras encontram plena expressão. Como a *República* é sua melhor e mais bem realizada obra, devoto todo o segundo capítulo a seguir Platão à medida que ele explora a natureza da justiça tanto no indivíduo quanto nos governos formados pelos indivíduos. Eu me concentro, em particular, no modo como Platão, pela voz de Sócrates, desaprova a crença comumente sustentada de que o homem injusto é mais feliz e mais bem-sucedido do que o homem justo, propõe um programa de educação que produzirá líderes de grande compreensão filosófica, contrasta a natureza efêmera das buscas mundanas com o valor duradouro da contemplação e redefine a natureza da religião, da sociedade e das artes.

A *República* talvez seja mais conhecida por sua marcante alegoria da caverna; porém, não é o único diálogo platônico a utilizar um mito bem conhecido para fins de ilustração e iluminação. Com efeito, quase todos os diálogos intermediários de Platão contêm memoráveis alegorias que apontam algum aspecto da jornada em direção à verdade. Compete aos capítulos terceiro e quarto investigar a sabedoria contida nesses ricamente imaginativos mitos e descobrir como eles operam juntos para fornecer um retrato multifacetado da luta interna que impele alguns para o mundo animalesco abaixo de nós e outros para o céu, acima.

Com o quinto capítulo, vou além dos diálogos intermediários de Platão, para examinar o coroamento de seus últimos anos, um diálogo intitulado *Leis*, que, como a maioria de seus diálogos tardios, não emprega Sócrates como seu porta-voz. Nessa reelaboração parcial da *República* voltamos a encontrar as questões centrais da educação, da virtude e das artes que continuaram a perturbar, desafiar e fascinar Platão até o fim de sua vida.

No sexto capítulo, dou um pequeno passo atrás para considerar um diálogo platônico que se mantém firmemente entre a *República* e as *Leis*, diálogo que, embora muito menor do que os dois outros, merece um capítulo próprio – não só devido a seu inerente brilhantismo, mas também porque foi o único diálogo de Platão a estar amplamente disponível ao longo de quase toda a Idade Média. Refiro-me, é claro, ao *Timeu*, uma obra platônica que é menos um diálogo do que um mito extenso, um relato da criação que traz marcantes similaridades com o Gênesis 1 e que, de todos os diálogos de Platão, contém os mais poderosos prenúncios do cristianismo.

Intitulei este livro como *De Platão a Cristo* e, de acordo com esse título, examino na segunda parte a influência de Platão sobre autores cristãos posteriores. Para preparar o cenário, apresento no sétimo capítulo uma leitura cristã dos mitos de Platão que procura avaliar, do ponto de vista da fé cristã, o quão próximo chegou o pré-cristão Platão de vislumbrar verdades bíblicas. Sustento que existe uma série de elementos-chave da visão filosófica e espiritual de Platão que não só podem ser conciliadas com as de Cristo, como podem efetivamente aumentar e fortalecer a vida espiritual do humanista cristão que desejar beber dessas duas correntes (a greco-romana e a judaico-cristã) que fluem de Atenas e Jerusalém e se encontram em Roma.

No oitavo capítulo, inicio minha análise da influência de Platão sobre autores cristãos, com uma leitura de um livro estranho e maravilhoso de um dos primeiros Padres da Igreja, que efetuou uma tentativa espirituosa e corajosa – embora, às vezes, heterodoxa – de filtrar a visão de Platão através das lentes de um cristão. Seu nome é Orígenes, e sustento que seu livro *Sobre os primeiros princípios*, de maneira bem-sucedida, equilibra uma firme crença nas doutrinas essenciais do cristianismo com um espírito livre e contagioso de investigação que ressuscita o autor da *República*.

Depois desse longo desenvolvimento sobre Orígenes, apresento uma série de capítulos curtos que acompanham a influência de Platão sobre a Igreja dos primeiros tempos, a Idade Média, a Renascença, o Iluminismo, a era romântica e o século XX. Nos capítulos 9 e 10, investigo a influência de Platão sobre três figuras-chave da ortodoxia oriental

(Gregório de Nazianzo, Gregório de Nissa e Gregório Palamas) e o catolicismo ocidental (Agostinho, Boécio e Dante). Todos esses seis escritores encontraram maneiras de reforçar sua própria fé e visão cristãs ao meditar as verdades reveladas em Platão.

O capítulo 11 se inicia com um olhar mais atento à obra de um grande arquiteto da Reforma e da Renascença, Erasmo, o qual escolheu não seguir Lutero no protestantismo, mas que encontrou maneiras de levar adiante o legado de Platão nas áreas do crescimento espiritual e da justiça política. De Erasmo, passo para o pai do Iluminismo e da filosofia moderna, Descartes, cujos métodos platônicos o ajudaram a se manter, segundo defendo, mais próximo do cristianismo do que os filósofos que seguiram sua trilha. Finalmente, examino como o grande poeta e crítica romântico Samuel Taylor Coleridge lidou com Platão em suas influentes teorias da imaginação.

No capítulo 12, volto-me para o maior apologista cristão do século XX, C. S. Lewis, para avaliar como suas visões radicalmente criativas, mas plenamente ortodoxas, sobre a natureza da escolha, do pecado e do céu representam uma perfeita fusão entre o pensamento platônico e a doutrina cristã.

O livro se conclui com um ensaio bibliográfico de livros por e sobre Platão que influenciaram meus próprios pensamentos e que devem se mostrar acessíveis para uma leitura mais ampla.

Nota sobre a tradução

Por uma questão de consistência, todas as passagens dos diálogos de Platão são citadas a partir das traduções do grande classicista vitoriano Benjamin Jowett (1817-1893). Ainda acuradas e altamente legíveis, as traduções de Jowett capturam a beleza e a complexidade da sintaxe de Platão, lembrando-nos que o filósofo que expulsou os poetas de sua república ideal foi ele mesmo um dos mais refinados poetas em prosa de todos os tempos.

Também escolhi me limitar a Jowett devido à acessibilidade de suas traduções para o leitor comum. Além de estarem disponíveis em uma série de edições baratas de editoras como a Modern Library (*Selected Dialogues of Plato*), Anchor (*The Republic and Other Works*) e Dover (*Six Great Dialogues*), as traduções completas de Jowett podem ser lidas gratuitamente na Internet seja no Projeto Gutenberg[1], seja em The Internet Classics Archive[2].

No que concerne às referências de minhas notas, em lugar de utilizar números de páginas de uma edição específica, utilizo a numeração

---

1. www.gutenberg.org
2. classk's.mit.edu

padrão da Stephanus. Esses números são extraídos da página e números de seções da edição de 1578 das obras completas de Platão por Stephanus (Henri Estienne). Como quase todas as edições de Platão, hoje, independentemente do editor ou tradutor, incluem os números da Stephanus à margem ou (o que é menos útil), no topo de cada página, esses números permitirão aos leitores localizar a passagem que estiver citando, qualquer que seja a edição que possuam em sua biblioteca.

Finalmente, embora todas as minhas citações sejam retiradas de Jowett, em meu ensaio bibliográfico compartilho com o leitor várias outras tradições e edições mais recentes que julguei serem úteis[3].

---

3. No que se refere à tradução para o português, irei basear-me na tradução de Jowett, utilizada pelo autor, mas consultando sempre que necessário, e possível, as traduções em português existentes, especialmente aquelas de Carlos Alberto Nunes, PLATÃO, *Diálogos*, vs. vv., ed. bilíngue, revista, Belém, UFPA, 2011. Também consultarei, quando necessário, a edição em francês, PLATON, *Oeuvres completes*, org. Luc Brisson, Paris, Flammarion, 2011. Utilizarei traduções existentes das Edições Loyola, como o *Mênon*. As edições utilizadas serão referenciadas em nota, sempre que a ocasião surgir. Para a *República*, utilizarei a tradução portuguesa: PLATÃO, *A República*, trad. e notas de Maria Helena da Rocha Pereira, Lisboa, Fund. Calouste Gulbenkian, [9][s/.d.] (N. do T.).

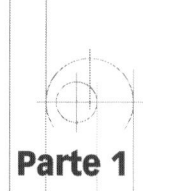

Parte 1
A concepção pré-cristã de Platão

1
Sócrates, os sofistas e os pré-socráticos

Permitam-me começar com o que pode parecer uma estranha admissão. Embora eu ame Platão acima de todos os filósofos, se tudo o que tivéssemos de Platão fossem seus primeiros diálogos socráticos (por exemplo, *Íon*, *Laques*, *Lísis*, *Cármides*, *Hípias maior*, *Hípias menor* e *Eutidemo*), eu dificilmente o classificaria no escalão mais alto dos filósofos. Ainda assim, esses diálogos, com seus finais abruptos e aparente incapacidade de fornecer respostas, constituem degraus necessários para os grandes diálogos do período intermediário de Platão (*República*, *Fédon*, *Banquete*, *Fedro*, *Górgias*, *Mênon* e *Protágoras*). São os degraus em pelo menos três maneiras: (1) parecem representar o pensamento e a abordagem do Sócrates histórico, mais do que de seu precoce pupilo, Platão; (2) constroem um quadro metodológico (impulsionado pela dialética) e teórico (baseados em definições) sobre o qual se apoia a filosofia da maturidade de Platão; e (3) afastam o múltiplo, o parcial e o falso a fim de abrir caminho para o único, o pleno e o verdadeiro.

Verdade como revelação

Se eu fosse comprar uma casa antiga que caíra em um deplorável estado de abandono, minhas tentativas de restauração teriam que ser executadas por meio de um processo em duas etapas. Antes de cobrir as paredes lascadas e desbotadas com tinta nova, vibrante, eu teria que despender considerável tempo e energia retirando a antiga pintura e preenchendo os buracos com argamassa. Do mesmo modo, antes de colocar no piso custoso mármore de Carrara, eu teria primeiro de realizar o trabalho prévio de quebrar o piso antigo e arrancar os carpetes rasgados e manchados, remover os tijolos mofados e as rústicas tábuas de assoalho. Nem a quebra, nem o arrancar constituem trabalho glamouroso, mas ele precisa ser feito para que a casa alcance seu pináculo de beleza.

Com a habilidade de um mestre pintor e a precisão de um mestre de obras, Platão construiu um glorioso palácio da filosofia, mas ele só pôde fazê-lo porque seu professor, Sócrates, realizara o trabalho duro de preparar as paredes e os pisos. A filosofia, tal como Platão a praticava, significava uma busca pela Sabedoria: não pelos mil e um microssistemas que competem pela supremacia no mercado de ideias, nem por aquelas opiniões relativistas, feitas pelo homem, que se disfarçam como padrões divinamente revelados, mas por aquela Verdade única e eterna que transcende nosso mundo em constante mutação, que sustenta e permanece.

Infelizmente, semelhante investigação, difícil em qualquer época e lugar, foi ainda mais dificultada pelos sofistas, professores de aluguel, os quais, ao instruir os filhos dos ricos nos métodos da lógica, da retórica e da oratória, tiveram sucesso garantido na vida econômica e política da *pólis* (cidade-Estado) de Atenas. Diferentemente de Sócrates, que acreditava em padrões divinos de comportamento e crença, os sofistas, como grupo, consideravam serem relativas as ações éticas e as verdades filosóficas: algo que mudava de *pólis* para *pólis*.

Sócrates se colocou como objetivo filosófico limitado, humilde, não alcançar essa Verdade com V maiúsculo à qual Platão dedicou sua vida, mas sim esclarecer todas essas verdades sofísticas, com v minúsculo, que tornam impossível para os alunos ou para seus professores apreender sequer um lampejo da Verdade. Neste mundo de sombras móveis no qual vivemos, é quase impossível se orientar em meio a todos os múltiplos véus de inverdade a fim de vislumbrar esse lampejo esmaecido – isto é, impossível a menos que possamos encontrar antes um caminho para dissipar as sombras.

Eu com frequência asseguro a meus alunos que, se eles se concentrarem mais e focarem suas mentes de maneira mais firme, o significado do que eles estão lendo emergirá e se tornará claro para eles. O que estou lhes dizendo, com efeito, é que o conhecimento que eles buscam já está ali, escondido e inserido no texto que eles estão estudando. Se puderem apenas afastar o que está os impedindo de vê-lo, o conhecimento será liberado, e colherão os frutos de seu trabalho.

Se eles se mostrarem céticos, então reforço minha certeza com uma bem conhecida anedota da Renascença, que é provavelmente apócrifa, mas que ainda assim transmite uma grande verdade. Quando perguntado, assim narra a história, como pôde criar uma escultura tão perfeita como seu *Davi*, Michelangelo respondeu que, quando ficou pela primeira vez diante da peça única de mármore (poroso) que produziria sua obra-prima, ele viu Davi, simples e inteiro, no meio da pedra. Depois desse momento de visão, ele só precisou retirar todo o mármore que não era Davi.

Como a estátua do rei messiânico de Israel, a Verdade não é tanto algo que construamos, mas algo que cavamos. O filósofo que busque a verdade deve ser um mineiro, alguém que escava camadas de erro e ilusão para descobrir a verdade que se encontra no centro da mina. Ou, para mudar a metáfora sem mudar o significado, deve ser como um alpinista que sobe através de camadas de neblina e nuvens para alcançar o aparentemente inacessível cume do Monte Everest. Ou, para mudar mais uma vez, como o sumo sacerdote de Israel abrindo caminho em meio a uma série de véus cada vez mais espessos, até alcançar a arca da aliança, que se situa no centro do que há de mais sagrado. A jornada para baixo, para cima ou para o centro, afinal, é a mesma jornada, pois seu *telos* (seu fim e propósito) é o mesmo: alcançar o Primeiro Princípio, a Origem Essencial, a Verdade Transcendente.

O título original do último livro da Bíblia é Apocalipse, palavra grega que significa, literalmente, "desvelamento". Traduzida para o latim, a palavra se torna "revelação" (re-velar, o que significa desvendar). Pode parecer estranho, à primeira vista, que o mais obscuro e críptico livro da Bíblia traga um título que significa "desvelar". "Cobrir" não descreveria de maneira mais acurada os efeitos da leitura da grande profecia de João? Mas o livro é adequadamente nomeado. A razão pela qual o Apocalipse nos parece tão estranho é que não estamos acostumados a olhar diretamente para a eternidade. Por intermédio do poder da revelação, João rasga os véus do tempo e do espaço, permitindo-nos vislumbrar os trabalhos divinos, supratemporais da história.

A menos que o filósofo seja treinado na quase mística arte do desvelamento, de rasgar os véus até que a verdade se revele em toda a sua glória e esplendor, ele não pode esperar se aproximar dos mais profundos recessos da sabedoria.

Em busca de definições

Acredito que foi a missão de vida de Platão elevar nossa visão das pequenas verdades, com v minúsculo, de nosso mundo de sombras para a verdade com maiúscula que se situa além dele, do outro lado da porta. Mas qual a parte, exatamente, que coube a Sócrates desempenhar nesse processo? Embora não seja possível separar, de maneira completamente precisa, o pensamento de Sócrates daquele de Platão, eu sustentaria, com base nas diferenças entre os primeiros diálogos e os diálogos intermediários de Platão, que Sócrates preparou o caminho para este, fazendo o trabalho "sujo" de afastar o acúmulo de falsos ídolos e noções que nos impedem de apreender a Verdade. Sócrates conseguiu esse clareamento por meio de uma vigorosa dialética de perguntas e respostas. Ou, para tomar emprestada uma imagem de Arquimedes: qual foi a alavanca que permitiu a Sócrates transformar o mundo da filosofia?

Mesmo uma leitura cursiva dos primeiros diálogos dará a resposta à questão imediatamente evidente. A alavanca de Sócrates era a humilde, mas persistente, busca pela definição de virtudes-chave como a coragem (*Laques*), a amizade (*Lísis*), autocontrole (*Cármides*) e bondade/beleza (*Hípias maior*). Ao perguntar, perguntar e perguntar repetidamente o que é a coragem – não apenas uma forma particular ou exemplo de coragem, a coragem *mesma* –, Sócrates pôs a filosofia no caminho da Verdade. Com o tempo, Platão seguiria adiante na pista da definição, e isso o conduziria para o caminho ascendente das Formas. O objetivo de Sócrates, eu diria, foi mais limitado e preparatório. Em lugar de construir um sistema metafísico ou localizar as origens absolutas de todas as coisas, Sócrates pressionava seus interlocutores, especialmente aqueles de inclinação sofística, a questionar qualquer definição que não explicasse uma série de particulares conflitantes. Ao fazê-lo, Sócrates procurou estancar o relativismo que ele percebia no pensamento e nos argumentos dos sofistas.

É significativo, sem dúvida, que na maioria dos primeiros diálogos Sócrates seja retratado em diálogo não com seus amigos e discípulos – como o é na maioria dos diálogos do período intermediário –, mas sim com os sofistas e com aqueles que são simpáticos a eles e a seus ensinamentos. Além disso, embora Sócrates se conduza de uma maneira amistosa, simpática, um forte subtexto de competição com os sofistas e seus discípulos sempre jaz por trás da superfície, mesmo que seja com frequência, e de maneira divertida, diluído ao longo da troca de tiradas mordazes.

Pode-se admitir que Platão tenha apresentado seu professor em conflito com a sofística como maneira de defendê-lo da acusação de ser ele mesmo um sofista – acusação que foi levantada contra ele em uma comédia de Aristófanes contra a sofística, *As nuvens*, que levou a seu julgamento e execução em 399 a.C. –, mas o retrato tem sentido do ponto de vista histórico. Tanto Sócrates como os sofistas praticavam debate filosófico, e ambos os grupos utilizavam o método de perguntas e respostas, mas diferiam na maneira pela qual usavam a dialética e em seu objetivo último. E essa diferença dual não só confere aos primeiros diálogos boa parte de seu interesse e tensão, como explica por que Sócrates, e não os sofistas, mereceu ser honrado como sendo o pai da filosofia.

Na defesa que fez em seu julgamento (imortalizada na *Apologia* de Platão), Sócrates questiona, testa e examina um de seus acusadores (Meleto) para determinar quem beneficia a juventude de Atenas. A palavra grega para esse processo de exame por meio de perguntas e respostas é *elenchus* e era utilizada tanto pelos sofistas como por Sócrates. Nas mãos de Sócrates, o *elenchus* se mostrou inestimável como sistema para colocar a discussão em bases claras, para eliminar conhecimento errôneo e rejeitar definições erradas. Para os sofistas, por outro lado, era mais frequentemente uma ferramenta para fazer seu adversário tropeçar e abater sua resistência. Com efeito, nas mãos de um sofista ardiloso e agressivo, o *elenchus* muitas vezes dava lugar à erística. Derivada de Éris, a deusa grega da discórdia, cuja maçã dourada colocou os deuses uns contra os outros e deu início à Guerra de Troia, a erística conota tipos de debates mais polêmicos que utilizam pesadamente truques verbais e persuasão retórica. Sócrates raramente se envolve em erística propriamente dita, embora, como os sofistas, empregue frequentemente lógica questionável – em particular, falsas analogias e a falácia do ou/ou – para impulsionar a dialética na direção que ele deseja.

Pode-se admitir, também, que quando Sócrates utiliza lógica falha ou leva um argumento tão longe que corre o risco de cair no terreno do ilógico, ele se aproxima bastante de ser culpado de uma das acusações feitas contra ele em seu julgamento: a de tornar mais forte um argumento fraco. Ainda assim, em casos semelhantes, intenção e motivo são tudo. Em contraste com a maioria dos sofistas com quem debate, quando Sócrates segue uma abordagem ilógica ou mesmo erística, ele o faz não porque ele só se importa em vencer a discussão, ou porque tem sede de poder ou dinheiro, mas porque esses falsos passos são às vezes necessários na busca pela verdade. Embora o fim – atingir a verdadeira definição ou pelo menos afastar falsas – não justifique uma distorção consciente da lógica ou a flagrante manipulação de seu oponente, ele fornece um ímpeto e uma recompensa adequada para a filosofia.

No final do *Hípias maior*, Sócrates chega perto de assediar seu interlocutor, forçando-o a admitir que boas pessoas cometem crimes deliberadamente, enquanto pessoas más o fazem involuntariamente. No entanto, quando Hípias se recusa a concordar com essa conclusão, Sócrates encerra o diálogo com estas geniais palavras: "Tampouco posso eu concordar comigo mesmo, Hípias; e, ainda assim, parece-me que a conclusão, tal como vimos até agora, deve seguir-se de nosso argumento. Como eu dizia antes, estou sempre em país estrangeiro e, estando em estado de perplexidade, mudo continuamente minha opinião. Ora, se eu ou qualquer homem comum quiser vagar na perplexidade, não é de surpreender; mas, se vocês, homens sábios, também vagueiam, a questão começa a ficar séria tanto para vocês quanto para nós" (376b-c). Sócrates pode jogar duro, mas seu objetivo último é sempre o mesmo: seguir fielmente o argumento, aonde quer que ele conduza.

C. S. Lewis, possivelmente o maior apologista cristão do século XX, fez um uso honesto e eficaz da dialética – ou *elenchus* – socrática, para desencavar e defender verdades doutrinais e primeiros princípios teológicos em livros como *Mere Christianity* [Mero cristianismo], *The Problem of Pain* [O problema da dor] e *Miracles* [Milagres]. Durante seus anos de faculdade, porém, quando ele era um convicto ateu, utilizava as ferramentas da filosofia, com mais frequência, como modo de se mostrar ou de ganhar prestígio, ou simplesmente como passatempo. Um dos principais pontos de virada em seu longo caminho para a fé ocorreu quando ele entreouviu um de seus amigos cristãos e um de seus alunos discutindo Platão. À medida que ele ouvia, ele se deu conta, em um lampejo de iluminação, que eles discutiam filosofia como se ela realmente importasse, como se o que eles liam pudesse levá-los a mudar suas crenças, e mesmo seu comportamento. Pela primeira vez na vida, o Lewis sofista encontrou, face a face e em carne e osso, uma razão mais nobre, mais satisfatória, para estudar e se envolver em um debate filosófico[1].

Sócrates, nos primeiros diálogos, é estimulado por um desejo de formular definições que podem descobrir os verdadeiros e essenciais significados das virtudes espirituais, intelectuais, éticas e políticas, não só como um fim linguístico em si, mas como aguilhão para compreender e incorporar essas virtudes. O objetivo é elevado e lança a base para a grande metafísica de Platão, e, ainda assim, há algo vagamente insatisfatório nos primeiros diálogos. Embora sejam dramaticamente robustos e ainda que constituam importantes avanços em direção à verdade, são falhos tanto por sua lógica estrita quanto pelo frustrante fato de que Sócrates jamais chega à definição à qual ele se propõe buscar. Como

---

1. LEWIS, C. S., Surprised by joy. The shape of my early life, in: *The inspirational writings of C. S. Lewis*, New York, Inspiration Press, 1991, 123.

resultado, chega-se ao final interessado e mesmo edificado, mas nada admirado nem inspirado.

Na verdade, minha tese de que Sócrates desempenhou um papel mais "negativo" de demolir falsos sistemas e definições, enquanto Platão desempenhou o papel mais "positivo" de construir sistemas e definições verdadeiros, se baseia principalmente no fracasso, nos primeiros diálogos, em alcançar o tipo de clareza filosófica que se encontra nos diálogos intermediários. Como argumentarei no próximo capítulo, pode-se até mesmo identificar o exato momento, na *República*, em que Sócrates deixa para trás o tipo de impasse que terminaria um diálogo anterior para propor novas definições e sistemas que podem explicar a natureza verdadeira e transcendente da justiça. Embora, mais uma vez, não haja evidência suficiente para permitir uma prova conclusiva, eu sustentaria que é nesse momento transicional que podemos discernir a mudança do professor para o pupilo, de Sócrates para Platão.

A maioria dos primeiros diálogos se inicia com um encontro casual entre Sócrates e um grupo de jovens que o respeitam, mesmo que discordem dele, e que anseiam se envolver em uma conversa com ele. Os encontros geralmente se vinculam a eventos tópicos, como a Guerra do Peloponeso – com frequência como maneira de livrar Sócrates do comportamento posterior extremo de seus jovens seguidores (especialmente o direitista Crítias e o esquerdista Alcibíades) –, mas eles rapidamente evoluem para um debate sobre a definição de palavras. Ainda que os oponentes de Sócrates, às vezes, levem a melhor, especialmente quando recorrem à erística, Sócrates sempre encontra uma maneira de voltar a dominar a discussão e controlar os parâmetros do debate. Uma por uma, ele erradica as falsas definições que ou deixam de explicar todos os particulares ou se contradizem. Ele o faz de maneira insistente, incansável, até que as definições apresentadas pelos presentes ou pelos sofistas – eles inevitavelmente acabam sendo os mesmos – tenham sido expostas como inadequadas, e então – e então – o diálogo termina!

Embora hábil em acabar com falsas definições, Sócrates jamais parece disposto ou capaz de fornecer uma definição plena própria. Por um lado, o fracasso se liga à famosa (ou infame) afirmação que ele faz em sua apologia de que seu saber reside não em seu conhecimento, mas no fato de que ele, diferentemente dos sofistas, sabe que não sabe: "O mais sábio é Sócrates, que sabe que sua sabedoria, na verdade, de nada vale" (*Apologia* 23b). Por outro lado, ele sugere que Sócrates possuía uma firme compreensão de seu papel vital, mas limitado, como uma mosca filosófica (para tomar emprestada a imagem séria-cômica que ele utiliza para si mesmo e seus métodos de ensino na *Apologia* 30d-31b). A maioria dos primeiros diálogos termina em impasse – o termo grego é *aporia* ou ausência de caminho –, mas se trata de um impasse criativo que impulsiona o leitor em direção à sua própria busca pela verdade.

Ironicamente, Jaques Derrida e muitos de seus herdeiros desconstrutivistas tomaram para si a palavra *aporia* para abrigar sua crença de que verdades absolutas e princípios transcendentes não existem – e de que, mesmo se existissem, não poderiam ser alcançados ou comunicados pelos seres humanos[2]. Considero isso irônico, pois o desconstrutivismo permanece em relação a nosso mundo (pós-)moderno em grande parte como a sofística em relação à cultura da Atenas antiga. Embora haja muita diferença entre os atuais desconstrutivistas e os antigos sofistas, ambos os grupos, em última instância, ensinavam que a busca por absolutos acaba girando em círculo sobre si mesma, produzindo um conjunto de princípios teológicos, filosóficos, éticos ou estéticos que mudam, muitas vezes radicalmente, de *pólis* para *pólis* e de cultura para cultura. A aporia encerra o debate, expondo como ingênua a busca por significado nas crenças que recitamos, nos livros que lemos ou nas ordens que seguimos.

Não é isso que ocorre com as aporias de Sócrates, que se assemelham mais aos paradoxos de Jesus: elas podem, e isso acontecerá se permitirmos, nos perturbar em direção à sabedoria. Longe de tornar a busca pela verdade como um beco sem saída, elas permanecem de guarda na porta da filosofia, mantendo afastados aqueles que não estão dispostos a ter suas crenças e comportamentos alterados por essa busca. Em lugar de nos deixar presos em um universo relativista, elas apontam para a frente,

---

2. Ver DERRIDA, JACQUES, Structure, sign and play in the discourse of the human sciences, in *Critical theory since Plato*, ed. rev., org. Hazard Adams, New York, HBJ, 1992, 117-126. Ver também BARTHES, ROLAND, The structuralist activity, in: *Critical theory since Plato*, 1128-1133.

na direção de padrões reais de certo e errado, bem e mal, virtude e vício. E, além disso, em direção à unidade da verdade e à unidade da virtude – para as eternas, imutáveis pedras fundamentais do pensamento e da ação que permanecem constantes, independentemente da *pólis*. Quando, em sua *Apologia*, Sócrates questiona Meleto para saber quais são os atenienses que melhoram a juventude, ele o conduz à aporia. Quando Sócrates terminou com ele, Meleto fez a ridícula afirmação de que todos os políticos e cidadãos de Atenas, *exceto Sócrates*, possuem um efeito salutar sobre os jovens da cidade. Uma vez o caráter absurdo dessa conclusão tenha tido tempo para se sedimentar nas mentes dos jurados, Sócrates desvenda a aporia, afirmando que, na verdade, há pouquíssimas pessoas que tornam os jovens melhores, enquanto a maioria lhes faz mal ou pelo menos não lhes faz bem (*Apologia* 24c-25b). Sócrates pode brincar com seus oponentes, mas somente como maneira de expor o relativismo e, ao fazê-lo, pode apontar para o centro do significado e da verdade.

O enigma pré-socrático

Embora eu considere perfeitamente justificável chamar Sócrates de pai da filosofia, deve-se compreender que a filosofia não saiu inteiramente armada da mente de Sócrates, como Atenas saiu da cabeça de Zeus. As ideias e métodos que culminariam em Sócrates levaram cerca de um século e meio (aproximadamente de 600 a 450 a.C.) para se difundir no mundo antigo. Durante as cinco ou seis gerações antes da idade dourada de Atenas, um grupo de pensadores inovadores da região do Mediterrâneo – de maneira mais notável Anaxágoras, Anaximandro, Anaxímenes, Demócrito, Empédocles, Heráclito, Parmênides, Pitágoras e Tales – lançou as sementes do pensamento científico e filosófico. Nós os chamamos de pré-socráticos, não só porque precedem Sócrates cronologicamente, mas também porque estabeleceram um quadro que seria tanto desenvolvido quanto criticado por Sócrates, Platão e Aristóteles.

Embora se possa, sem prejuízo, definir Platão como um filósofo que escolheu seguir a teoria mística de Pitágoras – afirmando a reencarnação e a importância dos números –, em lugar do naturalismo materialista e metodológico de Tales, Anaximandro e Anaxímenes (conhecidos como milésios), posicionarei Platão aqui entre o pluralismo de Heráclito e o monismo de Parmênides. Pois foi Platão, mais do que Empédocles, Anaxágoras ou Demócrito, que produziu a mais brilhante e duradoura resposta ao enigma filosófico de sua época: é a natureza da realidade plural ou singular, mutável ou fixa, em fluxo perpétuo ou em imóvel perfeição? Segundo Heráclito, vivemos em um mundo de mudança incessante. Nada permanece ou pode permanecer o mesmo. Com efeito, a única constante no universo é a própria mudança. Longe de existir em um estado de perfeição estática, nosso universo é o campo de batalha para uma guerra perpétua entre os quatro elementos (terra, água, ar e fogo) e seus pares qualitativos (quente e frio, seco e úmido). Embora essa luta entre os elementos fosse constante e feroz, Heráclito a via como positiva e criativa. De fato, para ajudar a ilustrar esse paradoxo cósmico, ele utilizava as imagens gêmeas do arco e da lira para expressar como a harmonia pode surgir a partir de forças opostas, aparentemente destrutivas. Assim como um arco é mantido justamente pelas forças que o fariam em pedaços, assim via Heráclito a luta entre os elementos como uma luta estabilizadora, em última instância[3].

A concepção de Heráclito, por estranha que pareça, coaduna-se bem com o mundo que percebemos à nossa volta. O mesmo não pode se dizer daquela de Parmênides, que sustentava, de maneira contraintuitiva, que o universo é fixo e estático, e a realidade é una e imutável. Na linguagem da filosofia, a posição de Heráclito é conhecida como pluralismo, pois sustenta que o cosmos se compõe de muitas substâncias diferentes em movimento. Parmênides, por outro lado, era monista: o universo, assim acreditava, compõe-se de uma única substância uniforme que não se move ou muda.

Para piorar as coisas para pensadores de bom senso como Heráclito, Parmênides sustentava que o verdadeiro conhecimento reside na

---

3. ALLEN, REGINALD E. (org.), *Greek philosophy. Thales to Aristotle*, New York, Free Press, 1966, 41-43.

natureza (*physis*, em grego) e é apreendido pela razão especulativa, enquanto a mera opinião se baseia no costume (*nomos*) e é percebida pelos sentidos. É claro, Parmênides utiliza a palavra *natureza*, aqui, não para se referir ao estofo material que vemos à nossa volta com nossos olhos físicos, mas à natureza última das coisas, que só podemos perceber com os olhos de nossa mente. Confiar em nossos sentidos e nos sistemas filosóficos, teológicos e científicos que se apoiam no fundamento dos sentidos é loucura. São as coisas que não podemos ver que são mais reais, pois são eternas e imutáveis[4].

Entre aqueles que procuraram resolver o enigma pré-socrático, Empédocles talvez seja o mais ousado e criativo. Embora não tenha inventado a teoria dos quatro elementos, Empédocles a transformou em um sistema inteiramente elaborado que influenciou cientistas e inspirou poetas por dois milênios. Baseando-se na obra dos milésios, ele conjurou um vasto cenário cósmico, no qual a dança incessante dos elementos se desdobra em todo o seu poder e glória. Como a interminável sístole/diástole de algum coração gigante, os elementos se movem, fluem e batem em um ritmo que torna a vida e o crescimento possíveis. No primeiro movimento da dança, a força da luta separa a terra, a água, o ar e o fogo; no segundo, esses mesmos elementos são reunidos novamente pela força do amor. O processo, como sabia Heráclito, é de movimento e mudança contínuos, mas o resultado, como teorizou Parmênides, é estase e perfeição[5].

No sistema cósmico bastante diferente de Anaxágoras, o universo se compunha não de quatro elementos distintos em uma dança de amor e luta, mas de um caos de partículas finas (ou sementes) que são organizadas pela mente universal (ou *nous*). Anaxágoras, ao que parece, ensinava que essas sementes materiais sempre existiram – ou seja, ele concordava com Parmênides que a matéria é eterna e indestrutível –, mas que seu arranjo, *à la* Heráclito, está em constante fluxo[6].

---

4. Ibid., 44-47.
5. Ibid., 52-54.
6. Ibid., 54-56.

Em algum lugar entre Empédocles e Anaxágoras situa-se Demócrito, o qual propôs um sistema similar ao das sementes e do *nous*, mas que esvaziou este último de todo propósito, inteligência e consciência. Segundo seu esquema, tudo o que existe no universo são átomos e o vazio. Por *átomo*, palavra grega para "aquilo que não pode ser dividido", Demócrito entendia o menor, mais fundamental bloco de matéria; por *vazio*, entendia um espaço vazio de não ser, o qual Parmênides se recusou a admitir em seu paradigma monístico, onde tudo é Uno e tudo é Ser[7].

Solução de Platão

Empédocles, Anaxágoras e Demócrito, todos eles lutaram valentemente para reconciliar os dois polos do enigma pré-socrático. Mas seria Platão quem proveria ao Ocidente a mais gloriosa reconciliação entre monismo e pluralismo – reconciliação que pôs a filosofia ocidental em um caminho verdadeiramente nobre. Embora a solução de Platão fosse alimentar algumas das heresias gnósticas da primeira Igreja, também ajudaria teólogos cristãos ortodoxos a compreender a verdadeira natureza da terra e do céu, do tempo e da eternidade, e do crescimento espiritual. Com efeito, sua solução pode ser lida como um comentário pré-cristão a 2 Coríntios 4,18: "Pois o que se vê é transitório, mas o que não se vê é eterno".

Com grande intuição e engenho, Platão postulava que *tanto* Parmênides *quanto* Heráclito estavam certos. O aparente impasse entre os ensinamentos deles resultava do fato de que suas concepções monistas e pluralistas se referiam a dois mundos diferentes. Nosso mundo físico, natural, material, o mundo no qual levamos nossas vidas e que percebemos por meio de nossos sentidos, é um mundo de constante mudança, fluxo e decadência. Como nosso mundo sempre luta pela perfeição, mas é incapaz de alcançá-la, Platão o chamava de Mundo do Devir.

---

7. Ibid., 50-51.

A natureza sempre cambiante de nosso falho e fraturado mundo nos impede de formar verdadeiro conhecimento a seu respeito; sobre ele e suas intermináveis flutuações só podemos formular opiniões (*doxa*, em grego). Mas há outro mundo, mais elevado, acreditava Platão, no qual tudo existe em um estado de eterna e imutável perfeição. Só se pode adquirir conhecimento desse Mundo do Ser invisível, não físico, por meio da razão e da contemplação. Platão explica sucintamente a dicotomia no livro VI da *República*: "E a alma é como o olho: quando repousa sobre aquilo em que a verdade e o *ser* brilham, a alma o percebe e compreende, e fica radiante com inteligência; mas quando voltada para o crepúsculo do *tornar-se* e do perecer, ela só possui opinião, e segue cega em relação a ele, e primeiramente tem uma opinião, e depois outra, e não parece ter inteligência" (598d, ênfase acrescentada).

Embora os quatro elementos dominem a dança física do Mundo do Devir, o verdadeiro primeiro princípio (*archē*) só pode ser encontrado no Mundo do Ser. Em nosso mundo, existe uma variedade infinita não só de objetos físicos (cadeiras, mesas), como de substantivos abstratos (beleza, verdade); a esses Platão se referia como os "muitos". Somente no mundo fixo, imutável, acima, encontramos o Uno ou a Essência, os Originais (Cadeira, Mesa, Beleza e Verdade) dos quais nossas cadeiras, mesas, belezas e verdades não são senão pálidas imitações, sombras. Platão se referia a esses originais como as Formas (ou Ideias) e insistia que o conhecimento delas não estava disponível para nossos sentidos. Também isto Platão expressa, de maneira sucinta, na *República* VI: "Há muitas coisas belas e muitas coisas boas e outras da mesma espécie, que dizemos que existem [...]. Existe o belo em si, e o bom em si, e, do mesmo modo, relativamente a todas as coisas que então postulamos como múltiplas, e, inversamente, postulamos que a cada uma corresponde uma ideia, que é única, e chamamos-lhe a sua essência. [...] E diremos ainda que aquelas são visíveis, mas não inteligíveis, ao passo que as ideias são inteligíveis, mas não visíveis" (507b).

Parmênides estava *certo* em estabelecer uma dicotomia entre razão/*physis*/conhecimento, por um lado, e sentidos/*nomos*/*doxa*, por outro. O que ele não percebeu é que o mundo pluralista de nossos sentidos efetivamente existe, embora seja finalmente superado pelo mundo monista, que é o único que está disponível para nossa razão. Assim, enquanto Parmênides invocava que rejeitássemos totalmente os dados recebidos de nossos sentidos, Platão nos chamava a elevar nossa visão acima das sombras (reais) de nosso mundo, para contemplar a verdade absoluta, nua das Formas.

A linha seccionada. Para ajudar a explicar, e encarnar, a natureza bipartida do universo e guiar seus pupilos para a jornada ascendente, Platão constrói, no livro VI da *República* (509d-511e), um modelo simples, porém profundo, de uma linha seccionada. A metade inferior da linha representa o Mundo do Devir. É iluminado pelo Sol e apreendido pelos cinco sentidos, mas pode produzir, no máximo, metaopinião. A metade superior representa o Mundo do Ser. É iluminada pelo Bem – para Platão, a forma última, que molda e ilumina todas as outras Formas – e apreendida pela razão; somente ela produz verdadeiro conhecimento.

A metade inferior ainda se subdivide em objetos físicos e as sombras desses objetos. Embora toda a metade inferior esteja isolada do tipo de intuição real que só pode ser adquirida pela contemplação das Formas invisíveis, a porção superior da metade inferior, no entanto, produz um tipo de conhecimento que pode funcionar como primeiro passo em direção à verdade mais elevada. Assim, embora o Mundo do Devir só possa fornecer *doxa*, aqueles que estudam os próprios objetos, em lugar de suas imitações, participam de uma ordem mais elevada de pensamento. Tristemente, para aqueles que, como eu mesmo, dedicaram-se a estudar os tipos de verdade e beleza encontrados nas artes imitativas (ficção, poesia, teatro, pintura e escultura), Platão consigna todas as manifestações da mente criativa como essas à parte inferior da linha, pois, como imagens em um espelho ou reflexos na água, elas carecem de substância e afastam da realidade para a ilusão.

Como explica Platão no livro X da *República* (595a-597e), assim como cadeiras, mesas, belezas e verdades terrenas não passam de sombras das verdadeiras Cadeira, Mesa, Beleza e Verdade que se situam no Mundo do Ser, do mesmo modo uma pintura de uma cadeira, uma escultura de uma mesa, um poema sobre a beleza ou uma peça sobre a verdade são elas próprias sombras de uma cadeira, mesa, beleza ou verdade terrenas. Enquanto tais, as representações artísticas são imitações de imitações, duas vezes afastadas das Formas e, assim, duplamente distantes do tipo de Verdade para cuja contemplação fomos criados. Em nosso mundo pós-romântico, tendemos a valorizar muito a imaginação. Platão, em nítido contraste com isso, considerava a imaginação como sendo a mais baixa ordem de pensamento e o método mais arriscado de interação com a Beleza e a Verdade. Ela inevitavelmente nos desvia do que é realmente real e verdadeiramente verdadeiro.

Em termos de nosso Mundo do Devir, as ciências naturais são superiores às artes, pois fixam nossos sentidos sobre objetos reais que possuem substância real – mesmo que essas substâncias sejam, afinal, sombras das Formas eternas. Ao estudar e analisar de perto nosso mundo físico, como os milésios o fizeram de maneira admirável, pode-se progredir da imaginação (ou conjectura) para a crença. Ainda assim, até que nos estendamos para a divisão central na metade superior da linha, não podemos esperar – como erroneamente esperavam os milésios – encontrar primeiros princípios. Ainda que o Sol tenha o poder de revelar a nós a plena natureza de nosso mundo físico, visível, ele não pode iluminar aquelas verdades maiores que transcendem a capacidade de nossos sentidos. A fim de perceber a Verdade que reside no mundo invisível (ou inteligível), o olho de nossa mente precisa ser iluminado pelo Bem. Somente então seremos capazes de passar da imaginação e da crença para a compreensão e a razão.

Assim como Platão subdivide a parte inferior da linha, ele faz o mesmo para a porção superior. Na parte inferior da metade superior, ele situa o tipo de pensamento desenvolvido por matemáticos como Pitágoras. O estudo dos triângulos por Pitágoras não se preocupa com os triângulos físicos que os arquitetos usam para construir templos, ou professores desenham na areia para ensinar a seus alunos. Pelo contrário, sua preocupação é com o Triângulo perfeito que não pode ser visto, saboreado, tocado, ouvido ou cheirado. Diferentemente das ciências naturais, que trabalham de maneira ascendente (indutiva), a partir da observação empírica, a geometria trabalha de maneira descendente (dedutivamente), a partir de princípios abstratos (ou dados) que definem as eternas harmonias e equilíbrios do cosmos[8].

Ainda assim, explica Platão, embora a geometria opere a partir dos dados, extraindo-os para cima, para as Formas, ela não procura alcançar esses dados e contemplá-los como fins em si mesmos. Para essa tarefa, precisamos passar do matemático para o filósofo – aquele que, como Sócrates, utiliza a dialética para subir a ladeira da verdade, em direção ao que Platão chamava de Visão Beatífica (*República* VII; 517d).

A alegoria da caverna. Embora eu tenha tentado descrever o melhor que pude a linha seccionada de Platão, em termos claros, acessíveis, confesso que a natureza abstrata da linha dificulta sua apreensão e absorção. É claro, semelhantes dificuldades não são exclusivas de Platão. Os princípios e provas de filósofos tão brilhantes como Aristóteles, Aquino e Kant são igualmente, se não mais, difíceis de compreender. Felizmente, Platão não nos deixa no fundo do poço da abstração filosófica, mas nos joga uma escada pela qual podemos subir até a luz da compreensão. Como Platão realiza esse ousado feito? Sem se envergonhar e sem se desculpar por ignorar – na verdade, contradizer – suas advertências contra os perigos da imaginação poética. Pois a escada que Platão nos lança, no livro VII da *República*, é metafórica. Com a habilidade poética de um Homero ou de um Sófocles, ele constrói um vívido mito/alegoria – uma narrativa inesquecível que dá vida e encarna os princípios filosóficos estabelecidos em sua linha seccionada. Assim que lemos e experimentamos a alegoria da caverna, de Platão, a natureza da linha seccionada se torna luminosamente clara, não só para nossas mentes, como para nossos corações e almas. Com o poder mesmerizante de um contador de histórias e apresentador, Sócrates/Platão exclama:

---

8. "Os pitagóricos, como são chamados, dedicavam-se à matemática; foram os primeiros a aprofundar seu estudo; e, tendo sido formados nela, pensavam que os preceitos dela eram os princípios de todas as coisas. Uma vez que, desses princípios, por natureza, os números são os primeiros, e nos números pareciam ver muitas semelhanças com as coisas que existem e que nascem – mais do que no fogo, na terra e na água" (ARISTÓTELES, *Metafísica* 985b, apud ALLEN, *Greek philosophy*, 38).

Imagina a nossa natureza, relativamente à educação ou à sua falta, de acordo com a seguinte experiência. Suponhamos uns homens numa habitação subterrânea em forma de caverna, com uma entrada aberta para a luz, que se estende a todo o comprimento dessa gruta. Estão lá dentro desde a infância, algemados de pernas e pescoços, de tal maneira que só lhes é dado permanecer no mesmo lugar e olhar em frente; são incapazes de voltar a cabeça, por causa dos grilhões; serve-lhes de iluminação um fogo que se queima ao longe, numa eminência, por detrás deles; entre a fogueira e os prisioneiros há um caminho ascendente, ao longo do qual se construiu um pequeno muro, no gênero dos tapumes que os homens dos "robertos" [marionetes] colocam diante do público, para mostrarem as suas habilidades por cima deles (514a-b).

As marionetes, segue explicando Sócrates, têm a forma de humanos e animais, árvores e pedras, e se movem incessantemente em círculo, em uma interminável sucessão. O fogo projeta as sombras das marionetes nas paredes da caverna, e os prisioneiros, que jamais conheceram outro mundo, tomam as sombras por realidade. Na verdade, a maioria deles passa suas vidas estudando as sombras, de modo que podem prever quando e em que ordem elas aparecerão em seguida. Eles até mesmo promovem competições e dão recompensas, os vencedores aplaudindo a si mesmos por suas habilidades de observação e análise.

Imagine agora, continua Platão, o que aconteceria se um dos prisioneiros rompesse suas correntes e se voltasse de frente para o fogo. Em um primeiro momento, ele ficaria cego pela luz direta do fogo, mas, se ele persistisse em suas tentativas de ver a verdade de sua situação, acabaria sendo capaz de estudar as próprias marionetes, cujas sombras antes constituíam sua inteira realidade. Imagine então que o prisioneiro fugido conseguisse abrir caminho para fora da caverna, até o ar livre. Como acontecera quando olhara para o fogo, a luz ainda mais brilhante do Sol o cegaria temporariamente, impedindo que ele visse os objetos do mundo externo. Afinal, seus olhos se ajustariam, mas, nos primeiros dias, ele só ficaria confortável ao olhar os reflexos das árvores e pedras nos rios e lagos. Como renovada persistência, no entanto, chegaria um dia em que ele seria capaz de elevar seu olhar das pálidas imagens na água para olhar, primeiro para as árvores e pedras, e, depois, para as estrelas e para o céu. "Finalmente, julgo eu, seria capaz de olhar para o Sol e de o contemplar, não já a sua imagem na água ou em qualquer sítio, mas a ele mesmo, no seu lugar" (516b).

A jornada épica do prisioneiro fugido visa significar, por parte de Platão, a jornada do filósofo que ascende ao longo das quatro seções da linha seccionada. As sombras na parede da caverna são como as artes: imitações de imitações, duas vezes afastadas dos homens, animais, árvores e pedras que residem no mundo real acima. Embora nós, como os prisioneiros, pensemos que essas sombras são a realidade e, de acordo com isso, dediquemos nossas energias para estudá-las, elas não possuem a menor conexão com a verdadeira realidade. Quando o prisioneiro volta seu olhar das sombras para as marionetes, ele passa das artes para as ciências naturais – dos reflexos para os objetos físicos efetivos que, pelo menos, possuem alguma relação com os objetos reais dos quais são imitações. Um estudo das marionetes lhes permitirá um tipo mais correto de conhecimento, embora a presença da ilusão ainda seja forte, e ele ainda estará preso no reino subterrâneo da *doxa*.

Assim que ele deixa a caverna, no entanto, ele cruza a grande fronteira entre o Mundo do Devir e o Mundo do Ser. Na alegoria, o fogo na caverna representa o Sol de nosso mundo, enquanto o Sol fora da caverna representa o Bem que ilumina todas as coisas no mundo invisível, intelectual. Somente ali, fora da caverna, que corresponde ao mundo perfeito, imutável acima da Lua, o prisioneiro verá as coisas como realmente são. E mesmo ali, na linha seccionada, existem dois estágios distintos. Os reflexos no rio e lagos são como os dados com os quais os matemáticos trabalham em suas provas geométricas, enquanto as árvores, pedras e o céu efetivos representam as Formas nas quais o filósofo fixa seu olhar. Somente ao se mover firmemente de um estágio para o próximo, das sombras para as marionetes, dali para os reflexos e dali para os objetos é que o iniciado pode esperar elevar seu olhar da parede da caverna para o Sol.

Então, tendo tocado o coração do eterno, ele precisa retornar à caverna para trazer a luz para aqueles que estão acorrentados embaixo. É verdade, quando ele retorna, ele se verá cego pela escuridão, confuso pelas sombras, e mal equipado para participar em fúteis jogos de adivinhação; não obstante, ele precisa descer. É possível que os prisioneiros o matem, como fizeram com o amado mestre de Platão, mas o chamado do filósofo é elevado – ele não se esconde do perigo ou dá muita importância às demandas e adulações da fama, fortuna e da carne. Platão conclui sua alegoria admitindo que "não devemos nos admirar que aqueles que atingem essa visão beatífica não estejam dispostos a descer para tratar dos assuntos humanos" (517d). Não obstante, semelhantes considerações não absolvem o filósofo de seu dever "evangélico" de descer e compartilhar a luz e a verdade com outros.

Se me for permitido concluir minha investigação de Platão e dos pré-socráticos com alguma especulação pessoal, eu sugeriria que, se pedissem a Platão para classificar os diversos pensadores discutidos neste capítulo, ele o faria da seguinte maneira:

1. Sofistas: adoradores das sombras
2. Heráclito e os milésios: estudantes de marionetes
3. Os eleáticos e Pitágoras, o matemático: amantes dos reflexos reais
4. Pitágoras, o líder religioso, e Sócrates: buscadores do Sol.

Se, como Platão, alcançássemos a verdadeira *archē*, deveríamos abandonar as ilusões sofísticas, desvencilharmo-nos dos quatro elementos e ascender para além das premissas dedutivas, para atingir a Forma das Formas.

2
República

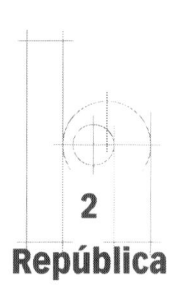

Muitas das mais amadas obras em literatura (por exemplo, *Odisseia*, *Eneida*, *Divina comédia*, *Contos de Canterbury*, *Dom Quixote*, *O peregrino – a viagem do cristão à cidade celestial*, *As aventuras de Huckleberry Finn*) se passam, por assim dizer, na estrada. Pode não ser coincidência, portanto, que o maior e mais duradouro livro de Platão, a *República*, inicie com Sócrates descendo o caminho de Atenas em direção ao Pireu. Como frequentemente ocorre nos primeiros diálogos, Sócrates é basicamente sequestrado e então convencido a se envolver em diálogo com seus sequestradores. Ele fica feliz em concordar e, como é seu costume, rapidamente coopta a conversa; antes de fazê-lo, porém, apresenta a seguinte questão a seu anfitrião mais velho:

> Com certeza, ó Céfalo – disse eu –, pois é para mim um prazer conversar com pessoas de idade bastante avançada. Efetivamente, parece-me que devemos informar-nos junto deles, como de pessoas que foram à nossa frente num caminho que talvez tenhamos de percorrer, sobre as suas características, se é áspero e difícil, ou fácil e transitável. Teria até gosto em te perguntar qual o teu parecer sobre este assunto – uma vez que chegaste já a esse período da vida a que os poetas chamam estar "no limiar da velhice" –, se é uma parte custosa da existência, ou que declarações tens a fazer (328e).

É muito bonito, e algo cada vez mais raro, ver um homem educado como Sócrates tratar um ancião com tanto respeito. Mas a verdadeira sabedoria sempre respeita a idade, pois os idosos são aqueles que viajaram mais longe que nós ao longo do caminho e que possuem assim maior experiência. Eles também estão, embora nossa cultura contemporânea prefira ignorar verdades tão óbvias, mais próximos do túmulo do que nós, uma proximidade com a morte que torna a maioria deles, embora não todos, homens mais humildes e refletidos.

Como alguém que se aproximou do final de seu caminho, Céfalo aprendeu que não são tanto as enfermidades e indignidades da velhice que tornam os últimos anos da própria vida difíceis, como o estado da sua alma. Não, assegura Céfalo; para os arrependimentos e queixas que com tanta frequência acompanham a velhice, "há uma só e única causa: não a velhice, ó Sócrates, mas o caráter das pessoas. Se elas forem sensatas e bem-dispostas, também a velhice é moderadamente penosa; caso contrário, ó Sócrates, quer a velhice, quer a juventude, serão pesadas a quem assim não for" (329d). O conselho, ou advertência, é correto, e faríamos bem em segui-lo hoje, mas ele também realiza uma função vital no contexto da *República*. Ele imediatamente conduz o leitor a olhar para dentro de si, assim como para fora, tanto para a alma quanto para o corpo. Com efeito, privilegia a primeira em relação ao segundo como a verdadeira fonte de alegria ou tristeza, virtude ou vício, justiça ou injustiça.

E o mesmo vale para a riqueza: embora a pobreza seja difícil mesmo para um bom homem, "um homem rico mau [não pode jamais] estar em paz consigo próprio" (330a). Sócrates pressiona Céfalo ainda mais sobre a questão da riqueza, somente para provocar a menção a um segundo tema essencial na *República*:

> Tu bem sabes, ó Sócrates que, depois que uma pessoa se aproxima daquela fase em que pensa que vai morrer, lhe sobrevém o temor e preocupação por questões que antes não lhe vinham à mente. Com efeito, as histórias que se contam relativamente ao Hades, de que se têm de expiar lá as injustiças aqui cometidas, histórias essas de que até então troçava, abalam agora a sua alma, com receio de que sejam verdadeiras (330d).

No próximo capítulo, discutirei a decisão de Platão de terminar a *República* com uma alegoria (o mito de Er), sobre a vida após a morte e as recompensas finais do comportamento virtuoso ou vicioso. Por ora, basta dizermos que a menção de Céfalo ao temor do julgamento lança sobre a *República* um ar de seriedade – a justiça não só é uma questão do Estado, mas também da alma individual e seu destino último. Platão nos envolve e entretém, como faz com seus interlocutores, mas ele nunca nos deixa esquecer que o que está em jogo é muito importante.

Como que sentindo que a admoestação bastante grega de Céfalo de olhar para o fim – os medievais chamavam a semelhante momento de *memento mori* (lembre-se de que morrerás) – tornou seus parceiros de conversa mais sóbrios, Sócrates aproveita a oportunidade para conduzir o diálogo para o assunto que ele deseja discutir: a natureza da justiça. E assim, embora Céfalo não tenha dito nada sobre a justiça, Sócrates vai direto ao ponto e pergunta a Céfalo se é sempre justo pagar as próprias dívidas e dizer a verdade, ambos tópicos que ele *de fato* menciona, mas não em termos de sua relação com a justiça. Quando Céfalo hesita, Sócrates rapidamente formula uma situação hipotética na qual não seria justo pagar uma dívida: se um homem que acabara de enlouquecer pedir a você para devolver-lhe as armas que emprestara quando estava em seu juízo perfeito, seria justo devolver-lhe o que corretamente lhe pertence?

Polemarco, filho de Céfalo, adianta-se para responder a Sócrates, enquanto seu pai, provando que a idade lhe trouxera sabedoria e bom senso, aproveita a oportunidade, por sua vez, para deixar o aposento e deixar os mais jovens lutarem com Sócrates a respeito da natureza da justiça.

E assim começa o debate.

Intimações de Nietzsche

Como ocorre com frequência nos primeiros diálogos, o livro I da *República* nos convida a entreouvir a divertida, embora algo frustrante, dança socrática da aporia: Sócrates pede uma definição de justiça, um dos interlocutores fornece uma. Sócrates vira a definição de ponta-cabeça, e chegamos a um impasse. A primeira definição, apresentada por Polemarco, é de que a justiça significa fazer o bem para os amigos e o mal para os inimigos (332d). Num primeiro momento, parece ser uma boa definição, até que Sócrates a sujeite à *reductio ad absurdum*: se justiça significa fazer bem a seus amigos, então seria justo roubar algo se esse ato beneficiasse a um amigo; se você confundir seu inimigo com um amigo e lhe fizer bem, então você estará na verdade ajudando um inimigo e, assim, não estará sendo justo; se, ao ferir um inimigo, nós o tornamos menos justo, estaremos dizendo que um ato justo pode produzir uma injustiça. E assim prossegue até que Polemarco abaixo sua cabeça admitindo a derrota, e até mesmo prometendo a Sócrates que, daqui por diante, o ajudará a combater essa falsa definição de justiça.

Com uma explosão de entusiasmo, Sócrates convida alguém a oferecer uma segunda definição – e então o diálogo tem uma virada dramática. Inflamado pela maneira pela qual Sócrates lidou com Polemarco, um jovem raivoso de cabeça quente, chamado Trasímaco, acusa Sócrates de ser um tolo (336b-c). Não tem paciência com as declarações de Sócrates de que sua sabedoria reside no fato de que ele sabe que não sabe. Tudo o que o jovem vê é um intrometido que despedaça as definições de outros sem oferecer uma própria. Para ser justo com Trasímaco, muitos de meus próprios alunos também ficaram irritado com a recusa, por parte de Sócrates, de arriscar sua própria definição, e com sua maneira ardilosa de debater com as pessoas, encurralando-as, ao mesmo tempo em que se esquiva. Muitas chegaram mesmo, se julguei corretamente seu olhar, a sentir a vontade de esmagar a incômoda mosca.

Mas a raiva e a frustração de Trasímaco vão além, revelando um lado mais sombrio de resistência ao *ethos* e método socráticos (e platônicos). Para a mente maquiavélica de Trasímaco, Sócrates é mais do que um bufão e um querelante: é um idealista fraco que insiste em olhar para o mundo através de lentes rosas, lamentavelmente fora de sintonia com as realidades políticas e práticas de Atenas. Não, afirma Trasímaco, justiça não tem nada a ver com bem e mal, virtude e vício. A justiça nada mais é do que a vontade do mais forte: o poder torna certo, e sempre leva a melhor (399a). À primeira vista, parece que Sócrates demolirá tão facilmente a definição de Trasímaco como fez com a de Polemarco. Habilmente brandindo sua espada dialética, Sócrates leva Trasímaco a admitir que médicos fazem o que é melhor para seus pacientes, e não para si mesmos, e que eles dão o melhor de si para ajudar aos fracos. Sócrates parte então para a finalização, concluindo que governantes justos, assim como os mais habilidosos médicos, fazem o que é melhor para seus pacientes (432e).

Trasímaco, no entanto, não será pego tão facilmente! Sócrates, em sua ingênua loucura, parece pensar que os pastores fazem o que é melhor para seu rebanho, quando na verdade eles engordam as reses para seu próprio ganho financeiro. Considerando sua analogia superior à de Sócrates, Trasímaco conclui com sua própria avaliação da verdadeira natureza dos governantes, da justiça e da injustiça:

> És tão profundamente versado em questões de justo e justiça, de injusto e injustiça, que desconheces serem a justiça e o justo um bem alheio, que na realidade consiste na vantagem do mais forte e de quem governa, e que é próprio de quem obedece e serve ter prejuízo, enquanto a injustiça é o contrário, e é quem manda nos verdadeiramente ingênuos e justos; e os súditos fazem o que é vantajoso para o mais forte e, servindo-o, tornam feliz a ele mas de modo algum a si mesmos (345c).

E o injusto mais bem-sucedido, acrescenta Trasímaco de maneira triunfante, é o tirano:

> [A tirania] arrebata os bens alheios a ocultas e pela violência, quer sejam sagrados ou profanos, particulares ou públicos, e isso não aos poucos, mas de uma só vez. Se alguém for visto a cometer qualquer destas injustiças de per si, é castigado e recebe as maiores injúrias. Efetivamente, a quem comete qualquer destes malefícios isoladamente, chama-se sacrílego, negreiro, gatuno, espoliador, ladrão. Mas, se um homem, além de se apropriar dos bens dos cidadãos, faz deles escravos e os torna seus servos, em vez destes epítetos injuriosos, é qualificado de feliz e bem-aventurado, não só pelos seus concidadãos, mas por todos os demais que souberam que ele cometeu essa injustiça completa (344a-b).

"Mate um homem", escreveu Jean Rostand em *A essência do homem* (1939), "e você será um assassino. Mate milhões, e será um conquistador"[1]. Neste mundo quebrado que é o nosso, o pequeno meliante é jogado na cela, enquanto o malfeitor em larga escala é saudado como brilhante general, líder inovador ou herói nacional. Como deve Sócrates, como deve qualquer um responder à visão de mundo da *Realpolitik*, que é a de Trasímaco?

O que é ainda mais urgente, como respondemos ao que Trasímaco diz em seguida: "Aqueles que criticam a injustiça não a criticam por recearem praticá-la, mas por temerem sofrê-la" (344c). Cerca de dois mil e trezentos anos depois, Nietzsche, no espírito de Trasímaco, sustentaria que toda religião é uma ética do escravo – que a religião, com seus padrões platônicos de justiça, virtude, ética e moralidade, é apenas algo inventado pelas pessoas pobres e fracas para manter o rico e poderoso sob controle. Para combater essa ética, Nietzsche clamava por um *Übermensch* ("sobre-homem" ou "super-homem"), um líder carismático que teria a coragem de se elevar acima das noções pequeno-burguesas de bem e mal e afirmar sua própria indomável vontade de poder. Nietzsche, como Trasímaco antes dele, acreditava que os homens seguiriam padrões de justiça não porque realmente acreditassem na existência de semelhantes valores, mas porque seriam muito fracos para não acreditarem e porque sentiriam que elogiar a moralidade da boca para fora seria um pequeno preço a pagar, caso fossem bem-sucedidos em acorrentar as mãos daqueles em posição de poder[2].

É assim, pelo menos, como funciona a ética dos escravos de Nietzsche quando os governantes são demasiado tímidos para resistir à vontade dos pobres e dos fracos. Quando o governante encontra coragem e destrói a ética escolar das massas, pode-se atingir uma transformação na estrutura moral da cultura. É por isso que, para a Trasímaco e Nietzsche, no longo prazo, a justiça não é algo dado por Deus e inscrito em nossa consciência, mas qualquer coisa que o governante afirme que

---

1. ROSTAND, JEAN, *Pensées d'un biologiste*, Paris, Stock, 1939.
2. Para a ética do escravo de Nietzsche, ver o primeiro ensaio de *A genealogia da moral* (1887); para a necessidade de se elevar acima da ética burguesa, ver a parte V de *Além do Bem e do Mal* (1886); para seu *Übermensch*, ver a primeira parte de *Assim falou Zaratustra* (1883-1892).

ela é. Não são somente os livros de história que o vitorioso escreve, mas também o código de leis. Com efeito, segundo o historiador francês Michel Foucault, outro herdeiro de Trasímaco, a Verdade e a Justiça não são absolutos platônicos, mas estruturas ideológicas de poder estabelecidas por regimes políticos como forma de controlar o modo como as pessoas agem, se comunicam e pensam[3].

Em um sentido bastante real, a *República* existe – e graças a Deus ela existe – como veículo para refutar a posição de Trasímaco. De fato, a própria possibilidade da civilização, eu diria, apoia-se em saber se Platão pode responder aos Trasímacos do mundo. E não só responder a eles, como faz Sócrates nos primeiros diálogos, levando a questão até um impasse, mas apresentando uma visão alternativa viável à conveniência maquiavélica, o *ethos* de "o fim justifica os meios", que Trasímaco articula e incorpora[4].

Como se estivesse consciente do processo em várias etapas que ele precisa adotar para responder à crítica da justiça de Trasímaco, Platão termina o livro I não com uma refutação plena e a postulação de uma definição apropriada de justiça, mas com uma aporia. Sócrates, com seu usual truque de mágica, leva Trasímaco a admitir que a justiça cria união, enquanto a injustiça, desunião. Tendo estabelecido isso, ele mostra então que os governantes injustos a quem Trasímaco cobre de elogios como sendo os mais poderosos e afortunados irão se autodestruir ao fomentarem a guerra civil. E essa guerra civil se manifestará não só no Estado que eles governam, mas em sua própria caótica [porque injusta] alma (352a). Em vez de reconhecer que Sócrates o refutou, Trasímaco se recusa a falar qualquer coisa mais, levando Sócrates a admitir que sua vitória é apenas parcial. Talvez ele tenha exposto uma debilidade no núcleo da injustiça, mas não conseguiu definir a justiça ou mesmo mostrar que algo como a justiça efetivamente exista no Estado e na alma.

---

3. Ver FOUCAULT, MICHEL, Truth and power, in: *Critical theory since Plato*, ed. rev., org. Hazard Adams, New York, HBJ, 1992, 1135-1145.
4. Ver capítulos 17-18 e 25 de *O príncipe*, de Maquiavel.

O aluno se torna o professor. Se a *República* fosse um dos primeiros diálogos, isso seria o fim da discussão. Mas Platão está pronto para flexionar seus músculos – e, a meu ver, é ali (e em outros momentos similares nos diálogos intermediários) que ele sai da sombra de seu mestre e passa da séria, mas negativa, desconstrução das falsas definições e sistemas, por Sócrates, para a construção positiva de suas próprias definições e sistemas. Assim que Trasímaco para de falar, Gláucon, devoto pupilo de Sócrates, implora a seu mestre para que não se detenha diante de uma refutação tão frágil de Trasímaco, mas que prossiga para louvar a justiça de um modo que ninguém fizera antes. De fato, tão insistente é Gláucon para que Sócrates monte essa plena e necessária defesa da justiça que ele se propõe a assumir o papel de advogado do diabo. Embora de modo algum concorde com Trasímaco, ele se voluntaria para articular a posição daquele em sua forma mais extrema, de modo a provocar Sócrates a enfrentar a questão de frente, sem evasões ou truques retóricos.

Assim, Gláucon discursa com todo o ardor de sua juventude:

> Desejo ouvir elogiá-la [a justiça] em si e por si. Contigo, sobretudo, espero aprender esse elogio. Por isso, vou fazer todos os esforços por exaltar a vida injusta; depois mostrar-te-ei de que maneira quero, por minha vez, ouvir-te censurar a injustiça, e louvar a justiça (358d).

Com esta desafiadora proposta Sócrates concorda, dando início não, como argumentaram os críticos de Platão por séculos, ao estabelecimento de um Estado totalitário, mas à defesa da justiça como um padrão vivo e universal que somos autorizados a seguir e que nos tornará pessoas melhores, com almas saudáveis e equilibradas se o seguirmos[5].

Prenunciando Hobbes e Locke, como Trasímaco faz com Nietzsche, Gláucon sustenta, em seu papel de advogado do diabo, que, porque as pessoas carecem do poder de se proteger da predação pelos mais fortes, elas voluntariamente se ligam por meio de um contrato social no qual

---

5. A mais forte crítica contemporânea ao suposto totalitarismo de Platão foi a de Karl Popper, no primeiro volume de seu *A sociedade aberta e seus inimigos* (1971).

prometem não cometer injustiça umas contra as outras[6]. Mas elas fazem essa promessa não porque realmente acreditam que a justiça exista, mas como maneira de prevenir que outros pratiquem injustiça contra elas. A justiça, segundo a concepção "prática", que não deve ser confundida com a posição de Aristóteles que postula a virtude como meio entre os extremos, não é um padrão universal, mas

> como um meio ou compromisso entre o melhor, que é cometer injustiça e não ser punido, e o pior, que consiste em sofrer injustiça sem poder de retaliação: e a justiça, estando em um ponto intermediário entre ambos, é tolerada não como um bem, mas como o mal menor, e honrada em função da incapacidade dos homens de praticar injustiça. Pois ninguém que mereça ser chamado de homem jamais se submeteria a semelhante acordo se fosse capaz de resistir; seria louco se o fizesse. Este é o relato, Sócrates, da natureza e origem da justiça (359a-b).

Assim, Gláucon toma a ética dos escravos de Trasímaco e a situa em um contexto social e político mais amplo. Ninguém, ao que parece, age justamente como um fim em si; porque isso seria, de certo modo, a coisa certa a fazer. Pelo contrário, aqueles que agem de maneira justa só o fazem porque carecem da capacidade de agir injustamente; se tivessem o poder, não seriam tão loucos a ponto de assinar o contrato social. Ou, para citar um verso de William Blake, cujo *Marriage of Heaven and Hell* [Casamento entre o Céu e o Inferno] antecipou em um século a ética dos escravos de Nietzsche: "Aqueles que se contêm desejam fazê-lo porque são fracos o bastante para ser contidos"[7].

Assim argumenta Gláucon e prossegue encarnando e personalizando sua posição ao desfiar para nós o conto do Anel de Giges – de como um pastor encontrou um anel que, quando punha em seu dedo, tornava-o invisível. O que fez Giges com esse anel? Ele o usou para servir aos pobres e proteger os fracos? Não. Ele fez o que qualquer um de nós faria, quer nos gabemos de ser justos ou não. Ele o utilizou para

---

6. Ver a primeira parte do *Leviatã* (1681), de Thomas Hobbes, e o capítulo 2 do *Segundo tratado sobre o governo* (1690), de John Locke.
7. *Blake's Poetry and Designs*, org. Mary Lynn Johnson e John E. Grant, New York, Norton, 1979, 87.

seduzir a rainha, matar o rei e se apoderar do trono. Não, conclui Gláucon; o conto de Giges se apresenta como "uma grande prova de que um homem é justo não voluntariamente ou porque pensa que a justiça lhe faça algum bem individualmente, mas por necessidade, pois, sempre que alguém pensar que pode ser injusto com segurança, ele será injusto" (360d).

O argumento parece inatacável, mas Gláucon não terminou ainda; ele não deixará Sócrates, ou nós, escaparmos tão facilmente. Tendo terminado seu conto e defendido seu argumento, ele traça para Sócrates dois retratos contrastantes, um do homem perfeitamente injusto e outro do perfeitamente justo, e lhe pergunta – de maneira simples, direta e pragmática – qual deles possui a vida mais invejável. Fiel a sua promessa de defender a posição de Trasímaco em sua forma mais extrema, Gláucon não poupa nenhum aspecto para apresentar seu hipotético homem injusto como alguém cuja esperteza lhe permite, "ao mesmo tempo em que comete os mais injustos atos, adquirir a maior reputação como justo" (361b). O hipotético homem justo, por outro lado, é apresentado como alguém de quem tudo é retirado, exceto sua justiça. O primeiro, informa-nos Gláucon, irá de sucesso em sucesso, mas o que ocorrerá com o "homem justo que é tido por injusto"? Ele "será torturado, preso, algemado – terá seus olhos queimados; e, ao final, após sofrer todo tipo de mal, será empalado" (361d, 362a).

O retrato feito por Gláucon do perfeito homem justo parece assustadoramente com uma profecia sobre Cristo e, de fato, no capítulo 7 discutirei as muitas maneiras pelas quais os diálogos de Platão parecem preparar o caminho para a mais plena revelação de Cristo e do Novo Testamento. Aqui, porém, Platão parece ter em mente o próprio Sócrates, o qual, embora não tenha sofrido uma morte dolorosa ou humilhante, como sofreu Jesus na cruz, foi condenado e executado como inimigo do Estado – seu compromisso ao longo de toda a sua vida com a busca da justiça transformada por seus concidadãos em uma acusação de injustiça. Nesse sentido, Platão precisa montar uma defesa não só da justiça como uma virtude inata e absoluta, mas também da escolha, em última instância fatal, de seu amado mestre a devotar-se inteiramente à busca dessa virtude.

Mas como realizar essa tarefa? Como, pergunta Sócrates, ele conseguirá definir a justiça e a injustiça, dado que todos os escritores anteriores fracassaram nesse intento? "Quanto ao que são cada uma em si e o efeito que produzem pela sua virtude própria, pelo fato de se encontrarem na alma de seu possuidor, ocultas a homens e deuses, ninguém jamais demonstrou suficientemente, em prosa ou em verso, até que ponto uma é o maior dos males que uma alma pode albergar, ao passo que a outra, a justiça, é o maior dos bens" (366e). A razão disso, é claro, é que ninguém pode *ver* o que a justiça e a injustiça fazem à alma – pois o lugar onde atua reside na pessoa humana, e é, portanto, invisível. E se ampliássemos e tornássemos a alma mais concreta? E se examinássemos as obras da alma individual como se fosse um poderoso Estado, um lugar onde tanto a justiça quanto a injustiça podem prosperar e tornar seus efeitos e consequências visíveis? Talvez, se construíssemos, não na vida real, mas de maneira hipotética, nesse Estado, a essência da justiça. E, se pudéssemos fazê-lo no nível macrocósmico do Estado, não seria fácil retomar nosso caminho em direção ao nível microcósmico da alma individual?

Assim raciocina Platão, e desse modo se inicia a construção da cidade.

Mentiras nobres e definições verdadeiras

Os leitores da *República* com frequência se esquecem de que o complexo Estado que Sócrates constrói ao longo do diálogo não é sua primeira escolha. Antes de montar sua república ideal, com sua (para nós) estrutura de classes e sistema educacional totalitários, Sócrates apresenta como o melhor tipo de sociedade uma aldeia edênica, pastoril, na qual cidadãos levam vidas moderadas, relacionando-se em pacífica coexistência com seus próximos, sem comer carne ou comidas excessivamente temperadas, nem importando nem cobiçando luxúrias de terras distantes. Assim é a cidade sugerida por Sócrates, mas Gláucon não a aceitará. A seu ver, Sócrates acabou de descrever apenas uma cidade para porcos, não para seres humanos. O sábio mestre retruca:

Compreendo. Não estamos apenas a examinar, ao que parece, a origem de uma cidade, mas de uma cidade de luxo. Talvez não seja mau. Efetivamente, ao estudarmos uma cidade dessas, depressa podemos descobrir de onde surgem nas cidades a justiça e a injustiça. A verdadeira cidade parece-me ser aquela que descrevemos como uma coisa sã, mas, se quiserdes, examinaremos também a que está febril. Nada o impede. Bem, estas determinações não bastam, a certas pessoas, nem este passadio, mas acrescentar-lhe-ão leitos, mesas e outros objetos, e ainda iguarias, perfumes e incenso, cortesãs e guloseimas, e cada uma dessas coisas em toda a sua variedade. Em especial, não mais se colocará entre as coisas necessárias o que dissemos primeiro – habitações, vestuário e calçado –; ir-se-á buscar a pintura e o colorido, e entender-se-á que se deve possuir ouro, marfim e preciosidades dessa espécie (372e-373a).

Assim, com alguma relutância, Sócrates é provocado a construir uma cidade complexa, com múltiplas tarefas, o tipo de cidade que precisa de mercadores, exércitos e uma estrutura burocrática para prover a seus cidadãos com ouro, pérolas, poesia, dança e as artes visuais, mantas de seda e penas de pavão, perfumes exóticos e mesas entalhadas com mármore.

Impérios, afinal, não podem existir sem rotas de comércio guardadas por navios, aventureiros desejosos de arriscar a vida e correr atrás de glória pessoal, competição feroz em todo setor e uma abundância de mão de obra barata. Sim, Sócrates concede tristemente, são necessárias semelhantes coisas para construir e manter um Estado luxuoso, mas talvez esse Estado sirva melhor ao propósito último de localizar a justiça. Pois tomar essa cidade, na qual a injustiça é tão endêmica, e construí-la de tal modo que a torne justa – que melhor método poderia haver para identificar e definir as qualidades essenciais da justiça?

Mas que tipo de pessoas terá os recursos para guardar semelhante Estado e que virtudes precisarão possuir para que cumpram seu papel como guardiões? Certamente, precisam ter uma natureza entusiástica, e até mesmo selvagem, para que possam derrotar os inimigos da cidade, mas precisam também ser gentis e amáveis para que sejam uma bênção, e não uma maldição, para seus concidadãos. Porém, isso conduz a um problema: "Não será um bom guardião aquele que carecer de uma ou de ambas as qualidades; e, no entanto, a combinação delas parece ser impossível; precisamos inferir disso que ser um bom guardião é impossível" (375d). Se esse fosse um dos primeiros diálogos, Sócrates teria permitido que esse impasse aparentemente insuperável detivesse sua busca pelo guardião perfeito, e, assim, pela justiça. Na verdade, Platão parece estar consciente disso, pois faz Sócrates dizer a si mesmo: "Aqui, sentindo-me perplexo, comecei a refletir novamente sobre o que precedera" (375d).

Mais uma vez, e pelo resto desse diálogo e dos diálogos seguintes do período intermediário e tardio de Platão, segundo vejo, o Platão maduro faz sua aparição, e a aporia negativa socrática dá lugar à definição positiva platônica. Platão está em busca da justiça e não permitirá que sua jornada seja impedida por contradições aparentes. Ao observador casual, pode parecer que uma pessoa não pode ser ao mesmo tempo feroz e gentil, mas alguém com olhar mais aguçado verá que a natureza fornece exemplos de criaturas que possuem ambas as qualidades: "Cães bem alimentados são perfeitamente gentis com os membros da família e conhecidos, e o contrário com estranhos" (375e). O mesmo, portanto, pode valer para os guardiões da república – enquanto possuírem a sabedoria para distinguir entre amigo e inimigo. Note-se que o mesmo argumento que é usado como *reductio ad absurdum* no mais socrático livro I (que a justiça não pode significar fazer o bem aos amigos e o mal aos inimigos, uma vez que, com frequência, confundimos um pelo outro) é empregado no mais platônico livro II para que fiquemos mais próximos de compreender o que a justiça realmente é. O verdadeiro problema não é que distinguir entre amigo e inimigo, entre bem e mal, entre justiça e injustiça seja impossível, mas que é preciso um cuidado especial para treinar guardiões de forma a serem capazes de fazer essas distinções.

Educando para a justiça. Isso conduz Platão, talvez, ao aspecto mais controverso da *República*: a instituição de um sistema educacional baseado na censura, com o propósito de treinar os guardiões do Estado para o seu próprio discernimento. Os primeiros diálogos de Sócrates, a maioria dos quais dedicados a definir uma virtude-chave, terminam todos em um impasse. Mas as datas dramáticas da maioria deles se situam durante os estágios finais da Guerra do Peloponeso (431-404 a.C.), período em que Atenas cada vez mais ignorou padrões fixos de justiça para recorrer a expedientes políticos e militares. O resultado desse abandono de absolutos foi a execução de Sócrates. Platão, para quem a lembrança desses fatos nunca se desvaneceu, certamente levou em conta essas memórias na elaboração do plano para sua república ideal – plano cujo principal objetivo não é tanto produzir filósofos, como assegurar segurança e justiça para o Estado como um todo.

Assim, na voz de Sócrates, Platão prossegue explicando, nos livros II e III, que, se desejarmos que nossos guardiões (e filósofos, professores e políticos) sejam capazes de distinguir o verdadeiro do falso, não devemos expô-los, durante a impressionável juventude, à poesia como *Ilíada* e *Odisseia*, que apresenta os deuses como mesquinhos, volúveis, luxuriosos, orgulhosos e injustos. Além disso, não devemos permitir que eles leiam descrições do mundo inferior (*Odisseia* 11, por exemplo) que apresentam uma vida após a morte como universalmente desprovida de esperança e miserável, sem recompensas e punições, propriamente ditas, para o justo e o injusto. O que é pior: não devemos deixar que leiam literatura que ensine "que homens maus são com frequência felizes, e os bons, infelizes; e que a injustiça é proveitosa quando não detectada, mas que a justiça é a perda de um e o ganho de outro – essas coisas nós os proibiremos de proferir, e lhes ordenaremos a cantar e dizer o oposto disso" (392b).

Para seus guardiões, Platão proscreve não só o conteúdo de sua educação, mas também o modo no qual deve ser apresentado. Em geral, artes imitativas, como o teatro – em que o poeta não fala em sua própria voz, mas imita a voz de outro –, devem ser evitadas, especialmente em casos em que os guardiões são encorajados, ao assistir à peça, a imitar um personagem covarde ou vil. De modo similar, estilos mistos de música ou arte devem ser evitados, pois podem encorajar os guardiões a terem um duplo padrão de julgamento (397d-e). Enquanto conservadores de nossos dias argumentam com frequência que certos tipos de música devem ser censurados devido a seu caráter profano e versos violentos ou sexuais, Platão estava mais preocupado com os ritmos e modos musicais efetivamente empregados – se inspiravam em seus ouvintes coragem ou langor, virtude ou indolência, liberdade ou decadência.

Longe de descartar as artes como fúteis e irrelevantes, Platão as leva muito a sério. Para ele, complexidade imprópria e excessiva em música estimula licenciosidade na alma, do mesmo modo que complexidade imprópria e excessiva em ginástica prejudica a saúde do corpo (404e). Uma falta de harmonia na primeira leva ao surgimento de tribunais, uma falta de harmonia na segunda leva ao surgimento de hospitais (405a): juntas, essas duas forças despedaçam a saudável constituição do corpo político.

Comprometido a não permitir que semelhante desarmonia, excesso e contradição ganhassem influência sobre seus líderes e, assim, sobre seu Estado, Platão tem grande cuidado em monitorar o que seus jovens guardiões veem, ouvem, leem e experimentam. Os mais valiosos professores, músicos e técnicos em sua república são aqueles que utilizam um regime adequado de música e ginástica a fim de atingir um equilíbrio nas almas e corpos de seus alunos. Mais valiosos são aqueles que podem realizar ambas as coisas: "Aqueles que mesclam música com ginástica nas mais justas proporções e que melhor modulam suas almas podem ser corretamente chamados de verdadeiros músicos e harmonizadores, em um sentido bem mais elevado do que o afinador de cordas" (412a). Somente por meio desse processo dual de aprendizado os guardiões poderão crescer tanto animados quanto gentis, possuirão um corpo muito bem treinado e pronto para o combate, acoplado com uma alma em paz consigo mesma e com os outros.

"Muito bem, Sócrates", poderia dizer o crítico moderno, "é uma coisa boa treinar o corpo junto com a mente, mas, se impedirmos que os jovens tenham contato direto com o lado mais obscuro, abjeto, menos virtuoso da vida, eles não crescerão ingênuos e mal equipados para atuar em um mundo marcado pelo mal e pela trapaça?". Do mesmo modo, famílias de hoje que optam por educar seus filhos no ambiente controlado de suas casas são com frequência criticadas por proteger excessivamente seus filhos e impedir que sejam socializados. A resposta de Platão para esse tipo de crítica, acredito, é instrutiva: "O vício tampouco pode conhecer a virtude, mas uma natureza virtuosa, educada, com o tempo adquirirá conhecimento tanto da virtude quanto do vício: o virtuoso, e não o homem vicioso, possui sabedoria" (409d-e). É o contador do banco que conhece intimamente a aparência, o toque e o cheiro do verdadeiro dinheiro que reconhecerá imediatamente um dólar falso, não importando o tipo de processo de falsificação que foi utilizado. Já o falsário, que passa um ano estudando três diferentes tipos de processos de falsificação, não será nem de longe tão bem-sucedido quanto o contador em reconhecer uma nota falsa que foi forjada utilizando um quarto processo, não relacionado aos outros três.

Em *Mere Christianity* [Mero cristianismo], C. S. Lewis, ampliando a distinção de Platão, lembra-nos de que as pessoas que melhor compreendem o pecado não são os pecados, que se entregam a ele imediatamente, mas os santos, que passam toda a sua vida resistindo a ele. Do mesmo modo, conhecemos a força de nosso inimigo, não ao nos rendermos imediatamente a ele, mas resistindo a seu avanço, mesmo que isso conduza a nossa derrota. Muitos contemporâneos acreditam que quanto mais nos entregarmos à tentação sexual, melhor compreenderemos a natureza da luxúria. A verdade, retruca Lewis, é exatamente o oposto: "Você compreende o sono quando está acordado, não enquanto está dormindo [...] Você pode compreender a natureza da embriaguez quando está sóbrio, não quando está bêbado. Pessoas boas conhecem tanto o bem quanto o mal; pessoas más não conhecem nenhum dos dois"[8].

Vocações naturais. Tendo lentamente conquistado seus leitores para a tese da necessidade de censura na educação de seus guardiões, Platão ousadamente sobe o tom no livro III, com um plano ainda mais audacioso. A fim de convencer as três classes de sua república ideal – os guardiões/governantes, os auxiliares/soldados e os artesãos/agricultores – de que eles ficarão mais contentes se cumprirem seu papel na sociedade sem resistência, Platão inventa uma nobre mentira sobre suas origens subterrâneas. As três classes "devem ser informadas de que sua juventude foi um sonho, e a educação e o treinamento que receberam de nós [em termos de liderança, guerra ou artesanato] é somente aparente; na verdade, durante todo esse tempo eles estavam sendo formados e alimentados no útero da terra, onde eles, seus membros e aparatos foram

---

8. Lewis, C. S., *Mere Christianity*, New York, Macmillan, 1960, 87.

produzidos; quando estavam completos, a terra, sua mãe, os enviou" (414d-e). Além disso, dirá a eles que, embora sejam todos irmãos da mesma mãe, "Deus os moldou de maneira diferente. Alguns de vocês têm o poder de comandar, e na composição destes ele utilizou ouro, de modo que eles são também os mais honrados; a outros, ele fez de prata, para serem auxiliares; outros, ainda, que são os agricultores e artesãos, ele compôs de cobre e ferro" (415a).

Embora essa nobre mentira possa parecer, à primeira vista, defender um inflexível sistema de castas baseado no nascimento e na linhagem de sangue, Platão não deixa claro se, ocasionalmente, pais de cobre ou ferro darão à luz crianças de ouro, ou se pais de prata darão à luz filhos de cobre. Além disso, a críticos da aristocracia que acusassem Platão, por meio de sua nobre mentira, de promover um sistema de duas classes, daqueles que possuem algo e os que não possuem nada, Platão também esclarece que seus guardiões e auxiliares, que possuem ouro e prata fluindo, por assim dizer, em suas veias, serão estritamente proibidos de possuir seja ouro, seja prata.

Na verdade, quando Adimanto, o qual, como Gláucon, vê Sócrates como seu mestre, queixa-se de que ele está tratando seus governantes como se fossem mercenários e que ninguém desejará o cargo de governante, Sócrates lhe lembra que o propósito da nobre mentira, e de toda a estrutura educacional e social de sua república, não é tornar uma classe mais feliz do que outra, mas sim fazer o que for melhor para a cidade como um todo. Longe de construir uma cidade de poderosos proprietários e de despossuídos, Sócrates faz tudo o que pode para impedir que sua república se torne como todas as outras cidades do mundo – cidades que, embora sustentem ser unas, são de fato "divididas em duas: uma, a cidade dos pobres; outra, a dos ricos; [e] que estão em guerra uma contra a outra" (423a).

Na república de Sócrates, existe harmonia, e por trás e no interior dessa harmonia esconde-se essa elusiva virtude da justiça que Sócrates e seus amigos têm buscado desde que o sábio Céfalo se ausentou da conversa. A justiça se realiza, explica Sócrates, quando cada indivíduo pratica "uma única coisa, aquilo a que sua natureza melhor se adapta" (433a). Quando os guardiões governam, e os auxiliares lutam, e os artesãos trabalham, a justiça reina sobre a cidade. Quando, pelo contrário, as pessoas se rebelam contra sua vocação e sua natureza – quando os governantes procuram acumular riqueza para si mesmos, em lugar de governar no interesse dos cidadãos; quando os soldados abandonam o campo de batalha ou lutam unicamente pela glória pessoal; quando os agricultores se tornam preguiçosos ou quando gastam à toa e evitam fazer seu trabalho de plantar alimentos e cultivar a terra –, então a injustiça é promovida na cidade, e o corpo político fica doente.

A justiça, portanto, é a virtude que guia a interação entre as três classes, mas o que dizer sobre as próprias classes? Não são elas definidas individualmente por sua própria virtude única? Como se revela, ao construir sua república ideal, Platão consegue localizar e definir não só a virtude da justiça, como as três outras virtudes clássicas (ou cardinais) do mundo antigo: sabedoria (ou prudência), coragem (ou fortaleza) e autocontrole (ou temperança). As virtudes que Sócrates não define nos primeiros diálogos, Platão define agora, encarnando cada uma delas nas três classes da república. Se forem bem-sucedidos ao percorrer o caminho dessa rigorosa educação, os guardiões irão adquirir a virtude da sabedoria, que repousa sobre a habilidade de discernir entre virtude e vício, bem e mal, conhecimento e ignorância, realidade e ilusão.

No que respeita aos soldados, quando estiverem à altura de sua classe, encarnarão a coragem, a qual Platão define como um "poder universal de salvação da verdadeira opinião, em conformidade com a lei, em relação aos perigos reais e falsos" (430b). Em outros termos, a coragem é tanto ser capaz de distinguir entre o que deve ser temido e o que não, quanto perseverar em meio a ambas as coisas. A coragem se aferra a suas convicções como uma boa peça de roupa mantém sua cor (429d-e); ela resiste e permanece fiel a si mesma. A temperança, por outro lado, que os artesãos e agricultores devem demonstrar, mas que geralmente não o fazem, a menos que sejam adequadamente guiados pela sabedoria dos guardiões e pela coragem dos auxiliares, é definida por Sócrates como "o ordenamento ou controle de certos prazeres e desejos" (430e), um ordenamento propriamente dito que capacita um homem a dominar a si mesmo. Como a justiça, acrescenta Sócrates, a temperança é uma virtude que, idealmente, deve estar presente na cidade toda. Na verdade, ele aprofunda e define com mais precisão a virtude comunal da temperança como "a concordância entre os naturalmente superiores e os inferiores no que se refere ao direito de governar de ambos" (432a). É assim, pelo menos, que as virtudes se manifestam em uma *pólis* bem ordenada – mas o que dizer a respeito da alma individual? Será que as mesmas três classes-virtudes-forças que lutam entre si na justiça comunal possuem contrapartes na alma? Se lembrarmos que a razão mesma pela qual Platão se propôs a construir sua república ideal era construir um macrocosmo que lançasse luz sobre o microcosmo, então nos daremos conta de que a resposta precisa ser afirmativa.

A alma tripartite

Imagine uma adolescente católica que abre mão de chocolate na Quaresma. Ela chega em casa tarde da noite, encontrando a mesa de jantar cheia de doces com calda de chocolate que sua mãe acabou de fazer. Imediatamente, uma voz interior lhe grita para quebrar o jejum e escolher um pedaço de doce; em resposta, uma segunda voz grita que ela deve permanecer fiel a seu voto e não tocar no doce. Por vários minutos, as duas vozes lutam entre si dentro de sua alma, cada uma buscando prevalecer. Cansada de seu longo dia e vencida pelo cheiro do doce, ela está prestes a ceder à primeira voz, quando uma terceira se manifesta em defesa da segunda. Ambas as vozes combinadas conseguem derrotar a primeira, e a garota deixa a sala sem experimentar os docentes que tanto a tentaram.

No livro IV da *República*, Sócrates analisa exatamente esse tipo de *psicomaquia* (guerra da alma), identificando os elementos que são comuns a semelhantes lutas internas (439c-442d). Em primeiro lugar, existe a premência inicial que nos leva a ceder (na gula, inveja, ira, luxúria, cobiça, orgulho e preguiça); há a segunda premência, que nos pede para nos abstermos. Sócrates identifica a primeira com o apetite (ou paixão); a segunda, com a razão. No caso da garota, a premência para comer o doce nasce da parte apetitiva da alma, uma parte que, diz Sócrates, é essencialmente irracional. A premência contrária, de permanecer fiel a seu voto de Quaresma, encontra sua fonte na parte racional de sua alma, a qual nos insta a refletirmos sobre nossas ações e escolhermos o caminho racional. E a terceira voz? Na *República*, Sócrates explica que essa terceira voz provém da parte espiritual de nossa alma e que mais frequentemente se manifesta em um tipo de raiva ou indignação e permite que superemos os repetidos ataques do apetite: "Assim, não pode haver na alma individual um terceiro elemento, que é a paixão ou espírito, e que, quando não corrompida pela má educação, é a auxiliar natural da razão?" (441a).

Sócrates claramente tem em vista que essas três partes distintivas da alma (a apetitiva, a racional e a espiritual) espelham as três classes de sua república (artesãos, guardiões e auxiliares). Quando soldados bem treinados vêm em defesa dos governantes adequadamente educados, as massas geralmente irracionais podem ser postas em xeque e obrigadas a seguir a virtude da temperança. Em outros termos, quando cada classe realizar sua função própria (definição de justiça de Platão), reinam a paz e a harmonia. Se, porém, os soldados abdicarem de sua responsabilidade de ajudar os governantes ou, pior, permitirem que sua natureza espiritual seja balançada pelas demandas vis das massas, os governantes não serão capazes de resistir ao violento ataque. O resultado, seja na cidade, seja na alma, será caos, injustiça.

Meditando sobre a ferocidade dessas lutas internas, Platão conclui que a justiça diz respeito a

> qualquer coisa neste gênero, ao que parece, exceto que não diz respeito à atividade externa do homem, mas à interna, aquilo que é verdadeiramente ele e o que lhe pertence, sem consentir que nenhuma das partes da alma se dedique a tarefas alheias nem que interfiram umas nas outras, mas, depois de ter posto sua casa em ordem no verdadeiro sentido, de ter autodomínio, de se organizar, de se tornar amigo de si mesmo, de ter reunido harmoniosamente três elementos diferentes, exatamente como se fossem três termos numa proporção musical, o mais baixo, o mais alto e o intermédio, e outros quaisquer que acaso existam de permeio, e de os ligar a todos, tornando-os, de muitos que eram, uma perfeita unidade, temperante e harmoniosa –, só então se ocupe (se é que se ocupa) ou da aquisição de riquezas, ou dos cuidados com o corpo, ou de política ou de contratos particulares, entendendo em todos estes casos e chamando justa e bela à ação que mantenha e

aperfeiçoe estes hábitos, e apelidando de sabedoria a ciência que preside a esta ação; ao passo que denominará de injusta a ação que os dissolve a cada passo, e ignorância a opinião que a ela preside (443d-e).

Foi dito que o caráter de uma pessoa é mais bem definido pelo modo como ela age quando ninguém está olhando. Eu acrescentaria que uma pessoa cujo caráter seja tal que ele age virtuosamente quando está sozinho é alguém que possui *integridade*: uma palavra bonita que vem de uma raiz latina que significa "totalidade" ou "completude". Virtude, caráter, integridade: todas essas coisas conotam uma harmonia interna, na qual as vozes em competição na alma são mantidas em um equilíbrio adequado.

A justiça platônica, como vimos, é definida exatamente por esse tipo de unicidade, esse ordenamento de desejos que emanam da parte apetitiva, da racional e da espiritual de nossa alma. Quando existem em uma alma ou Estado, a sabedoria e a temperança são preservadas, e a vida, a alegria e a honra predominam. Em contraste com esse Estado ideal, Platão define a injustiça e seus efeitos como

> uma luta que surge entre os três princípios – uma impertinência, interferência e rebelião de uma parte da alma contra o todo, uma asserção de autoridade ilegal, que é feita por um súdito rebelde contra um príncipe legítimo, do qual ele é vassalo natural –, o que é toda essa confusão e engano senão injustiça, intemperança, covardia e ignorância, e toda forma de vício? (444b).

Note-se que, quando semelhante estado de anarquia se apodera de uma cidade ou alma, as virtudes da justiça, da temperança, da coragem e da sabedoria são substituídas por seus vícios opostos. A vida se torna, então, nas palavras de Thomas Hobbes (*Leviatã* I,13), "solitária, pobre, sórdida, brutal e curta".

A corrupção do príncipe. No livro I, Trasímaco louva o homem injusto como sendo mais sábio e mais afortunado do que sua contraparte. No livro II, Gláucon, fazendo o papel de advogado do diabo, ilustra o argumento de Trasímaco oferecendo dois retratos hipotéticos de um homem perfeitamente injusto que ganha reputação de justo, e um homem perfeitamente justo que é executado como um vilão. Aqui, finalmente, Sócrates consegue refutar Trasímaco e Gláucon. Tendo definido a verdadeira natureza da justiça e da injustiça, e identificado as coisas que procedem delas, Sócrates mais uma vez apresenta a questão que o inspirou a construir sua cidade ideal: "O que é mais proveitoso: ser justo, agir justamente e praticar a virtude, seja ou não visto por deuses e homens, ou ser injusto e agir injustamente, desde que fique sem punição ou correção?" (445a). Em resposta, Gláucon, tendo posto fim a todas as suas reservas, exclama:

> Em meu juízo, Sócrates, a questão se tornou ridícula, agora. Sabemos que, quando a constituição corporal se foi, a vida não resiste por muito mais, ainda que seja mimada com todo tipo de comidas e bebidas, e tendo toda a riqueza e poder; ainda assim, segundo nos dizem, mesmo quando a própria essência do princípio vital é minada e corrompida, a vida de um homem ainda vale a pena, contanto que lhe seja permitido fazer o que quiser, com a única exceção de que ele não deve adquirir justiça e virtude, ou escapar da injustiça e do vício; assumindo que sejam ambos como os descrevemos? (445a-b).

Parece, então, que usar o anel de Giges para seduzir a rainha, matar o rei e tomar seu trono não é a melhor política, afinal. Certo, a prática da injustiça pode capacitá-lo a tornar-se um tirano. Mas que benefício há em escravizar outros se você mesmo se torna escravo de sua própria doente e corrupta alma?

Com efeito, no livro VIII, Platão mostra como a democracia radical eventualmente se torna tirania. No nível político, liberdade excessiva encoraja os cidadãos a serem demasiado complacentes com seus apetites. Com o tempo, esses cidadãos se tornam incapazes de autorregulação moral; toda disciplina se perde e todos os recursos são desperdiçados. No final, eles são compelidos a empossar um tirano com poderes acima deles, de modo que sejam assegurados (assim pensam) em uma contínua corrente de prazeres e deleites. Do mesmo modo, o fim de um democrata radical se transformará, eventualmente, no pior dos tiranos. O processo insidioso que conduz inexoravelmente à corrupção de sua alma tripartite se inicia quando o modo de vida autocomplacente do príncipe o leva a rejeitar seu treinamento anterior e a se render à "insolência, anarquia, desperdício e despudor" (560e) – rendição que coloca a pior parte de sua alma acima da melhor.

Esse desequilíbrio interno leva ao caos em sua vida diária: "Ele vive dia a dia satisfazendo ao apetite do momento; e, às vezes, ele se entrega à bebida e aos sons da flauta; passa, então, a beber somente água e tenta emagrecer; então experimenta um pouco de ginástica [...]. Sua vida não possui nem lei nem ordem; e a essa existência dispersa ele denomina alegria, bênção e liberdade" (561c-d).

E assim prossegue, até que o príncipe perca todo o controle da parte racional de sua alma. Pior ainda, a parte espiritual, que deveria vir em defesa da parte racional, está exausta, em meio a uma vida desordenada que muda violentamente de um hedonismo sem alegria a um ascetismo amoral. É nesse ponto, quando as partes racional e espiritual deixam de funcionar como deveriam, que o apetite se revela perverso:

> Então a besta selvagem dentro de nós, empanturrada com comida ou bebida, levanta-se e, tendo se espreguiçado, vai satisfazer seus desejos; e não há loucura ou crime que se possa conceber – sem excetuar o incesto ou qualquer outra união não natural, ou parricídio, ou ingerir comida proibida – que em tal ocasião, quando ele se afastou completamente de toda vergonha e senso, um homem não esteja pronto a cometer (571c-d).

Desnecessário dizer, semelhante pessoa experimenta muito mais miséria em sua alma torcida do que a miséria que ele causa aos demais. No final, ele se torna seu pior inimigo, seu próprio carrasco. Esse retrato é muito pouco parecido com o retrato do líder injusto feliz e bem-sucedido que Trasímaco e Gláucon apresentam nos livros iniciais.

A *alma pecadora-doente*. Embora seja aqui, na *República*, que Platão faça sua melhor defesa contra a injustiça, no *Górgias*, ele enfrenta uma versão ligeiramente mais gentil de Trasímaco, outro protonietzscheano chamado Cálicles, que despreza a justiça como uma convenção social inventada pelos fracos e que invoca um *Übermensch* que não temerá ir atrás da satisfação de todos os seus desejos. "Como, Sócrates", pergunta ele, pode um homem ser feliz se está submisso a qualquer coisa? Pelo contrário, afirmo claramente, quem quer realmente viver deve permitir que seus desejos se ampliem ao máximo, e não os refrear; mas, quando atingiram o máximo, deve ter a coragem e a inteligência para atender e satisfazer todos os seus anseios. E isso afirmo ser justiça natural e nobreza. Isso, porém, é algo que a massa não pode atingir; e eles censuram ao homem forte porque têm vergonha de sua própria fraqueza, que eles desejam esconder, e então dizer que a intemperança é vil. Como já observei, eles escravizam as naturezas mais nobres e, sendo incapazes de satisfazer a seus próprios prazeres, louvam a temperança e a justiça devido à sua própria covardia (491e-492b).

Como o faz na *República*, Platão articula aqui plenamente a ética dos escravos de Nietzsche, mais de dois mil anos antes do filósofo alemão. A existência da lei natural, que Aristóteles e Aquino defenderam com a mesma lógica, não era algo em que se acreditava nos "velhos tempos" e foi rejeitada no "mundo moderno". A lei natural sempre teve seus defensores e detratores; se a Europa teve de esperar por Nietzsche para construir uma poderosa refutação da existência de regras da virtude e da moralidade essenciais, feitas por Deus, foi apenas porque Platão e Aristóteles prevaleceram de tal forma sobre os predecessores de Nietzsche que eles levaram dois milênios para se reagrupar.

Platão, cuja voz madura ressoa ao longo do *Górgias* tão claramente quanto na *República*, refuta Cálicles, como o faz com Trasímaco, expondo a doença da alma que afeta aquele que pratica a injustiça. Com efeito, como explica Sócrates antes no diálogo com um jovem chamado Polo, que se recusa a aceitar a asserção de Sócrates de que é melhor sofrer o mal do que fazer o mal, quanto mais bem-sucedido for o homem injusto em sua injustiça, mais doente ficará sua alma. E, quanto mais doente ele ficar, mais infeliz ficará esse homem: "mais infeliz", acrescenta Sócrates, "se não for punido e não encontrar nenhuma retribuição, e menos infeliz se for punido e encontrar retribuição nas mãos dos deuses e homens" (472e). Quão tristemente irônico: a única coisa que pode tirar a infelicidade do tirano (ser apanhado e punido) é a própria coisa que ele não aceitará, e que seu trono injustamente conquistado lhe confere o poder para não aceitar. O tirano absoluto, argumenta Sócrates, é mais como "uma pessoa que é afligida pela pior das doenças e ainda assim luta para não pagar a multa ao médico por seus pecados contra sua constituição, e não será curado, pois, como uma criança, teme a dor de ser cauterizado ou cortado" (479a-b).

Reis-filósofos

Ainda que Sócrates defenda de maneira apaixonada sua cidade justa e seus guardiões justos, seus interlocutores expressam dúvidas sobre a possibilidade de essa república ideal vir de fato a ser realizada. Em resposta, Sócrates livremente admite que a cidade que ele descreveu até agora é apenas um modelo ou padrão ideal. Não deve ser descartada por não pode ser realizada, assim como o *Davi* de Michelangelo não deve ser descartado porque não se pode encontrar nenhum homem vivo, em carne e osso, que possua a perfeição física exibida na escultura. Ainda assim, continua Sócrates, se eles quisessem saber como uma cidade assim poderia vir a existir, ele lhes mostraria como algo aproximado poderia ser alcançado.

E Sócrates revela então o que ele vinha cuidadosamente ocultando até agora: a ideia ultrajante que, segundo teme, levará seus amigos a troçarem dele. Ele divide com eles que mudanças precisariam ocorrer para que a república ideal dele tivesse a esperança de nascer:

> Até que os filósofos sejam reis, ou os reis e príncipes deste mundo tenham o espírito e o poder da filosofia, e a grandeza política e a sabedoria se unam em uma só, e aquelas naturezas mais comuns que perseguem uma delas em detrimento da outra forem compelidas a permanecer de lado, as cidades jamais terão alívio de seus males – nem a raça humana, acredito –, e somente então esse nosso Estado terá a possibilidade de viver e se manter à luz do dia (473d-e).

Antes, na *República* V, Sócrates apresenta seu esquema utópico de eliminar o casamento entre guardiões e substituí-lo por uma comunidade de mulheres na qual a reprodução se baseia na eugenia, sem que ninguém saiba quais são os seus filhos[9]. Embora Sócrates esteja ciente de que seu "planejamento familiar" escandalizará seus interlocutores, ele espera, na verdade, que eles fiquem *mais* escandalizados com o apelo dele para que reis-filósofos governem a república dele.

E talvez ele esteja certo. Ao longo da história, os filósofos foram desprezados como sonhadores pouco práticos, que gastam a maior parte do dia com suas cabeças firmemente fixadas nas nuvens. O que sabem pessoas assim sobre o "mundo real" de manipulação, cobiça e coisas vis? Como podem eles servir como líderes quando estão alheios aos ídolos sempre cambiantes do mercado, à mudança do progresso tecnológico? Resposta de Platão: a razão pela qual filósofos precisam ser reis é precisamente porque não estão presos às efêmeras ilusões do mundo.

Como discutido no capítulo anterior, o verdadeiro filósofo é aquele que escapou da caverna e de seu febril jogo de contar sombras. É aquele que ascendeu ao longo da linha seccionada da mera opinião para o verdadeiro conhecimento. Aquele que não fica hipnotizado, como a multidão, pelas imitações das imitações. Somente o filósofo vê as Formas, e, portanto, somente ele pode governar de maneira apropriada e justa. Como pode um guardião instituir a verdadeira justiça em seu Estado a menos que saiba em que ela consiste? A justiça e as outras virtudes não podem ser julgadas à luz dos caprichos da multidão, porque esses caprichos estão em constante estado de mudança. A fim de instituir a justiça, é preciso ter um padrão fixo com o qual medi-la, mas o único lugar em que esses padrões existem é no Mundo do Ser – e só o filósofo teve um vislumbre desse mundo perfeito, imutável.

O rei que não for também um filósofo – que não passou, por meio do sistema de educação exposto na *República*, da parte inferior para a superior da linha, ou do lado de dentro para o lado de fora da caverna – só pode confiar em seus sentidos para tomar suas decisões. E isso é

---

9. Embora muitos leitores atuais possam aprovar o argumento de Sócrates de que homens e mulheres guardiões devem receber a mesma educação e treinamento (451d-45a), a maioria (espero) se oporá, com base na ética, a seu argumento de que, em prol da igualdade e da pureza eugênica, "as mulheres de nossos guardiões devem ser em comum, e seus filhos ser em comum, e nenhum pai deve conhecer seu próprio filho, e qualquer filho, seu pai" (457d).

um problema, adverte-nos Platão, para "aqueles que veem a beleza múltipla, mas que nem veem ainda a beleza absoluta, nem podem seguir qualquer guia que aponte naquela direção; que veem o múltiplo justo, e não a justiça absoluta, e coisas semelhantes – pode-se dizer que essas pessoas possuem opinião, mas não conhecimento" (479e). Hoje, tendemos a escolher nossos líderes com base em seu carisma, na habilidade para pensar por conta própria e por sua capacidade para fazer as coisas acontecerem. Platão nos encorajaria a buscar diferentes qualidades: uma paixão para ver, conhecer e experimentar o Bem, o Verdadeiro e o Belo; uma habilidade para pensar os problemas a fundo, de maneira lenta e lógica; uma convicção firme de realizar apenas aquelas ações que se enquadram com a justiça e a lei moral. Hoje, procuramos líderes que possam pensar por si mesmos; Platão procurava governantes que pudessem ter os pensamentos corretos.

Afinal, argumenta Platão, você contrataria um arquiteto para construir sua casa que fosse incapaz de ler uma planta? Compraria um quadro de uma bela mulher de um artista cuja visão fosse tão fraca que ele não pudesse ver claramente o modelo? Somente os filósofos, insiste Sócrates, "são capazes de aprender o que é eterno e imutável" (484b), e é por isso que apenas eles podem governar de acordo com padrões divinos de justiça. O que ocorreria se um grupo de marinheiros grosseiros, ignorantes, descartasse seu verdadeiro capitão como um inútil "contemplador de estrelas" (489a) e se apossasse do navio? Eles não naufragariam, batendo o navio contra rochedos por falta de um piloto habilidoso?

Ou o que aconteceria se eles jogassem o capitão do barco e escolhessem seu próprio piloto, não aquele que realmente sabe e compreende como navegar orientando-se pelas estrelas fixas, mas alguém que simplesmente fosse um companheiro de festejos? Caso fizessem isso, o pseudopiloto que eles escolhessem não seria de grande ajuda, como os sofistas, a quem Platão critica em seus diálogos. Embora as massas com frequência atacassem os sofistas – como fizeram com Sócrates, a quem falsamente acusaram de ser um sofista –, o fato é que os ensinamentos dos sofistas meramente imitam os desejos desviados e desordenados da massa. Os sofistas, explica Sócrates, só ensinam a opinião dos muitos, ou seja, as opiniões de suas assembleias; e essa é sua sabedoria. Eu poderia compará-los a um homem que estudasse o temperamento e os desejos de uma poderosa fera que é alimentada por ele [...]. Quando, ao observá-la continuamente, adquiriu perfeição em tudo isso, ele chama a seu conhecimento de sabedoria, e faz disso um sistema de técnica [arte], o qual ele passa a ensinar, embora não tenha uma noção real do que ele entende por princípios ou paixões dos quais fala, mas chama a este honroso, e a aquele desonroso, ou bom ou mau, justo ou injusto, tudo de acordo com os gostos e temperamentos do grande animal. Bom ele chama àquilo em que a fera se deleita, e mau àquilo que ela desgosta (493a-c).

Ignorante das Formas, os sofistas só podem praticar um tipo de ética situacional que toma como base os desejos e caprichos da multidão.

Com efeito, o que põe o filósofo realmente à parte é que, diferentemente do sofista, ele não toma como base a multidão. Mediante o estudo da filosofia e do método dialético, ele fica livre das ilusões que nos acometem quando confiamos apenas em nossos sentidos: "A dialética, e somente ela, dirige-se diretamente para os primeiros princípios e é a única ciência que caminha por meio de hipóteses para tornar seu terreno mais seguro" (533c). Somente o filósofo vê as coisas como realmente são: vê suas *archē*, em lugar de suas imitações, e conhece assim seu *telos*, seu fim, em vez de sua função mecânica. Apenas semelhante pessoa pode governar um Estado bem e de maneira sábia, e é por isso que Sócrates insiste que os filósofos devem não apenas receber o leme do barco do Estado, como devem ser compelidos a aceitar a oferta. Do mesmo modo, o prisioneiro que escapa da caverna deve ser forçado a retornar a seu obscuro recesso anterior para conduzir outros prisioneiros para fora, para a luz da liberdade, da verdade e da realidade.

3
Os mitos – parte I

Educação provém de uma raiz latina que significa "extrair". Embora não me oponha ao formato tradicional de aulas expositivas, sempre acreditei firmemente que meu papel como educador envolve não só despejar saber nas mentes de meus alunos, como, igualmente, fazê-los desabrochar. Os estudantes, como todas as pessoas, sabem bem mais do que pensam que sabem. Há tanta sabedoria enterrada profundamente nos recessos subterrâneos de nossas almas – se pelo menos conseguíssemos acessá-la. Para colocá-lo de outra forma, não é somente por intermédio de nossos cinco sentidos que adquirimos acesso ao conhecimento; o verdadeiro conhecimento pode nos alcançar tanto de fora de nosso mundo espaço-temporal (via revelação), como de dentro de nosso coração-alma-mente (via intuição e rememoração).

A despeito das extraordinárias capacidades de seu cérebro extremamente agudo, sistemático, Platão sabia que a lógica, o empirismo e a razão possuem seus limites. Nem a dialética negativa de Sócrates, nem a mais positiva de Platão podem, por si mesmas, conduzir o filósofo no caminho ascendente em direção à Verdade. Nem mesmo a sofisticada dialética da *República* pode alcançar tão alto sem ajuda. De maneira inevitável, chega um momento em que a busca pela definição precisa dar lugar a um salto intuitivo, revelador, no desconhecido. Nos grandes diálogos intermediários de Platão, esse salto se dá na forma de um mito (ou alegoria) que oferece uma visão sobre nossas origens (*archē*), nosso fim (*telos*) ou ambos.

Em nosso mundo pós-iluminista, tendemos a efetuar uma divisão nítida e inflexível entre fato e ficção, história e mito, prova lógica e alegoria "fantasiosa". A mente de Platão não aceita divisões tão estritas. Com efeito, antes de narrar a grande história-alegoria com a qual encerra o *Górgias*, Sócrates afirma: "Ouçam, portanto, como dizem os contadores de histórias, um relato muito bonito, que me arrisco a dizer que vocês podem estar dispostos a encarar como apenas uma fábula, mas a qual, como acredito, é uma história verdadeira, pois pretendo falar a verdade" (523).

Em *The problem of pain* [O problema da dor], de espírito platônico, C. S. Lewis apresenta o que chama de "um 'mito' no sentido socrático, um relato não improvável", a fim de ajudar a explicar a origem e natureza do sofrimento humano. Para definir mais precisamente o que entende por isso, ele acrescenta a seguinte nota: "Isto é, uma explicação do que pode ter sido o fato histórico. Não deve ser confundido com o 'mito' no sentido do Dr. Niebuhr (isto é, uma representação simbólica de verdade a-histórica)"[1]. Para Lewis, como para Platão, "mito" não é sinônimo de "não verdadeiro". Pelo contrário, com frequência o mito oferece o único caminho direto para verdades que não podem estar contidas nos estreitos confins do método lógico, da observação empírica e da experimentação científica.

Embora os diálogos intermediários de Platão abordem uma variedade de questões e temas, todos eles – desde *Górgias*, *Protágoras* e *Fédon* até *Mênon*, *República*, *Banquete*, *Fedro*, *Timeu* e *Crítias* – se desenvolvem em torno de um momento climático em que Platão expõe uma história memorável sobre a criação, o destino da alma ou a peregrinação ascendente do filósofo. A alegoria da caverna (*República* VII; 514a-517a), que não só ilustra e humaniza a linha seccionada de Platão, como também funciona como sua fonte última de verdade, é o mais

---

1. LEWIS, C. S., *The problem of pain*, New York, Macmillan, 1962, 77.

conhecido dos mitos, mas é apenas um de muitos – incluindo o mito de Er, com o qual termina a *República*. Se escolhermos passar por cima ou, pior ainda, ser condescendentes com os mitos de Platão, não seremos capazes de compreender e analisar os rudimentos de sua filosofia. Pelo contrário, se quisermos fazer a jornada *com* Platão, se quisermos *conhecer* a verdade, e não meramente saber *sobre* ela, então só podemos fazê-lo por meio dos mitos.

O aluno ou professor que caminhar pacientemente ao longo dos intricados caminhos dos diálogos e então se recusar a se elevar rapidamente nas asas dos mitos é como alguém que leva a cabo um estudo abstrato do sexo oposto, mas recusa a ideia de ficar apaixonado. Ou, ainda, como um garoto que passa meses estudando o Oeste selvagem e se esconde no banheiro quando um verdadeiro cowboy aparece em sua porta. Se nós, contemporâneos, não podemos lidar com os mitos, não é porque são demasiado fantasiosos, mas porque são demasiado reais.

A preexistência da alma

No capítulo anterior, identifiquei o momento exato, na *República*, livro II, em que a aporia socrática dá lugar à investigação platônica por uma definição mais plena que possa iluminar a verdadeira natureza da virtude. Momento similar ocorre no *Mênon*, ainda que, desta vez, o momento assinale uma transição, não do impasse socrático para a investigação platônica, mas da abordagem realística, pragmática, semissofística de Sócrates, para a concepção idealística, mística, em última instância, pitagórica, de Platão. No que se refere aos mitos, aquele que Platão narra no *Mênon* é definitivamente curto e objetivo, mas é justamente por isso que fornece um bom ponto de partida para explorar as alegorias de Platão. Além disso, o mito do *Mênon* fornece a própria razão de ser para todos os professores que acreditam que seus alunos sabem mais do que pensam saber, e que veem sua tarefa pedagógica como um processo duplo de inserir conteúdo e fazê-lo vir à tona.

Em vez de iniciar com um elaborado cenário de fundo, como faz na maioria de seus diálogos, Platão inicia o *Mênon* jogando-nos imediatamente em uma conversa já em curso. "Podes dizer-me, Sócrates [pergunta Mênon]: se a virtude é coisa que se ensina? Ou não é coisa que se ensina, mas que se adquire pelo exercício? Ou nem coisa que se adquire pelo exercício nem coisa que se aprende, mas algo que advém aos homens por natureza ou por alguma outra maneira?" (70a)[2].

A razão para a abertura abrupta é provavelmente porque, no diálogo anterior, *Protágoras*, Sócrates debatera vigorosamente sobre a mesma questão (isto é, "Pode a virtude ser ensinada?"), para terminar numa espécie de impasse.

Embora o sofista Protágoras se mostre, como se pode sustentar, como sendo o mais sábio e mais bem-sucedido parceiro de discussão de Sócrates, o astuto Sócrates – às vezes de maneira ultrajante e indesculpavelmente ardilosa – consegue conduzir seu oponente até um *corner* dialético. Enquanto Protágoras sustenta que as virtudes sejam tão diferentes como as feições dos rostos, Sócrates o pressiona a admitir que todas as virtudes, na verdade, são uma só – e que a unicidade que as unifica é o conhecimento. Quer se manifeste em termos de justiça, temperança ou coragem, a virtude é essencialmente um tipo de conhecimento. Em contraste com seu pupilo Aristóteles, Platão, e talvez Sócrates, parece ter acreditado que ninguém pode fazer o mal conscientemente, que o mal não é um mau uso do livre-arbítrio, mas um subproduto da ignorância.

Ainda assim, ironicamente, no final do *Protágoras*, a tese de Platão de que a virtude é conhecimento o força a repensar sua proposição anterior de que a virtude não pode ser ensinada. A despeito do fato de que Sócrates sustente, ao longo do diálogo, que ninguém pode ensinar a virtude – foi por isso que grandes estadistas como Temístocles e Péricles foram incapazes de transmitir suas virtudes cívicas e habilidades a seus filhos –, sua asserção vitoriosa de que o conhecimento é o fator-chave que une todas as virtudes traz consigo uma consequência não pretendida. Em maravilhoso momento de humildade socrática, o

---

2. Sigo aqui a tradução brasileira, em PLATÃO, *Mênon*, texto estabelecido e anotado por John Burnet, trad. Maura Iglésias, ed. bilíngue, Rio de Janeiro/São Paulo, PUC-Rio/Loyola, 2001, p. 19. Em outros momentos, porém, preferi seguir a versão inglesa utilizada pelo autor. (N. do T.).

filósofo compartilha com seu interlocutor o que seu argumento diria a eles se pudesse falar:

> Protágoras e Sócrates, sois seres estranhos; aí estás, Sócrates, que dizias que a virtude não pode ser ensinada, contradizendo-se ao tentar afirmar, agora, que todas as coisas são conhecimento, incluindo justiça, temperança e coragem – o que tende a mostrar que a virtude pode certamente ser ensinada; pois, se a virtude fosse algo diferente do conhecimento, como Protágoras tentou provar, claramente a virtude não poderia ser ensinada; mas, se a virtude consiste inteiramente em conhecimento, como estavas procurando mostrar, não posso supor outra coisa senão que a virtude pode ser ensinada (361b-c).

Os críticos, tanto antigos quanto modernos, que acusaram Sócrates de elitismo, fariam bem em ler novamente essa passagem. Sócrates e Platão eram professores tanto quanto eram filósofos. Se não se importavam com as massas, era pelo mesmo motivo pelo qual não se importavam com os sofistas: porque acreditavam que faltavam a estes últimos ouvidos e corações que ansiassem pela sabedoria.

Que Sócrates se mostrasse disposto a seguir seu argumento dialético onde quer que este o levasse, mesmo se se voltasse contra ele, é prova de sua própria disposição de ver, ouvir e ansiar. Com efeito, é essa disposição mesma que situa Sócrates (e Platão) em lugar à parte dos sofistas, a maioria dos quais mais provavelmente alteraria a verdade para se adequar a suas próprias agendas do que alteraria a si próprios. Tristemente, para grande frustração do leitor que anseia por saber se a virtude pode ser ensinada, mal Sócrates faz sua admissão, o diálogo abruptamente termina. O debate finda, a festa acaba, e a questão posta não é jamais respondida – não, pelo menos, até o *Mênon*, que inicia de maneira abrupta, assim como o final do *Protágoras*.

Em um primeiro momento, Sócrates enfrenta a questão inicial de Mênon com as mesmas manobras evasivas de acelerar e diminuir a marcha dos argumentos, da mesma forma que faz com Protágoras. Toda vez que Mênon tenta definir a palavra *virtude* – uma vez que Sócrates não abordará a questão até que os termos estejam propriamente definidos – Sócrates desconstrói sua definição, seja por ser de aplicação muito limitada, seja por tratar uma parte como se fosse o todo. Finalmente, exasperado e em desespero, Mênon diz a Sócrates que ele não é um homem, mas uma "raia elétrica, aquele peixe marinho achatado [...] [que] entorpece quem dela se aproxima e a toca, quando tu pareces ter-me feito algo desse tipo agora" (80b). Em resposta, Sócrates volta à sua clássica pretensão de que ele não sabe as coisas que ele pressiona outros a explicar-lhe:

> Quanto a ser uma raia, se a raia for entorpecida como é a causa de entorpecimento de outros, então de fato sou uma raia, mas não se for de outro modo; pois deixo a outros perplexos, não porque sou lúcido, mas porque sou profundamente perplexo eu mesmo. E agora não sei o que é a virtude, e pareces estar no mesmo [estado], embora soubesses, talvez, antes de ter me tocado (80c-d).

E isso, ao que parece, será outro impasse, outra falsa largada no caminho para a verdade. Mênon mesmo sente o impasse que se aproxima e faz a Sócrates uma questão simples, mas vital: "E de que modo procurarás, Sócrates, aquilo que não sabes absolutamente o que é?" (80d). Sócrates reconhece a importância da questão e a evidente futilidade de buscar algo se não souber reconhecer quando a encontrar. E então...

A aporia socrática dá lugar ao salto platônico, e a filosofia desabrocha em metafísica.

Uma grande e misteriosa verdade

"Ouvi", diz Sócrates em um cochicho, "de certos sábios, homens e mulheres, que falaram de coisas divinas que..." (81a). "O quê?", pergunta Mênon, preenchendo a pausa nas palavras de Sócrates. "O que ouvistes?" Não foi dos sofistas ou dos filósofos pré-socráticos (não pitagóricos), mas de sacerdotes e sacerdotisas, e poetas divinamente inspirados, Sócrates – ou Platão, cuja voz, eu diria, assume a partir deste ponto – que aprendeu uma grande e misteriosa verdade: "Que a alma do homem é imortal, e que em um momento tem um término, que é chamado de morrer, e que em outro nasce novamente, mas jamais é destruída" (81b). Aqui, de maneira sintética, Platão expressa uma crença que é central a muitos de seus grandes mitos: a reencarnação. Enquanto os mitos anteriores, mais socráticos, da vida após a morte que dão sua graça, por exemplo, nas seções finais da *Apologia* e do *Górgias*, não fazem referência a almas retornando à Terra, aqueles que aparecem nos diálogos posteriores, mais platônicos (*Mênon*, *República*, *Fedro* e *Timeu*) se apoiam fortemente nas implicações metafísicas da transmigração das almas.

No capítulo 7, discutirei algumas dessas implicações. Por ora, é preciso compreender que o mito central do *Mênon* se situa a meio caminho entre os da *Apologia-Górgias-Fédon* e os da *República-Fedro-Timeu*. Em vez de meditar sobre a mecânica da reencarnação, o *Mênon* se centra nas ramificações pedagógicas que se seguem se aceitarmos que, antes de entrar em nosso corpo, nossa alma existia no Céu em estado não corpóreo. Se for assim, isso significa que cada uma de nossas almas, em algum momento do passado, residiu no Mundo do Ser e comungou dessa forma com as próprias essências da Bondade, da Verdade e da Beleza que o filósofo platônico que escapa da caverna anseia por vislumbrar.

E, se *esse* for o caso, o processo de aprender verdades mais elevadas se torna tanto de estudo quanto de rememoração. Como explica Sócrates,

> a alma, portanto, sendo imortal, e tendo renascido várias vezes, e tendo visto todas as coisas que existem, seja neste mundo, seja no mundo superior, conhece todas elas; e não é de admirar que ela [a alma] seja capaz de chamar à memória tudo que jamais soube sobre a virtude, e sobre tudo; pois toda a natureza é similar, e a alma aprendeu todas as coisas; não há dificuldade para ela em produzir informação ou, como dizem os homens, aprender, a partir de uma rememoração singular de todo o resto, se o homem for esforçado e não desanimar; pois toda investigação e todo aprendizado não passa de rememoração (81c-d).

O verdadeiro mestre platônico usa a dialética não tanto para expor falsas definições, como para estimular o estudante a rememorar suas próprias lembranças do Mundo do Ser. Com efeito, o Sócrates do *Mênon* passa a "provar" a hipótese de Platão "ensinando" a um jovem escravo altas teorias da matemática, extraindo de sua alma, em lugar de inserir em sua mente, os rudimentos da geometria que o jovem conheceu alguma vez, de maneira direta e intuitiva, em seu estado preexistente.

No início do século XIX, William Wordsworth tomaria o mito da rememoração e da preexistência de Platão como, em parte, uma crítica do mito da *tabula rasa* de John Locke[3]. Em resposta ao argumento do filósofo iluminista de que nascemos como páginas em branco destituídas de qualquer conhecimento inato[4], o poeta romântico sugere, em sua "Ode: Intimações de imortalidade das rememorações da primeira infância", que

Não em inteiro esquecimento
E não em profunda nudez,
Mas por gloriosas trilhas entre as nuvens viemos
De Deus, que é nossa casa (linhas 62-65)[5].

Para Wordsworth, a possibilidade de que nossa alma possa ter tido uma existência anterior no Céu ajudou-o a resolver uma luta pessoal: por que, quando ele era jovem, toda a natureza parecia banhada em luz celestial, mas, quando ele ficou mais velho, essa glória, em sua maior parte, desapareceu. As percepções intuitivas da criança de realidades espirituais mais elevadas, como proclama o poeta, não são o produto de uma ilusão infantil, "selvagem", que ainda não evoluiu, mas constituem um verdadeiro vínculo entre o Céu e a Terra que ainda não foi eviscerado pelas formas destruidoras de alma da mundanidade.

Para ser claro, isso não significa que Wordsworth, cuja fé cristã amadureceu com a idade, pretendia, em seu poema, defender a reencarnação. Pelo contrário, nem a crítica de Wordsworth a Locke, nem as dimensões pedagógicas do *Mênon* nos obrigam a acreditar que nossas

---

3. Locke, na verdade, usa a expressão "papel branco" em vez de tábula rasa.
4. Ver livro I, capítulos 1-2 e livro 2, capítulo 2 do *Ensaio sobre o entendimento humano*, de John Locke.
5. WORDSWORTH, WILLIAM, Ode: intimations of immortality from recollections of early childhood, in: *English Romantic poetry and prose*, ed. Russell Noyes, New York, Oxford University Press, 1956, 328.

almas retornarão em corpos diferentes. Tudo o que é necessário para apoiar a teoria de Wordsworth das "gloriosas trilhas de nuvens" ou a teoria do "aprendizado mediante rememoração" de Platão é uma crença na preexistência da alma, doutrina que, embora heterodoxa, não é radicalmente inconsistente com o cristianismo ortodoxo.

Pense-se no que significaria se nossa alma ingressasse neste mundo já de posse de uma compreensão espiritual e filosófica profunda. Todos os pais podem atestar o fato de que a personalidade única de seus filhos já se manifesta praticamente desde o nascimento. Nenhum de nós é uma completa *tabula rasa*, mas sim um ser cuidadosamente moldado dotado de anseios por Deus, por amor e por finalidade. Se parte desse equipamento inclui conhecimento direto, imediato de Deus e do Céu, todo o empreendimento educacional, como sabia Platão, assume uma dimensão diferente.

Professores atentos notam que alguns de seus alunos "pegam" as coisas mais rapidamente: não porque são necessariamente mais espertos da maneira que o mundo educacional contemporâneo avalia a inteligência, mas porque apreendem o que é dito antes mesmo de poderem explicá-lo em uma prova ou descrevê-lo em um trabalho acadêmico. Embora a experiência do *déjà-vu* possa ser usada como prova a favor da reencarnação – a tese de que vivemos antes na Terra em corpos diferentes –, ela pode igualmente ser usada para apoiar a crença de que nossas almas entram em nossos corpos equipadas com conhecimento anterior (inato) da Bondade, da Verdade e da Beleza.

Afinal, não é a maior alegria do aprendizado a do reconhecimento? Não é aquele momento único em que subitamente se forja uma conexão entre categorias anteriormente não relacionadas do conhecimento? Aquilo a que geralmente nos referimos como o "momento ahá!" (ou eureca) não pode ser medido ou calculado em termos lógicos, matemáticos. A essência da teoria da relatividade veio a Einstein na aurora do século XX em um lampejo de intuição, rápido como um raio; no final do século XIX, a tabela periódica de elementos veio a Mendeleiev em um sonho. As leis da gravitação universal vieram a Newton em um momento similar, em 1666, quando a maçã caiu sobre sua cabeça, e ele intuiu, como se fosse por revelação, que a relação entre o alto da árvore e o solo era paralela àquela existente entre a Lua e a Terra[6].

A resposta de Platão, portanto, à questão de saber se a virtude pode ser ensinada é sim, mas não da maneira que nós normalmente definiríamos o ensino. Nossa alma nasceu não apenas com conhecimento inato, incipiente de coisas eternas, mas com uma dimensão moral que precisa ser moldada. Profetas e santos, argumenta C. S. Lewis em *Mere Christianity* 3,3, mais do que nos ensinar moralidade, nos lembram dela[7]. A moralidade, como a justiça na *República*, é menos um conjunto de códigos memorizados de leis do que um equilíbrio e uma harmonia da alma. O verdadeiro professor de virtude ajuda a alinhar o aluno com a noções mais elevadas de Bondade (moralidade), Verdade (filosofia) e Beleza (estética) que já estão impressas na alma. No sistema pitagórico que tão fortemente influenciou Platão, o sinal de que o alinhamento foi alcançado se revela em um momento alegre, místico, no qual o iniciado ouve a música celestial das esferas e pode, então, prosseguir para cima, a fim de participar dele. Nos mitos de Platão, esse momento ocorre, para o bem ou para o mal, no dia do julgamento.

Dia do julgamento

No que eu chamaria de mito protoplatônico que aparece no final da *Apologia*, Sócrates se refere somente ao lado bom da morte, da maravilhosa jornada a partir da injustiça, do erro e da decadência rumo a um mundo melhor, no qual tudo é verdadeiro e puro, e no qual prevalecem a camaradagem e a conversação (40e-41c). No mito plenamente platônico que aparece no final do *Górgias*, o retrato conjurado é bem mais sério: não um perfeito céu de brigadeiro, mas um julgamento final que resulta em alegria e bênção para alguns, mas em terror e desespero para outros.

---

6. Esses três momentos "eureca" na ciência, juntamente com muitos outros, foram bem documentados por Bruno Lemaitre em seu site: http://brunolemaitre.ch/history-of-science/discoveries-in-science.

7. LEWIS, C. S., *Mere Christianity*, New York, Macmillan, 1960, 78.

Górgias, como Protágoras, é um sofista, e, embora Sócrates trate o primeiro com mais respeito, ambos, que ensinam mediante paga, são criticados por serem camelôs amorais de uma virtude e de um conhecimento que não compreendem. No caso do *Górgias*, que se concentra especialmente nos perigos da retórica, Sócrates encontra na oratória dos sofistas a mesma ignorância disfarçada de conhecimento que ele afirma (na *Apologia*, 21a-21e) ter encontrado nos políticos, poetas e artesãos de Atenas: "[O retórico bem-sucedido] realmente sabe alguma coisa sobre o que é bom ou mau, vil ou honroso, justo ou injusto em [sua audiência]; ou ele está apenas de acordo com os ignorantes ao persuadi-los de que, não sabendo essas coisas, ele seja mais estimado do que alguém que saiba?" (459d). De fato, de maneira ousada e sem se desculpar por isso, Sócrates declara sua firme crença de que a retórica "não é de todo uma arte, mas o hábito de uma inteligência ousada e alerta, que sabe como manipular a humanidade: esse hábito pode ser resumido sob o nome de 'bajulação'" (463a-b).

Próximo ao final do *Mênon*, a desqualificação que faz Sócrates da habilidade dos políticos atenienses de ensinar virtude a seus filhos leva Ânito (que seria, depois, um dos acusadores em seu julgamento) a profetizar a condenação de Sócrates pelos cidadãos de Atenas (94e-95a). Em passagem similar do *Górgias*, a desqualificação ainda mais forte por parte de Sócrates da habilidade retórica em instilar justiça entre os cidadãos – acompanhada de sua algo orgulhosa pretensão de ser um professor de virtude mais efetivo – leva Cálicles a efetuar predição similar (521b-c). Ambas as previsões parecem ser a maneira de Platão de prenunciar o julgamento de seu amado mestre; porém, no *Górgias*, Platão vai além, pondo na boca de Sócrates uma previsão ainda mais clara tanto de seu julgamento como de sua defesa.

Após sutilmente advertir Sócrates de que ele pode algum dia ser arrastado diante da assembleia ateniense, Cálicles questiona Sócrates sobre como um homem como ele poderia se defender diante do júri, se se recusasse a recorrer ao poder persuasivo da retórica. Sócrates responde:

> Sim, Cálicles, se ele tiver essa defesa, que com frequência reconheceste que ele devia ter – se for seu próprio defensor, e não tiver jamais dito ou feito

algo errado, seja com respeito aos deuses, seja com respeito aos homens; e esta tem sido repetidamente reconhecida por nós como o melhor tipo de defesa. E, se qualquer um me condenasse por inabilidade em me defender ou a outros dessa maneira, eu coraria de vergonha, fosse eu condenado diante de muitos ou diante de mim mesmo. Mas, se eu morresse porque não tenho capacidade de bajulação ou retórica, estou certo de que não ficaria me lamentando pela morte. Pois ninguém que não seja um completo tolo e covarde teme a morte em si, mas teme fazer algo errado (522d-e).

O sentimento é quase idêntico àquele expresso próximo ao fim da *Apologia*: uma determinação de escolher a correção sobre a autopreservação e não permitir que um tolo temor da morte o force a comprometer seu ensinamento ou seu modo de vida (39a-b). A verdade e o testemunho de suas ações o defenderão, não artifícios retóricos e exibições de emoção.

Na *Apologia*, Sócrates fundamenta suas convicções sustentando, em primeiro lugar, que a morte não é uma coisa ruim – pois ou é um sono eterno ou uma jornada para um lugar melhor – e, em segundo lugar, desfiando um mito de um prosaico Campos Elíseos (40c-41c). No *Górgias*, ele apoia suas razões por meio de um argumento diferente, mais sóbrio: não que a morte seja um bem absoluto, mas que é um bem *somente* para a alma que escolheu a virtude, em vez do vício. Assim, diretamente após proferir a passagem citada acima, Sócrates acrescenta estas duas sentenças: "Pois ir para o mundo de cima tendo a alma plena de injustiça é o último e pior dos males. E, em prova do que digo, se não tiverdes objeção, gostaria de contar-lhes uma história" (522e). E, com isso, o mito do *Górgias* se desenvolve em toda a sua beleza e terror.

De acordo com uma lei estabelecida por Cronos (o pai de Zeus), explica Sócrates, "aquele que viveu toda a sua vida em justiça e santidade deve ir, ao morrer, para as Ilhas dos Bem-aventurados e habitar lá em perfeita felicidade, fora do alcance do mal; [enquanto] aqueles que viveram de maneira injusta e ímpia devem ir para a moradia da vingança e da punição, que é chamada de Tártaro" (523b). Enquanto, na era de Cronos, éramos julgados em nosso leito de morte, na era de Zeus o tempo e o lugar do julgamento mudaram para o momento *pós*-morte. Quando éramos julgados antes, diz Sócrates, ricos tiranos disfarçariam a maldade de suas ações vestindo-se em finas roupas e envolvendo-se em luxúria e orgulho de raça. Agora, entretanto, as almas são separadas de seus corpos e julgadas em estado de completa nudez. "Aos cinquenta", soltou de maneira mordaz George Orwell, certa vez, "todo homem tem a face que merece"[8]. Antecipando a profunda intuição moral-psicológica-teológica de Orwell, uma que é refletida de maneira mais poderosa no estado de nudez dos pecados no inferno de Dante, Platão sugere que, uma vez separada de nosso corpo, a alma permanecerá para sempre fixa nas virtudes ou vícios que a formaram e moldaram.

Como as horríveis marcas e manchas que aparecem no retrato de Dorian Gray, cada má ação cometida por um homem durante sua vida se imprime profundamente em sua alma. Talvez, reflete Sócrates, Radamanto, o juiz da Ásia, possa se pronunciar sobre a alma de um tirano que é

> marcado pelo açoite e está cheio das impressões e cicatrizes dos perjúrios e crimes com as quais cada ação o marcou, e ele é todo afetado pela falsidade e impostura e não possui retidão, pois viveu sem verdade. A ele Radamanto busca, pleno de toda deformidade e desproporção, e o despacha de maneira ignominiosa para sua prisão, e ali ele suporta a punição que merece (525a).

Nem toda a mais polida retórica do mundo pode ocultar o verdadeiro estado da alma do tirano ou impedir que ela seja jogada de cabeça no Tártaro. O mal virá à tona, e a alma não poderá escapar do que ela é – ou melhor, do que ela se tornou.

Ora, na verdade, a situação não é tão grave. Para complicar o seu mito e a filosofia que tanto ele ilustra quanto autoriza, Sócrates explica adicionalmente que as marcas deixadas nas almas dos pecadores são de dois tipos distintos: aquelas que são curáveis e as que não são. Como ocorre com a distinção católica posterior entre pecados venais (que só merecem punição temporal) e pecados mortais (que, como violam os Dez Mandamentos e são cometidos com pleno conhecimento e

---

8. www.orwellfoundation.com/the-orwell-foundation/orwell/library/d-j-taylor-orwells-face/.

deliberado consentimento, podem levar à danação)⁹, o mito do *Górgias* mantém a esperança de recuperação e reabilitação para aqueles cujas ações e marcas são do tipo curável (525b; a mesma esperança aparece no mito do *Fédon*, 113d-e).

Mas, é claro, é bem melhor comparecer diante dos juízes eternos com a alma limpa de um filósofo, de alguém que sempre buscou a virtude e se afastou do caminho do vício. É por esse motivo que Sócrates fez seu o objetivo de vida de "considerar como apresentarei minha alma de maneira íntegra e imaculada diante do juiz nesse dia. Renunciando às honras a que visa o mundo, desejo apenas conhecer a verdade e viver tão bem quanto puder, e, quando morrer, morrer tão bem quanto puder" (526d-e).

Com efeito, bem no início do diálogo, Sócrates apresenta suas paradoxais convicções gêmeas de que é melhor sofrer o mal do que praticá-lo e de que uma retórica que nos resgatasse de uma punição que beneficiaria nossa alma deve ser rejeitada, não com base nos argumentos dialéticos aos quais ele devota a maior parte do *Górgias*, mas com base no mito do julgamento que ele acabou de expor. Pois é o relato alegórico, e não o argumento lógico, que, em última instância, ensina-nos que "o melhor modo de vida consiste em praticar a justiça e toda a virtude na vida e na morte" (527e).

---

9. No que se refere à distinção entre pecados mortais e venais, ver a Parte III, seção 1, capítulo 1, artigo 8, subseção 4 do *Catecismo da Igreja Católica*, que pode ser acessada gratuitamente em https://www.vatican.va/archive/cathechism_po/index_new/p3s1cap1_1699-1876_po.html.

4
Os mitos – parte II

A opção de Sócrates, no *Górgias*, é rejeitar a bajulação retórica e os benefícios que a acompanham, em favor de uma vida de virtude que encontra sua justificação no relato alegórico do juízo final. Do mesmo modo, a opção mais complexa de Sócrates, na *República*, de levar a vida do filósofo justo, mesmo que essa vida lhe confira uma reputação de injustiça, encontra *sua* justificação em um mito de um julgamento mais complexo e esteticamente mais rico, que incorpora em sua narrativa a crença platônica madura na reencarnação. Como o mito do *Górgias*, o mito de Er, da *República* (614b-621d), é introduzido com uma dupla asserção de que (1) o que acontece conosco após a morte é o que *realmente* importa (614a), e (2) a história que vamos ouvir não é um sonho vago, mas um relato verdadeiro da realidade que nos aguarda (614b).

À medida que ele segue no relato do mito que constitui o clímax de seu maior diálogo, Platão, via Sócrates, afirma que, na verdade, o justo geralmente recebe recompensa nesta terra – de tal modo, promete Jesus (Mc 10,29-30) que aqueles que tudo abandonarem e o seguirem receberão benefícios terrestres (além da perseguição), *além* de ganharem a vida eterna. Não obstante, diretamente após prometer recompensas nesta vida ao homem justo, Sócrates acrescenta que "todas essas [recompensas terrenas] não são nada, seja em número, seja em grandeza, em comparação àquelas outras recompensas que esperam tanto o justo quanto o injusto após a morte. E precisas ouvi-los, e ambos, justos e injustos, terão recebido de nós o pleno pagamento da dívida que o argumento deve a eles" (614a). Com efeito, é imperativo que os ouçamos, pois o argumento lógico que não é acompanhado pela alegoria é incompleto e, para tomar emprestado um verso de George Herbert, no ouvido, não na consciência, retine.

E, assim, mergulha Sócrates em seu relato, mas não antes de deixar algo claro: "Eu vos contarei um conto; não um daqueles que Odisseu [Ulisses] conta ao herói Alcino, mas também este é um conto de um herói. Er, o filho de Armênio, panfílio por nascimento" (614b). Ao distinguir cuidadosamente seu mito de Er dos contos que Odisseu narra ao rei da Feácia ao longo da *Odisseia* 9-12 (em particular, sua descida ao mundo inferior, no livro VII), Sócrates pretende indicar que sua exposição da vida após a morte será verdadeira e confiável. Antes, na *República* III (386a-387c), Sócrates criticara enfaticamente a visão do Hades difundida nos poemas épicos de Homero como contos falsos que constroem entre os jovens um temor errôneo do mundo inferior como um local miserável e sem esperança. Nesse ponto do diálogo, Sócrates simplesmente afirmou que o retrato do Hades por Homero era falso; aqui, em seu mito final, Platão apresenta a seus leitores uma visão alternativa da realidade pós-morte que todos nós, um dia, encontraremos.

Como Orfeu, Hércules, Teseu e Ulisses (e Eneias e Dante, depois deles), Er é autorizado pelos deuses a visitar o Hades e retornar para contar a história. O que é interessante, porém, em vez de enquadrar seu mito em termos de uma descida épica ao mundo inferior, Sócrates o conta de uma maneira que soa assustadora como as experiências de vida pós-morte (ou quase morte) contadas por pessoas em nossos dias que foram declaradas clinicamente mortas e então, milagrosamente, retornaram à vida, compartilhando histórias maravilhosas de uma jornada para dentro e para fora de um túnel rumo à luz celeste[1].

---

1. Ver, por exemplo, Raymond Moody, *Life after life* (1975), Dinesh D'Souza, *Life after death: the evidence* (2007), Roy Abraham Varghese, *There is life after death* (2010) e Don Piper, *90 minutes in heaven* (2004).

A primeira parte do conto que Platão relata tem muita similaridade com o mito do *Górgias*. Mais uma vez, vemos almas julgadas e então enviadas para serem abençoadas ou amaldiçoadas. Desta vez, no entanto, a geografia do mundo inferior – apresentada de maneira atenuada no mito do *Fédon* (107-c-115a), que mapeia meticulosamente os túneis aerados e ramos fluviais do Hades (111c-113d) – é mais precisa em seus detalhes físicos:

> [Er] chegou a um lugar misterioso no qual havia duas entradas; elas eram próximas, e sobre elas havia duas outras aberturas no céu acima delas. No espaço intermediário havia juízes sentados, que ordenavam aos justos, após terem proferido seu julgamento e pronunciado suas sentenças, subirem pelo caminho celestial à direita; e da mesma maneira os injustos eram forçados por eles a descer para o caminho inferior, à esquerda; estes também traziam os sinais de suas ações, mas afixados em suas costas (614c-d).

Como que antecipando o sistema de coordenadas cartesianas, Platão insere as almas dos justos no quadrante "positivo" (em cima, à direita) e os maus no "negativo" (embaixo, à esquerda). Como aquelas almas do mito do *Górgias*, as almas dos justos e dos maus são marcadas, embora os maus tenham suas más ações afixadas às suas costas, assim como Jacob Marley é condenado a arrastar atrás de si as caixas de moedas que simbolizam sua vida de avareza[2].

Continuando no mesmo modo do mito do *Górgias*, Platão atribui punições e bênçãos às almas, embora aqui, mais uma vez, o mito de Er seja mais exato (e mais minucioso) em seus detalhes. Assim, aprendemos que cada alma recebe suas penalidades ou recompensas de acordo com uma proporção decimal. Para cada vício cometido, uma penalidade é atribuída por cada século; para cada virtude, um programa similar de recompensas é estabelecido. A impiedade com os deuses e com os próprios pais produz punições ainda piores, assim como o suicídio (615a-c).

---

2. DICKENS, CHARLES, *A Christmas carol*, in: *The Christmas books*, London, Penguin Classics, 1985, 1: 61.

Quando os mil anos terminarem, os pecadores saem da caverna e suas punições cessam – a menos, é claro, que eles sejam culpados de tirania em sua vida anterior. Se for o caso, o que os saúda é algo verdadeiramente dantesco em seu horror:

> Eles [Ardieu e seus colegas tiranos] estavam a ponto, como imaginavam, de retornar ao mundo superior, mas a boca, em lugar de admiti-los, emitia um rugido sempre que algum desses pecadores incuráveis ou alguém que não houvesse sido suficientemente punido ali tentasse ascender; e, então, homens selvagens de aspecto feroz, que estavam parados ali e ouviam o som, apanhavam-nos e os levavam embora; e Ardieu e os outros eram amarrados pela cabeça e pelos pés, e eram jogados para baixo e açoitados e arrastados ao longo do caminho, sendo lacerados como toras de madeira; aqueles homens ferozes declaravam aos passantes quais eram seus crimes e que eles estavam sendo levados embora para serem jogados no inferno [Tártaro, em grego] (615a-616a).

Até um leitor cético que negue a imortalidade da alma não pode deixar de estremecer de pavor diante da descrição de Platão da boca tonitruante do inferno e dos ferozes demônios que acorrentam e açoitam as almas más. Entretanto, os cristãos que lerem essa passagem farão bem em se lembrar que o supostamente "suave e gentil" Jesus falava mais sobre os horrores do inferno do que qualquer outro personagem da Bíblia (ver, por exemplo, Mt 5,29; 10,28; 13,42.49-50; 24,51; 25,30.41).

Como que percebendo que seus ouvintes/leitores terão necessidade de um alívio na narrativa após ouvir/ler sobre o terrível destino dos pecadores, Sócrates/Platão eleva seus olhos e ouvidos das profundezas do Tártaro para as alturas do cosmos ordenado de Pitágoras. Em nítido contraste com a desesperada sina dos tiranos, explica Sócrates, as almas do justo e daqueles que expiaram plenamente seus crimes são contempladas com uma visão das esferas celestiais. À medida que as almas olham com admiração, as esferas efetuam uma rotação em círculos perfeitamente concêntricos em torno da Terra. Acima de cada esfera senta-se uma sereia que canta eternamente uma só nota; juntas, as notas misturadas das sereias produzem esse coro celestial a que Pitágoras chamava de música das esferas – cuja audição, como notado antes, liberta a alma do iniciado para que ascenda para o céu e se una à sinfonia cósmica [616c-617b).

Para Platão, o giro das esferas se liga à força da Necessidade, a qual, por sua vez, se liga aos três Fados que fazem girar a nossa vida, nossos destinos propriamente ditos e nossas mortes. São os Fados que depositam diante das almas uma miríade de possibilidades e de vidas as quais elas têm de escolher (617c-e). Com base no número de sua sorte, elas escolhem para si a vida de um homem, de uma mulher ou de um animal. Uma vez feita a escolha, ela renasce em sua nova vida e retorna à Terra. Penso que não seja coincidência que Platão passe da primeira metade de seu mito (a qual, como no Górgias, sugere um julgamento singular) para a segunda (que se centra na transmigração das almas) por meio de uma visão pitagórica do universo – pois foi do pré-socrático Pitágoras que Platão adotou o ensinamento filosófico e a imagem alegórica da reencarnação.

A longa e complicada dialética que tece seu caminho ao longo dos dez livros da *República* se preocupa, em seu núcleo, com aquilo que a justiça e a injustiça fazem a nossas almas e como as escolhas que fazemos nos moldam como certos tipos de pessoas. Assistimos, com admiração, como as almas procedem, uma a uma, na escolha de suas novas vidas e nos damos conta de que o que Platão nos está permitindo testemunhar é esse momento aterrador de crise para a qual toda a nossa educação e treinamento filosófico nos conduzem. As almas são advertidas antes de escolherem:

> Ouvi a palavra de Láquesis, a filha da Necessidade. Almas mortais, aceitai um novo ciclo de vida e mortalidade. Vosso temperamento não será alocado a vós, mas podereis escolhê-lo; e aquele que tirar a primeira sorte que escolha primeiro, e a vida que ele escolher será seu destino. A virtude é livre, e como homem que a honrar ou desonrar terá mais ou menos dela; a responsabilidade está com aquele que escolhe – Deus está isento de culpa [está justificado] (617d-e).

Assim que escolhermos nossa vida, estaremos atados à necessidade, mas a escolha é nossa, e somente nossa. Se escolhermos mal, só poderemos censurar a nós mesmos.

Como que para deixar claro que esse aspecto do mito de Er visa tanto ilustrar quando dar credibilidade ao sistema ideal de educação exposto na *República*, Sócrates interrompe o fluxo narrativo de sua história para se dirigir diretamente a Gláucon:

> E aqui, meu caro Gláucon, reside o supremo perigo de nossa humana condição; e, portanto, tem-se de tomar o maior cuidado. Cada um de nós deixa todo outro tipo de conhecimento e procura e segue uma coisa apenas, se porventura for capaz de aprender e conseguir encontrar alguém que o torne capaz de aprender e discernir entre bem e mal, e assim, sempre e em toda parte, escolher a melhor vida que ele puder (618c).

A vida do filósofo não só nos garantirá uma boa vida no presente, como também nos preparará para escolher sabiamente quando chegar a hora de selecionar qual será nossa próxima vida. É o filósofo que verá que uma vida que promete poder pode nos trazer a ruína ao final, enquanto a vida de um homem pobre pode ser vivida de tal modo a nos trazer paz, alegria e contentamento.

Além disso, a menos que pensemos que o sistema de sorteio é injusto – uma vez que alguns podem escolher as vidas antes, enquanto outros precisam esperar que a maioria tenha escolhido –, a voz do profeta do mundo inferior deixa claro que a loteria é realmente justa: "Até mesmo o último a chegar, se escolher sabiamente e viver de maneira diligente, terá indicada para si uma existência feliz e não indesejável. Que o primeiro a escolher não seja descuidado, e que o último não se desespere" (619b). Como que para vencer a discussão, Sócrates nos conta o que acontece ao homem que escolhe primeiro. Ele

> se adiantou e, em um instante, escolheu a maior tirania; tendo sua mente sido obnubilada pela loucura e pela sensualidade, ele não pensou na questão como um todo antes de escolher e não percebeu, em um primeiro momento, que ele estava destinado, entre outros males, a devorar seus próprios filhos. Mas, quando teve tempo para refletir e viu o que estava contido em sua sina, começou a bater em seu peito e se lamentar por sua escolha, esquecendo a proclamação do profeta; pois, em lugar de censurar a si mesmo por sua desgraça, acusou o acaso e os deuses, e tudo, menos a si mesmo (619b-c).

Assim, como os pecadores, em Dante, ao atravessar o rio Aqueronte em direção ao inferno (*Inferno* 3:103-105), eles censuram Deus, seus pais e a terra onde nasceram – tudo, exceto a si mesmos. A alma fixada na injustiça é cega à natureza da bondade, como o é às profundezas de sua própria loucura e depravação. Mas resta esperança. Diferentemente do tolo que escolhe primeiro, aquele que o faz por último usa sua sabedoria e bom senso de modo a efetuar uma boa escolha das vidas que restam:

> Chegou também a alma de Ulisses, ainda tendo de escolher, e sua sorte foi a última a ser tirada. Ora, a lembrança das provações anteriores o deixaram desencantado com a ambição, e ele buscou por um tempo considerável a vida de um homem privado que não tem preocupações; teve alguma dificuldade em encontrá-la, pois ela estava deitada e tinha sido negligenciada por todos os demais; e, quando ele a viu, disse que teria feito a mesma escolha se tivesse sido o primeiro sorteado, e não o último, e ficou encantado em tê-la (620c-d).

Embora Platão deixe claro desde o início que seu mito de Er será um conto verdadeiro, não um falso como aquele contado por Ulisses, ele aqui fornece ao homem ideal de Homero a honra de encarnar o tipo mesmo de sabedoria que ele defende ao longo da *República*. Ulisses, que ocupa papel proeminente tanto na *Ilíada* quanto na *Odisseia*, talvez seja a maior criação de Homero. Enquanto Ulisses percorre o mundo inferior (*Odisseia* 11), o poeta Homero até mesmo permite que ele receba uma profecia sobre sua última viagem e sua morte pacífica. Mas é o filósofo Platão, unicamente, que possui a sabedoria e a visão para nos recontar o verdadeiro fim do herói de Homero.

Uma vez tendo escolhido sua nova vida, a alma é forçada a beber de Letes, o rio do esquecimento. Tendo sido lavada sua memória da encarnação anterior, ela está pronta para começar sua nova vida sobre a Terra. Assim termina Platão seu grande mito, mito que, diz Sócrates a Gláucon, "irá nos salvar se formos obedientes à palavra dada; e passaremos a salvo pelo rio do Esquecimento, e nossa alma não será despedaçada" (621c).

A jornada do filósofo

Ler Platão é mergulhar de cabeça em um mundo de imaginação, uma terra mágica plena de cintilantes possibilidades, pelo menos para aqueles que possuem olhos para ver. Platão pode ter expulsado os poetas de sua república, mas espero que este capítulo tenha mostrado que ele próprio foi o maior de todos os poetas. Quando a razão, a lógica e a dialética não lhe bastavam, ele moldava asas para si a partir das penas do mito e da cera da alegoria, e arremetia, como Dédalo e Ícaro, rumo à Bondade, à Verdade e à Beleza.

Até aqui, vimos Platão empregar mitos para explorar a natureza da vida após a morte: não como fim em si, ou para satisfazer a vã curiosidade, mas como aguilhão para buscar a verdade e produzir a virtude. O interesse de Platão pela vida futura, porém, não se limitava ao julgamento divino; ele estava igualmente interessado na grande jornada espiritual da qual a vida, a morte e o renascimento são passagem de palcos sobre os quais o drama se desenrola. No mito central do *Fedro* (245c-257b), Platão une uma meditação sobre a reencarnação e a preexistência da alma com um chamado inspirador à jornada ascendente. E ele o faz não por meio da elaboração de um silogismo, mas construindo um belo mito de tirar o fôlego que ilumina a causa final, enquanto contraposta à causa eficiente, pois, por que outro motivo, quando ficamos apaixonados e olhamos fundo nos olhos de nosso amado ou amada, nosso corpo como um todo estremece e nossos sentidos se excitam?

Na época de sua preexistência, explica Sócrates em um mito cujo propósito primário é celebrar o amor, nossa alma possuía asas e livremente arremetia pelos céus. Durante um de seus voos celestiais, ela voou tão alto que rompeu os limites de nosso estreito universo de tempo e espaço e ingressou nesse reino mais elevado do Ser no qual tudo é perfeição e tudo é uno: livre de mudança, morte e decadência. E ali, nesse reino de absolutos, ela começou a girar, como o Tennyson de "In memoriam A. H. H.",

Sobre empíreas elevações de pensamento,
E se deparou com o que é, e apanhou
As profundas pulsações do mundo (95, 38-40)[3].

Por mil anos, ela seguiu na procissão dos deuses, enquanto eles efetuavam seu majestático circuito em torno do anel externo de nossa esfera cósmica. O que é mais maravilhoso, ela comungava diretamente com as gloriosas Formas da Beleza e da Verdade. Contemplava a face do imortal indestrutível e incriado, e compreendia. Pois não só via, como sabia (247c-e).

Em uma imagem fantasmagórica, inesquecível, que faz um paralelo com a alma tripartida da *República* (razão-espírito-apetite), Platão descreve nossa alma alada como um cocheiro (razão) cuja carruagem é puxada por dois cavalos bem diferentes: um nobre e autocontrolado (espírito); o outro, violento e luxurioso (apetite). Enquanto o cocheiro mantém os dois cavalos trabalhando em uníssono, seu voo para cima continha desimpedido, mas chega uma hora em que o cavalo impetuoso puxa os freios e refuga um pouco, de modo que o cocheiro é desviado da rota. Quando isso acontece, impulsos baixos e mundanos da terra puxam a alma para baixo e rasgam suas asas, fazendo com que ela caia em nosso terreno Mundo do Devir. Então, durante um ciclo de dez mil anos, a alma passa de um corpo carnal para outro, até que, por meio de uma longa e exaustiva ascensão para a glória que outrora conheceu, mais uma vez desenvolve asas e percorre rapidamente os céus (248a-e).

Mas esta não é toda a história. Pois há momentos, durante nossa amarga estada de dez mil anos, em que a alma cativa, domesticada, captura, na face de seu amado, um lampejo breve, mas real, desse glorioso Mundo do Ser que ele antes conheceu. Ali, luzindo por trás da beleza física daquele a quem amamos, nossa alma percebe um lampejo visionário dessa Beleza ideal com a qual ela outrora comungou. Com efeito, assim como ocorre, às vezes, quando ouvimos uma orquestra, que durante uma pausa longa na música uma harmonia mais profunda

---

3. TENNYSON, *Tennyson's poetry*, org. Robert W. Hill Jr., New York, Norton, 1971, 170.

parece retinir em nossos ouvidos e quase nos retirar de nosso assento, do mesmo modo, quando olhamos extasiados para nosso amado, um véu parece se levantar, revelando uma beleza mais profunda, mais essencial, intocada pelo tempo e pela mudança. E, quando isso ocorre, a alma começa a girar, e suas asas molhadas, feridas, começam lentamente a se abrir, e suas penas torcidas, rarefeitas, começam, novamente, a crescer. Tal como Platão descreve, a alma contempla o amado:

> À sua vista é acometido de todo o cortejo dos calafrios: muda de cor, transpira e sente calor inusitado. Apenas recebendo por intermédio dos olhos eflúvios a Beleza, irrigam-se-lhe as asas, e ele volta a inflamar-se. Com o aquecimento derrete-se o invólucro dos germes das asas, que, endurecido havia muito pela secura, os impedia de brotar, e com o afluxo do alimento intumesce a haste da asa e tende a lançar raízes por todo o interior da alma, pois antes a alma estava recoberta de plumas.
> Então tudo na alma é ebulição e efervescência, sentindo ela o mal-estar de quando apontam os dentes: sensação de gastura e irritação das gengivas. É o que se passa com a alma, quando as asas começam a criar penugem: em toda aquela efervescência, tem a impressão estranha de prurido, quando lhe nascem as asas (251b-c)[4].

Dificilmente uma explicação científica para a excitação carnal, mas ainda assim muito mais satisfatória e mais real do que qualquer fala sobre folículos capilares e papilas aumentadas. Não, não acredito que minha alma possua almas físicas, mas tampouco o pensava Platão. Mesmo assim, quando, na presença da beleza, lágrimas se formam em meus olhos e minha pele se encolhe e aquece, eu poderia quase jurar que uma massa de penas brancas da cor da neve está saindo de dentro de mim. Como se vê, embora nossas almas não sejam corpóreas, elas possuem presença e peso. Expandem-se e se contraem em simpatia com nossa jornada espiritual para a Bondade, a Verdade e a Beleza ou para longe delas: ora expandindo-se e brilhando iluminadas quando ascendemos em direção à vida e à glória da qual fomos criados, ora se encolhendo e

---

4. Segui aqui *ipsis litteris* a tradução brasileira em PLATÃO, *Fedro*, trad. Carlos Alberto Nunes, ed. bilíngue, Belém, UFPA, ³2011. (N. do T.)

se dissipando enquanto caímos cada vez mais na luxúria, na preguiça e na neutra indiferença do mundo animal e mesmo do vegetal. Encontrei (não encontramos todos?!) pessoas nesta última categoria, quase desprovidas de alma; seus olhos parecem vazios e estúpidos, seu fogo quase extinto. Mas também encontrei pessoas da primeira categoria; seus olhos ardem com uma paixão pela Vida, pela Beleza e pela Verdade. Todo dom precioso e toda dádiva perfeita vêm do alto e desce do Pai das luzes, no qual não há mudança nem sombra de variação (Tg 1,17). Embora possam não ser filósofos, no sentido técnico, acadêmico da palavra, são verdadeiramente no sentido etimológico: amantes da sabedoria. Buscam a verdade com todo o ardor de um amante, e uma vez que, como Platão bem sabia, a mais alta Verdade sempre reside na companhia da Bondade, da Beleza e da Alegria, eles também anseiam por essas coisas. Evitam qualquer coisa que os faça pender para baixo, qualquer coisa que retenha suas almas na vida instintiva, quase não consciente do animal. Têm aversão à mera sobrevivência: precisam lutar, crescer e se desenvolver. O que buscam, enfim, é a liberdade, liberdade para resistir à parte animal de sua natureza, redimir sua parte humana e libertar a divina.

E, com essa articulação do mais alto objetivo do homem, somos conduzidos de volta ao mito da alma alada. Segundo Platão, embora a alma tipicamente precise esperar dez mil anos antes de retornar ao Mundo do Ser, se ela encarnar por três vezes no corpo de um filósofo, seu período de gestação espiritual será reduzido a apenas três mil anos (249e). Assim, ao longo dos diálogos, especialmente na *República*, Platão nos exorta reiteradas vezes a honrar a filosofia como o mais alto chamado. Com efeito, Platão dedica considerável esforço para mapear em grande detalhe os estágios pelos quais o futuro filósofo deve passar em sua busca pela sabedoria – em outros termos, mapeia nos diálogos, e então lhe dá vida nos mitos.

A educação do amante. Embora as reflexões de Platão sobre a educação do filósofo apareçam superficialmente em vários de seus mitos – na alegoria da caverna, em particular –, os dois que oferecem sua mais plena explicação são encontrados no *Banquete* (o qual, como o mito do

Fedro, celebra o amor) e no *Fédon* (o qual serve de prefácio para o mito final do julgamento, com sua descrição da jornada pós-morte da alma). Em ambos os mitos, Platão enfrenta o desejo da alma de transcender o físico, para se tornar, por assim dizer, uma iniciada nos mistérios da filosofia. Os mistérios referidos no *Banquete*, como aqueles do *Fedro*, não são os da filosofia, mas os do amor; ainda assim, seja deliberadamente ou não, ao tratar desses dois mistérios entrelaçados da filosofia e do amor como sendo essencialmente equivalentes, amplia o escopo da filosofia, de modo a incluir todos aqueles que buscam coisas mais elevadas, o Amor, a Beleza, a Bondade e a Verdade, que vêm apenas de cima. Com efeito, no *Fedro*, Platão afirma que "a alma que viu mais verdade (em seu voo empírico pelo Mundo do Ser) nascerá como filósofo, artista ou alguma natureza musical e amorosa" (248d). O desejo, ao que parece, para ascender para a Visão Beatífica, não se limita rigidamente à concepção que hoje temos do filósofo, mas anseia e aspira pela união com aquele grande amor que os teólogos e poetas medievais acreditavam mover os planetas[5].

De todos os diálogos de Platão, o *Banquete* é seguramente o mais teatral e divertido e, ainda assim, em meio ao riso e à diversão, emerge ali uma visão da jornada do filósofo que rivaliza com a alegoria da caverna no espanto que causa entre seus leitores. A palavra *Banquete* (*Symposium*), em grego, significa "festa em que se bebe", e o diálogo nos oferece a rara oportunidade de lançar os olhos na maneira como uma festa igual essa poderia ter ocorrido durante a idade de ouro de Atenas. Entre os convidados, incluem-se Sócrates, o brilhante e obsceno autor cômico Aristófanes, o popular mas escandaloso Alcibíades (que invade a festa), um tragediógrafo popular, um médico algo pomposo, e Fedro, o qual, como no diálogo que leva seu nome, é quem sugere que cada convidado efetue um elogio retórico do amor. Como em *Canterbury tales* [Contos de Cantuária], as diferentes histórias contadas pelos hóspedes vão do cômico ao sério, do sensual ao místico, mas nenhum deles parece ser capaz de tocar no mistério essencial que reside no centro do amor.

---

5. Ver, por exemplo, o famoso verso final da *Divina comédia*, de Dante.

No *Fedro*, depois que o personagem do título, Sócrates, recita uma crítica retoricamente efetiva do amor, o *daimon* de Sócrates – seu oráculo ou sua voz íntima, que ele explica, na *Apologia* (40a), jamais lhe diz o que fazer, mas apenas o impede de fazer algo que não deveria – chama sua atenção para sua impiedade em relação ao deus Eros, filho de Afrodite, e mais conhecido por seu nome romano, Cupido (242c-d). Salvo da impiedade por seu oráculo, Sócrates passa a cantar o grande mito do cocheiro/alma alada como maneira de revelar a verdadeira glória do amor. No *Banquete*, o papel do *daimon* é tomado pela recordação, por parte de Sócrates, de uma mulher chamada Diotima, a qual, muitos anos antes, o iniciaria – filosoficamente, mais do que fisicamente – nos mistérios do amor (201d). Ao recriar para seus companheiros de celebração as verdades que Diotima, como uma parteira, havia feito nascer nele, Sócrates apresenta um programa educacional ao mesmo tempo amoroso e filosófico que conduz o iniciado ao longo de um caminho ascendente que é excitante e iluminador como o caminho seguido pelo habitante da caverna, que se move por estágios, desde a contemplação das sombras das sombras até a visão direta do sol (210a-212a).

Segundo Diotima/Sócrates, o longo processo que conduz finalmente a uma união mística com esse Deus que é Amor, Beleza e Verdade se inicia de forma mundana, com o amor da beleza física tal como se manifesta em uma pessoa particular. Mas o iniciado não se detém ali. O amor de uma pessoa amada deve se expandir, com o tempo, de modo a incluir o amor por todas as formas de beleza. Uma vez alcançado esse nível, o filósofo-amante deve aprender "que a beleza da mente é mais honrosa do que a beleza da forma externa" (210b), uma gloriosa realização que, por sua vez, permitir-lhe-á encontrar a verdadeira beleza, não somente em outras pessoas, mas também em atividades, instituições e ciências morais e naturais.

Se ele se elevar bastante nos degraus dessa ladeira, promete Platão, então

> aquele que tiver sido até então instruído nas coisas do amor e que tiver aprendido a ver a beleza em sua devida ordem e sucessão, quando se aproximar do fim, perceberá, repentinamente, uma natureza de extrema beleza

(e essa, Sócrates, é a causa final de todas as nossas labutas anteriores) [...] uma beleza absoluta, separada, simples e eterna, que, sem diminuição e sem aumento, ou qualquer mudança, é partilhada com as perecíveis e sempre crescentes belezas de todas as outras coisas (210e-211b)[6].

Ele verá, em outros termos, não apenas as Formas, mas a Forma das Formas. Verá a Beleza em si, beleza que não muda, não se esmaece e não morre. Avistar essa Beleza assinalará o fim de sua jornada (seu *telos*), mas a Beleza se revelará a ele como *archē*, como origem ou causa final de seu anseio.

Como se contemplasse essa Beleza juntamente como filósofo-amante de seu mito, Platão, em grande efusão de paixão, celebra a inefável bênção do iniciado que alcança sua meta:

Que ideia faríamos, continuou, da ventura de quem se elevasse até essa visão do Belo em si mesmo, simples, puro e sem mistura, e contemplasse não a beleza maculada pela carne, por cores e mil outras futilidades perecíveis, porém a Beleza divina em si mesma, sob sua forma inconfundível? Lembre-se de como, apenas em comunhão, buscando a beleza com o olho da mente, ele será capaz de evocar não imagens da beleza, mas sim realidades (pois ele possui não uma imagem, mas a realidade), e de evocar e alimentar a verdadeira virtude, de modo a se tornar amigo de Deus e ser imortal, se imortal pode ser o homem. Seria esta uma vida ignóbil? (211e-212a)[7].

Uma nobre evocação, de fato, dessa vida do filósofo-amante que atinge a Visão Beatífica: visão que afasta o iniciado do físico para o espiritual, das imagens para a realidade, da fealdade, ignorância e decadência para a beleza, a verdade e o eterno. E algo mais. Não só o iniciado passa a perceber coisas para as quais antes estava cego; ele consegue dominar toda uma nova maneira de perceber.

---

6. Sigo aqui a versão inglesa, embora se possa consultar PLATÃO, *O banquete*, trad. Carlos Alberto Nunes, ed. bilíngue, Belém, UFPA, ³2011. (N. do T.)

7. Aqui fui obrigado a mesclar a tradução brasileira e a inglesa, que nessa passagem diferem bastante, dando sempre preferência à versão inglesa utilizada pelo autor. (N. do T.)

Recordando o início. Isso nos conduz ao *Fédon*, no qual Platão efetua uma distinção vital, como o fizera na linha seccionada da *República*, entre meras opiniões (imaginação e crença), às quais se chega mediante informação fornecida pelos sentidos corporais, e verdadeiro conhecimento (entendimento e razão), que só podem ser obtidos mediante a apreensão espiritual direta. Na economia platônica, como na de Parmênides, os sentidos sempre enganam, em última instância, pois seus dados brutos provêm somente de objetos que mudam e decaem. Para adquirir sabedoria, portanto, a alma – a qual se situa "na própria semelhança do divino, imortal, inteligível, uniforme, indissolúvel e imutável" – precisa ignorar todos os estímulos que se originam do corpo – o qual se situa "na própria proximidade do humano, mortal, ininteligível, multiforme, dissolúvel e mutável" – e volta seu foco para aqueles objetos e seres que são tão divinos e imortais quanto ela mesma (80b).

É claro, como aprendemos acima no mito da alma alada, houve uma época em que nossas almas de fato comungaram com as Formas divinas; é por isso que Platão pode afirmar, no *Fédon*, o que ele também dissera no *Mênon*: que todo verdadeiro ensinamento filosófico é de fato uma espécie de recordação, uma rememoração do que anteriormente sabíamos antes que nossas almas "caíssem" nesses corpos de argila. Assim, no *Banquete*, vemos que, ao nos movermos em direção a nosso objetivo espiritual último (*telos*), estamos simultaneamente nos movendo para trás, em direção a nosso início igualmente espiritual (*archē*).

A prática da filosofia, então, inclui não só a performance do tipo correto de ações, como o pensar do tipo correto de pensamentos. A gradual libertação de si mesmo do controle da carne é mais do que uma forma ascética de disciplina; é uma maneira de limpar o que William Blake chamava de "portas da percepção"[8]. Estudar somente esses objetos físicos que estimulam nossos sentidos, aprender somente de suas formas cambiantes, em última instância ilusórias, é limitar nossa visão, assegurar que ela jamais se elevará além desta terra.

---

8. JOHNSON, MARY LYNN; GRANT, JOHN E. (org.), *Blake's poetry and designs*, New York, Norton, 1979, 93.

Assim, ocorre que, se treinarmos e libertarmos nossas percepções de modo a que ela rapidamente paire acima desta dança mundana de sombras, então, quando chegar a hora de nossa alma deixar sua casca corporal, ela seguirá suas percepções liberadas para cima (e para trás) para o Mundo do Ser. Mas a alma,

> que foi poluída e é impura na época de sua partida, e é sempre companheira e serva do corpo, e está apaixonada pelo corpo e por seus desejos e prazeres, até chegar a acreditar que a verdade só existe em forma corporal, que um homem pode tocar, ver e experimentar, e usar para os propósitos de seus desejos lascivos – a alma, digo, acostumada a odiar, temer e evitar o princípio intelectual, o qual, para o olho corporal, é sombrio e invisível, e somente pode ser atingido pela filosofia – supões que uma alma como essa partirá pura e imaculada? (81b)

A resposta de Platão, é claro, é negativa. Semelhante alma, como a alma alada do *Fedro*, cujas penas são torcidas e rasgadas pela recalcitrância do cavalo selvagem e pela forte atração da terra, será arrastada para baixo.

Sim, arrastada para baixo, como no *Fedro*, mas não imediatamente em outro corpo. No que sempre considerei como sendo um exemplo particularmente bom de construção filosófico-etiológica de mitos, Platão, em seu mito do *Fédon*, faz uma fascinante sugestão no que concerne ao que acontece com essas almas pesadas que são puxadas para a terra pela força do corpóreo e mundano:

> E esse [o corpóreo] pode ser concebido como sendo esse elemento pesado, terrestre da vista pelo qual semelhante alma é novamente deprimida e arrastada para baixo, para o mundo visível, pois ela teme o invisível e o mundo de cima – rondando silenciosamente túmulos e sepulcros em cuja proximidade, como nos dizem, são vistas certas aparições espectrais de almas que não partiram puras, mas são maculadas com a visão e, portanto, são visíveis (81c-d).

O propósito de Platão, aqui, é enfático. Por que uma alma que jamais desejou elevar sua visão para coisas mais elevadas, que passou sua vida mergulhada em um fluxo contínuo de sensações físicas, possui qualquer desejo de ascender para o mundo invisível de cima? Com certeza, ela se agarrará com tenacidade à única realidade que já conheceu ou viu. E, uma vez que essa realidade, por natureza, é "pesada [e] terrena", a alma não pode evitar ser arrastada para baixo.

Mas a alegoria de Platão não se detém aí. Essas almas "pesadas", prossegue Platão, "continuam a vagar até que o desejo que as assombra seja satisfeito e fiquem presas a outro corpo" (81e). E esse corpo, afirma Platão, será aquele que tem afinidade com a natureza da alma. Se ela é a alma de um glutão e egoísta, ela assumirá a forma de um burro; se criminosa e violenta, retornará na forma de um falcão ou de um lobo, e assim por diante.

Quão diferente é a sina daquele que segue o caminho filosófico da liberdade:

> Os amantes do conhecimento têm consciência de que suas almas, quando a filosofia as recebe, são simplesmente fixadas e coladas a seus corpos: a alma só pode ver a existência através das barras de uma prisão, e não em sua natureza própria; ela está caminhando lentamente à vista da ignorância; e a filosofia, vendo a terrível natureza de seu confinamento, e que a cativa, por meio do desejo, é levada a conspirar em seu próprio cativeiro... mostra a ela que isso é visível e tangível, mas que o que ela vê em sua própria natureza é intelectual e invisível (82e-83b).

Mais uma vez, temos aqui a insistência platônica em que o filósofo não só age, mas vê de maneira diferente do homem comum. A liberdade, em parte, é um dom de uma mudança de percepção que liberta a alma de sua confiança e de sua escravização aos sentidos corporais. Em outros termos, a vontade do filósofo – suas escolhas, motivações, desejos – não é controlada pelas intermináveis flutuações das sensações físicas que definem nossa vida na terra.

"Cada prazer e dor", afirma Platão, "é uma espécie de prego que espeta e fixa a alma ao corpo, e a engorda e faz acreditar ser verdade o que o corpo afirma ser verdadeiro" (83d). Essa afirmação não deve ser confundida com o estoicismo. Platão não está se referindo aqui a uma retirada monástica da vida, mas a uma necessidade, por parte do filósofo, de adquirir uma perspectiva elevada sobre sua própria existência como ser físico/espiritual. Ele não deve se permitir tornar-se um escravo de seus impulsos corporais, mas deve, em vez disso, escravizar seus impulsos sob o controle de sua alma. Somente então sua alma será capaz de se elevar acima da opinião baseada nos sentidos, que em última instância engana, em direção a esse conhecimento mais elevado que não pode ser visto, mas somente conhecido. Qualquer coisa que mude o foco do filósofo do corpóreo para o espiritual, o que quer que o guie e inspire a privilegiar o pensamento sobre a sensação, o conhecimento sobre a opinião, o entendimento sobre a imaginação, a razão sobre a crença, é considerado bom e útil no treinamento da alma para se libertar de suas cadeias e ascender ao longo do caminho para cima.

Esse é o programa que Platão estabelece, de maneira lógica e sistemática, em sua *República*, e que encarna, de maneira imaginativa e estética, em seus mitos. O primeiro fala para a mente, mas é o último que mantém o programa de Platão vivo nos corações e almas de inumeráveis gerações.

5
Leis

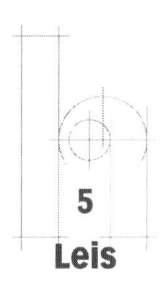

No livro V da *República*, Sócrates deixa claro que a cidade que ele está construindo é imaginária, tendo a intenção de servir como modelo para um Estado idealmente justo, e não como projeto para um Estado real:

> Estamos investigando a natureza da justiça absoluta e o caráter do homem perfeitamente justo, e a injustiça e o perfeitamente injusto, de modo que possamos ter um ideal. Devíamos examinar isso para que possamos julgar sobre nossa própria felicidade e infelicidade de acordo com o padrão que exibem e o grau em que nos assemelhamos a eles, mas não com alguma pretensão de mostrar que eles poderiam existir de fato (472c-d).

O mesmo, porém, não pode ser dito para o maior dos últimos diálogos de Platão, as *Leis*. Nesse diálogo, o único, além da *República*, a ser longo o bastante para ser dividido em livros separados. Platão constrói uma segunda cidade na qual é possível nos imaginarmos vivendo. Como sugere o título do diálogo, Platão baseia sua segunda tentativa de construção de cidade não em um corpo de reis-filósofos especialmente educados, mas em um sistema de leis: não *rex lex* (na qual o rei constitui a lei), mas *lex rex* (na qual a lei reina).

Essa mudança do ideal para o real, do teórico para o prático, foi provavelmente motivada pela fracassada tentativa de Platão de moldar um rei-filósofo de fato a partir do mimado e autocomplacente filho do tirano de Siracusa, experimento que falharia novamente na época do início do Império Romano, quando o filósofo estoico Sêneca, que foi tutor de Nero, mostrar-se-ia igualmente incapaz de avaliar os excessos do imperador narcisista[1]. No caso de Platão, o recalcitrante estudante se chamava Dioniso II, filho de Dioniso I, um cruel político que tomou o poder em Siracusa, na Sicília, por volta de 400 a.c., mas que na maturidade se transformou em patrono das artes e competiu, ele próprio, nas categorias de poesia e tragédia, em Atenas. Impressionado pela cultura de Atenas, Dioniso I convidou pessoalmente Platão para ir à Sicília. O filósofo aceitou o convite em 388, mas Platão que, como Sócrates, era mais espartano do que ateniense no que se refere aos prazeres da carne – jamais cedeu aos modos hedonistas dos sicilianos, queixando-se de que eram um povo que comia em excesso, duas vezes por dia, e jamais dormiam sozinhos (326c).

Mas sua visita à Sicília não se revelou um total fracasso, pois, durante sua estada ali, Platão se tornou amigo próximo do cunhado de Dioniso I, Dião, um inteligente jovem de alto caráter moral que, de maneira entusiástica, concordou com as teorias políticas de Platão. Assim, quando Dioniso I morreu, em 367, e foi sucedido por seu filho Dioniso II, que supostamente estava familiarizado com as teorias expostas na *República*, Dião insistiu com Platão para que retornasse a Siracusa e ajudasse a treinar o jovem Dioniso II para um governo filosófico. Platão primeiramente relutou, pois não acreditava que o hedonismo siciliano pudesse formar reis-filósofos; no entanto, em retribuição da hospitalidade que Dião lhe demonstrara durante sua primeira visita (329b), Platão, em verdadeiro espírito homérico, concordou em

---

1. O terceiro episódio do documentário em quatro partes, da série PBS, *Empires: the Roman Empire in the first century* (2001), realiza um trabalho particularmente bom em mostrar a trágica relação entre Sêneca e Nero, que terminou com o primeiro tomando parte em um fracassado complô para assassinar Nero, o que levou ao suicídio forçado do filósofo.

se aventurar em uma tentativa. Embora Dioniso II parece, à primeira vista, ser um estudante bem-disposto, seus conselheiros lhe disseram que, se ele se permitisse ser moldado por Platão, Dião teria uma vitória sobre ele. Entregando-se a seu lado impulsivo, Dioniso II baniu Dião, mas, para manter as aparências, reteve Platão por um tempo maior. Platão, percebendo que Dioniso II não desejava ser ensinado, acabou retornando à sua casa, em Atenas, apenas para velejar de volta para a Sicília em 361, na esperança de reconciliar Dioniso II com Dião. Fracassou novamente, e em 357, Dião, querendo resolver a questão por suas próprias mãos, atacou Siracusa e se apoderou da cidade. Infelizmente, embora fosse um verdadeiro adepto das teorias de Platão, Dião mostrou-se incapaz de reformar a constituição siracusana e foi assassinado em 354.

Após a morte de Dião, seus seguidores escreveram a Platão pedindo conselho e receberam em resposta uma extensa carta na qual Platão narra, em suas próprias palavras, e a partir de sua perspectiva, toda a questão siciliana, começando em 388. Essa carta representa a sétima das treze cartas supostamente escritas por Platão. Embora a maioria das cartas tenha sido descartada como espúrias, a maioria dos acadêmicos aceita a autenticidade da *Carta VII*, que é tão longa quando todas as outras doze juntas e que nos fornece um tesouro de informação autobiográfica. É dessa carta que ficamos sabendo sobre o desprezo de Platão pelo hedonismo siciliano e sobre sua determinação em honrar sua relação de hóspede-anfitrião com Dião. Ganhamos também um incisivo retrato psicológico de Dioniso II como um jovem egocêntrico que deseja ser associado à sabedoria de Platão, ao mesmo tempo em que se recusa a alterar qualquer coisa que seja de seu comportamento (330b). A "manipulação" de Platão por Dioniso II levou o filósofo inclusive a antecipar o sábio conselho de Jesus de que não devemos jogar pérolas aos porcos, sob risco de pisarem nelas e ainda por cima nos fazerem em pedaços (Mt 7,6). Aprendendo desse fracasso com Dioniso II, Platão chegou à plena consciência de que Sócrates estava certo quando afirmou, na *Apologia*, que um homem honesto não pode ser um político e viver: se um sábio "achar que [a cidade] está sendo mal governada, pode falar, porém, só na hipótese de não falar inutilmente e de não arriscar a própria vida" (331d)[2].

Mas o fracasso na Sicília ensinou a Platão algo de importância ainda maior, algo que ele tentou, também sem sucesso, transmitir aos amigos de Dião, mas que conseguiu incorporar em suas *Leis*. Platão tenta ensinar aos destinatários de sua *Carta VII* o único meio duradouro de trazer um bom governo a um Estado: "A Sicília, como outros Estados, não deve se sujeitar à tirania dos homens, mas ao império da lei" (334d). Com efeito, Platão expressa sua certeza

> de que, se Dião tivesse se tornado governante do Estado, a forma que seu governo assumiria teria sido esta: em primeiro lugar, uma vez tendo libertado Siracusa do jugo da escravidão, eliminado suas manchas e a vestido com as roupas da liberdade, não teria poupado esforços para equipar seus cidadãos com um sistema adequado de leis baseadas nos melhores princípios (335e-336a)[3].

Refletindo não só sobre o golpe de Estado de Dião, como sobre a guerra civil que dilacerou Atenas entre 404 e 399 a.C. e que culminou na execução de Sócrates, Platão aconselha ainda que a única maneira de uma *pólis* passar de uma guerra civil para um governo justo e estável é se os vitoriosos na guerra

> se contiverem e, tendo estabelecido para o bem comum um sistema de leis tanto para vantagem dos vencidos como de si mesmos, obrigarem seus inimigos anteriores a obedecerem à lei por vergonha e temor – temor porque os vencedores mostraram que possuem superioridade de força, e vergonha porque são claramente melhores em controlar seus desejos e mais hábeis assim como mais dispostos a se sujeitarem à lei (337a).

---

2. Como Benjamin Jowett não traduziu a *Carta VII*, minhas citações dessa carta são tomadas da edição de Penguin Classics do *Phaedrus and the seventh and eighth letters*, trad. Walter Hamilton, London, Penguin, 1973. A breve, mas incisiva, introdução de Hamilton às *Cartas VII* e *VIII* (105-108) conta toda a história da interação de Platão com Dião e Dionísio II. [Sigo aqui a tradução de Carlos Alberto Nunes, em PLATÃO, *Diálogos*, Belém, UFPA, 1975, v. V, p. 144. (N. do T.)].

3. Para a tradução das *Leis*, verti diretamente a partir do inglês, pois a versão brasileira, em PLATÃO, *As leis*, trad., notas e introdução por Edson Bini, Bauru, Edipro, 1999, não traz a paginação de referência das obras de Platão, o que torna difícil sua utilização. (N. do T.)

Virtudes morais e gosto estético

Devo admitir que, na primeira vez em que me sentei para ler as *Leis*, de Platão, esperava ficar entediado por um chato e extenso tratado legal. Não poderia estar mais errado. Embora haja menos drama e menos desenvolvimento de personagens nas *Leis* do que em diálogos anteriores, e embora o caráter carismático de Sócrates seja substituído por um ateniense anônimo que funciona como um simples porta-voz de Platão, o diálogo, no entanto, é agudo, provocativo, interessante e mesmo lúdico. O mesmo gênio que atravessa a *República* é exibido ali, com o benefício adicional de que as normas apresentadas pelo ateniense de Platão são práticas de uma maneira que não eram na *República*. Pretensos reis-filósofos, como Dioniso II, poderiam se afastar do caminho da sabedoria, mas, se as leis forem embasadas nos princípios absolutos, eternos, da justiça, a *pólis* sobreviverá. Nas *Leis*, a realização da utopia se baseia menos no treinamento de guardiões morais do que em isolar padrões morais fixos que podem, então, ser instilados nos cidadãos. Com efeito, embora a censura que perturba os leitores contemporâneos da *República* reapareça nas *Leis*, desta vez as razões que Platão fornece para manter certos sujeitos e gêneros longe dos jovens são tanto mais sutis quanto mais justificadas.

O diálogo, situado na ilha de Creta, inicia-se imediatamente, com o ateniense não nomeado (ao qual iremos nos referir, daqui por diante, como Platão), perguntando a seus dois amigos – um cretense nomeado Clínias e um espartano nomeado Megilo – quem foi que criou seus códigos legais. Ambos insistem que suas leis foram dadas não pelos homens, mas por Zeus (no caso de Creta) e Apolo (no caso de Esparta). Em vez de discutir sobre a origem divina de seus sistemas legais, Platão, como Sócrates, lentamente, mas de maneira deliberada, desvia a conversa para o tema da virtude. Ele o faz primeiramente afirmando que o pior perigo para um Estado é a guerra civil e então sustentando que a única maneira de vencer uma guerra civil é vencer a miríade de guerras civis que ocorrem dentro da alma de cada cidadão. Mas, para fazê-lo, um Estado precisa tanto de boa educação quanto de leis fixas.

E isso nos leva, de maneira tão inevitável quanto nos diálogos de Platão, às quatro virtudes clássicas, que aqui o filósofo organiza em ordem descendente de importância, como sabedoria, autocontrole, justiça e coragem (631c-d). Seguindo uma linha que se estende dos primeiros diálogos até a *República*, Platão afirma a unidade essencial das virtudes, lembrando a seus amigos que um mercenário pode ter coragem, mas, se carece das outras três virtudes, jamais será bom ou nobre. Na verdade, embora Platão, como seu mestre antes dele, tivesse em mais alta conta a timocracia espartana do que a democracia ateniense – predileção que, certamente, foi um fator na execução de Sócrates – adverte pontualmente seu amigo espartano das limitações e perigos de colocar todo o foco de um Estado na última das quatro virtudes, a coragem.

Certo, os espartanos treinam seus jovens para mostrar coragem diante da dor, mas o que dizer da coragem diante do prazer (634a-b)? Para alcançar o segundo tipo de coragem, um jovem precisa cultivar o autocontrole e se precaver contra os desejos lascivos da carne. Enquanto o Platão de *O Banquete* admitisse relações homossexuais como um passo para o amor do Bem – embora ele deixe claro que semelhantes relacionamentos são melhores se não forem físicos –, o Platão das *Leis*, sem ambiguidade, condena a homossexualidade como não natural: "Penso que deve ser considerado natural o prazer que surge do intercurso entre homens e mulheres; mas que o intercurso de homens entre si, ou de mulheres entre si, é contrário à natureza, e que a ousada tentativa se deveu originalmente a lascívia não controlada" (636c). Antecipando a tradicional visão cristã da homossexualidade como uma forma de desejo desviado, Platão apresenta a virtude cardinal da temperança como um ato de equilíbrio entre as tentações gêmeas da dor e do prazer. Uma cidade que não treina sua juventude para lidar propriamente com ambos acabará se autodestruindo (636d-e).

Ainda assim, embora Platão nos inste a refrear nossos desejos sexuais desviados, isso não significa que ele favoreça uma abordagem puritana, no sentido negativo da palavra. No livro I, e novamente em livros posteriores, Platão monta uma vigorosa defesa do banquete ateniense (ou festa regada a bebidas), uma prática que os abstêmios espartanos tanto desprezavam como rejeitavam. Cuidadosamente distinguindo entre o consumo de vinho moralmente justificável e o vício da embriaguez, Platão explica que jovens que participem em banquetes supervisionados têm a oportunidade de aprender e praticar o autocontrole em um ambiente seguro. Um jovem espartano cuja coragem fraqueje em batalha pode acabar sendo morto; um jovem ateniense que exagere em um banquete pode ficar sóbrio e ser ensinado a exercer mais controle sobre a vontade na próxima vez.

Em poderosa metáfora, Platão compara cada um de nós a uma "marionete dos deuses", e nossas várias emoções e impulsos a "cordas e rédeas, que nos puxam em direções diferentes e mesmo opostas" (644d-e). Escondidas entre essas várias rédeas está "a sagrada rédea da razão" (645a). Enquanto permitirmos que a rédea dourada nos puxe, levaremos vidas virtuosas de autocontrole, mas, se dermos livre curso às rédeas do prazer e da dor, nós nos tornaremos objetos de vergonha e zombaria. Ora, uma vez que o vinho intensifica a pressão de nossas cordas, ele também intensifica a natureza da escolha que precisamos fazer. Hoje diríamos que o verdadeiro caráter de alguém se revela em seus copos (*in vino veritas*); o que Platão acrescenta a essa sabedoria proverbial é o valor educacional que se obtém quando é permitido que alguém se envergonhe de si mesmo como uma maneira de construir, em si, uma determinação para não repetir a desgraça. "Há épocas e estações", explica, "nas quais somos por natureza mais do que no comum, valentes e ousados; ora, devemos nos treinar, nessas ocasiões, para ficarmos tão livres da impudência e da falta de vergonha quanto possível, e temermos dizer, sofrer ou fazer qualquer coisa nesse estado" (649c-d). Os espartanos militaristas encontram esse teste na guerra; o ateniense Platão o encontrou no banquete.

Não basta, Platão deixa isso claro, aprender a virtude como um conceito abstrato; as crianças também precisam ser ensinadas como responder a ela. Uma verdadeira educação ensina os estudantes não só a como reagir ao prazer e à dor, mas os sentimentos apropriados – amor ou ódio, alegria ou tristeza, orgulho ou vergonha, entusiasmo ou aversão – que deve acompanhar essas reações. Para construir e reforçar esses sentimentos, as artes, adequadamente reguladas, desempenham um papel vital. "Os jovens, entre todas as criaturas", aponta Platão sabiamente, "não pode permanecer quieto em seus corpos ou em suas vozes" (653e). Esse excesso de energia precisa ser canalizado mediante um currículo cuidadosamente escolhido de dança e música. Diferentemente dos animais, os homens são sensíveis ao ritmo e à harmonia, e é dever dos educadores ensinar aos alunos, tanto literal quanto metaforicamente, como se unir ao coro.

Poetas e legisladores

Assim, embora as *Leis* de Platão estabeleçam firmes restrições às artes, os poetas, pelo menos, são mais bem tratados nesse diálogo do que na *República*. Em vez de serem banidos da *pólis*, os poetas têm um papel vital a desempenhar tanto na educação do jovem quanto na organização dos festivais religiosos públicos. Parte do motivo para isso é que, enquanto os poetas são postos em oposição aos filósofos no primeiro diálogo, no último são comparados aos legisladores. Na primeira comparação, os poetas aparecem de maneira desfavorável, como pervertendo a verdade, o que desloca o foco dos cidadãos da realidade para a ilusão; no segundo, aparecem, de maneira mais favorável, como praticantes, em um grau menor, de um negócio similar ou *technē*.

Em um diálogo imaginário, no livro VII das *Leis*, entre legisladores e tragediógrafos, a quem Platão considerava os poetas mais sérios, explica o quão similares são suas técnicas e fins:

> Melhores que os estrangeiros [...], nós também, de acordo com nossa habilidade, somos poetas trágicos, e nossa tragédia é a melhor e a mais nobre; pois todo o nosso Estado é uma imitação da melhor e mais nobre vida, que afirmamos ser de fato a verdade da tragédia. Vós sois poetas e nós somos poetas, ambos criadores das mesmas necessidades, rivais e antagonistas no mais nobre dos dramas, que somente a verdadeira lei pode aperfeiçoar, como é nossa esperança (817b-c).

Tanto o legislador quanto o poeta trágico são criadores que procuram imitar aquilo que é melhor e mais nobre no homem e na sociedade. E anseiam em exibir suas imitações aos olhos do público.

Mas a própria similaridade de seus objetivos e métodos os torna rivais na disputa pelos corações e mentes do público. Enquanto tais, os legisladores imaginários de Platão procuram advertir os tragediógrafos a não se imiscuir em assuntos que são demasiado admiráveis para eles e que podem comprometer a estabilidade do Estado:

> Não suponhais que permitiremos daqui a pouco que erijam seu palco na ágora ou que introduzam as claras vozes de seus atores, falando acima das vossas próprias, e que permitamos que façam suas arengas para nossas próprias mulheres e filhos, e para as pessoas comuns, a respeito de nossas instituições, em outra linguagem que não a nossa própria, e que é com muita frequência oposta à vossa. Pois seria insano um Estado que vos desse essa licença, antes que os magistrados houvessem determinado se vossa poesia poderia ser recitada e se seria apropriada para ser publicada ou não. Logo, oh, vós, filhos e herdeiros das Musas suaves, em primeiro lugar mostrai vossas canções para os magistrados e deixai que eles as comparem com as nossas; se forem iguais ou melhores que as nossas, nós vos daremos um coro; mas, se não forem, então, meus amigos, não o daremos (817c-d).

A "canção" do legislador deve ser priorizada em relação à do poeta, sob pena de os cidadãos serem desviados por belos discursos que não se adéquam às leis da *pólis*. Para Platão, não se deve permitir que a liberdade de expressão coloque em questão as instituições do Estado ou eroda seus princípios.

Em passagem anterior, no livro IV das *Leis*, Platão fornece uma clara pista sobre o motivo pelo qual a *technē* do legislador deve ser privilegiada em relação à da poesia:

> O poeta, de acordo com a tradição que sempre prevaleceu entre nós e é aceita por todos os homens, quando se senta na trípode da musa, não está em seu juízo perfeito; como uma fonte, ele permite que flua livremente para fora o que quer que lhe venha, e sua arte, sendo imitativa, é com frequência forçada a representar homens de disposições opostas e, assim, a contradizer-se; ele tampouco é capaz de dizer se há mais verdade em uma coisa que ele disse do que em outra. Este não é o caso na lei; o legislador deve fornecer apenas uma regra sobre a mesma coisa, não duas (719c-d).

O legislador é obrigado por dever a obedecer à verdade e nada mais do que à verdade. O mesmo não ocorre com o poeta, cuja arte às vezes pede que ele insira discursos exaltados de grande beleza e poder nas bocas de personagens que são injustas ou viciosas. Além disso, como sustenta Platão no *Íon*, quando um poeta é tomado por uma onda de inspiração, é tão arrebatado que não consegue impedir que os versos fluam de dentro dele – mesmo que esses versos possam ser injuriosos ao Estado e a seus cidadãos. Na *República*, Platão afirma que o homem controlado pela razão deve sempre ser mais honrado do que um controlado pela paixão; aqui, ele acrescenta outra dimensão à distinção, afirmando que a harmonia no Estado repousa sobre a obediência a leis baseadas na razão, em lugar de poesia baseada na paixão. Não enquadrado pela qualidade moral das leis propriamente estabelecidas, o poeta pode se perder esteticamente.

Assim, no livro IX, Platão retorna à distinção entre poetas e legisladores: "Não é verdade que todos os escritos encontrados nas cidades, os quais se relacionem com as leis, quando os desdobras e lês, devem ser de longe os mais nobres e os melhores? E os demais escritos não devem concordar com eles, e, se não concordarem, devem ser considerados ridículos?" (858e-859a). Não devemos jamais esquecer que os horrores da Alemanha nazista, da Rússia soviética e da China maoista foram causados não tanto pela insistência do Estado em que todos os cidadãos se conformassem à lei, mas mais pelo fato de que a lei à qual seus habitantes eram forçados a aceitar não se ligava a nenhum padrão fixo de justiça, mas mudava com cada capricho do ditador. Platão aqui insiste que a poesia (ou os cidadãos) dê sua adesão não a padrões arbitrários unidos de qualquer forma por líderes que se recusam a prestar contas a qualquer lei acima de seus próprios egos, mas sim a nobres e elegantes preceitos moldados à imagem do Bem, do Verdadeiro e do Belo.

Esse padrão é visto não apenas na promulgação de leis para a sociedade como um todo, mas também na educação dos jovens, que são não somente treinados para se unir à sociedade como adultos, como também educados para perseguir as virtudes nobres. Tendo isso em mente, pode-se ficar surpreso pela categórica rejeição, por parte de Platão, da educação em casa: "As crianças devem comparecer não apenas se os seus pais quiserem, mas também se não quiserem; deve haver educação compulsória, como diz o ditado, por todos e por cada um, na medida em que isso for possível, e os alunos devem ser encarados como pertencentes ao Estado, e não a seus pais" (804d). Mas deve-se lembrar que Platão favorecia a educação pública compulsória porque seria a educação na virtude que melhoraria a moral dos cidadãos. É por isso que, apenas algumas páginas depois de ordenar a educação pública compulsória, ele apresenta uma lei pela qual a desgraça cairia sobre a cabeça de um cidadão privado que passasse por uma criança desordeira e não a disciplinasse (809a).

Embora o utopismo de Platão possa situá-lo no campo dos engenheiros sociais da Revolução Francesa, da Russa e da Chinesa, ele pode ser distinguido de Robespierre, Lênin e Mao por sua recusa em abandonar padrões fixos, transcendentes, nos campos da ética, da filosofia e da estética a fim de realizar sua visão de um Estado ideal. Pelo contrário, ele permanece fiel à bagagem de sabedoria passada a ele pelo mais sábio de seus antecedentes, fidelidade atestada pelas numerosas vezes, ao longo das *Leis*, em que Platão insta os cidadãos a honrarem os mais velhos em geral e seus pais em particular. Ele até mesmo ordena que "cada um deve reverenciar seus antepassados em palavras e ações; deve respeitar qualquer um que seja vinte anos mais velho do que ele, seja homem seja mulher, considerando-o ou considerando-a como seu pai ou sua mãe" (879c).

Confirmação do pecado original

A despeito da distinção que se acabou de fazer entre Platão e Robespierre, Lênin e Mao, deve-se admitir que Platão compartilha um princípio-chave com esses engenheiros sociais revolucionários: ele identifica o problema do homem não como pecado, mas sim como ignorância. É por isso que Platão articula seu sistema penal com base na remediação e na reforma, e não na punição, reservando a pena de morte a prisioneiros que são considerados incuráveis e, assim, precisando ser purgados do Estado. "No que se refere às ações daqueles que fazem o mal, mas cujo mal é incurável", escreve no livro V das *Leis*, "em primeiro lugar, lembremos que o homem injusto não é injusto por sua própria vontade livre [...]. O incorreto e o vicioso devem ser sempre objeto de piedade [...]. Mas, sobre aquele que é incapaz de reforma e inteiramente mau, devemos derramar nossa ira" (731c-d).

Conforme sugeri antes, tanto Sócrates como Platão ensinavam que ninguém é voluntariamente mau. Esse ensinamento provavelmente influenciou a rejeição do pecado original por Rousseau, em favor de uma fé "otimista" na bondade natural do homem[4], rejeição que, por sua vez, teve papel central na Revolução Francesa, na Russa e na Chinesa, com seus objetivos de aperfeiçoar o homem por meio do extermínio de seus elementos "irredimíveis" e a reeducação daqueles menos iluminados, mas capazes de serem reformados. Nesse sentido, Platão tem muito por que responder.

Ainda assim, embora o insucesso de Platão em discernir a fonte do mal como o mau uso do livre-arbítrio, como se pode sustentar, tenha aberto uma caixa de Pandora, uma leitura atenta de passagens esparsas das *Leis* revela que ele não ignorava inteiramente a natureza intrinsecamente pecaminosa do homem. Em uma discussão sobre crimes voluntários, premeditados, Platão afirma que

> a maior causa deles é a luxúria, que obtém o domínio da alma enlouquecida pelo desejo; e isso é mais comumente encontrado ali onde reina a paixão que é a mais forte e prevalecente entre a massa da humanidade: penso ali onde o poder da riqueza alimenta desejos incessantes de aquisição, jamais satisfeitos, originando-se em uma disposição natural e em uma miserável falta de educação (870a).

Note-se aqui que Platão critica tanto a "disposição natural" quando a falta de educação: um misto entre o ensinamento bíblico do pecado original (ou total depravação) e a crença rousseauniana de que o homem é bom por natureza, mas corrompido pela sociedade. Com efeito,

---

4. Embora Rousseau, como é notório, inicie seu *Do contrato social* (1762) proclamando que o homem nasceu livre, mas encontra-se em toda parte agrilhoado, foi em seu texto anterior, o *Discurso sobre a origem e fundamento da desigualdade entre os homens* (1754) que ele propagou a falsa imagem de um homem primitivo como inocente e nobre, até ser corrompido pelas forças sociais, políticas e econômicas.

a palavra de Platão para "luxúria" [*lust*] se aproxima bastante da identificação da Bíblia de *cupiditas* (cupidez, avareza, amor pelo dinheiro) como raiz de todo mal (1Tm 6,10).

Na maneira, em última instância, prática e tradicional na qual constrói suas leis, Platão parece compreender que as pessoas não são anjos e que salvaguardas legais são assim necessárias para dominar nossa depravação (853c). Desse modo, no livro IV, ao mesmo tempo em que conjura, como fizera no *Górgias*, a idade de ouro de Cronos (o equivalente greco-romano ao Jardim do Éden, quando o homem vivia em harmonia com a natureza e com os deuses), Platão comenta que Cronos designou não os homens, mas semideuses para governar, uma vez que sabia que "nenhuma natureza humana investida de poder supremo é capaz de governar os assuntos humanos e não se exceder com insolência e erros" (713c). Depois, no livro V, o mesmo Platão que nega que possamos cometer mal voluntariamente se irrita com verdadeira paixão dantesca contra malfeitores que censuram a outros por suas más ações:

> Quando um homem pensa que os outros devem ser censurados, e não ele mesmo, pelos erros que cometeu ocasionalmente, e os muitos e grandes males que lhe incumbem em consequência deles, e está sempre fantasiando que é isento e inocente, acalenta a ideia de que está honrando a sua alma; na verdade, é o contrário o que ocorre, pois está de fato injuriando-a (727b-c).

Somos, ao que parece, intrinsecamente inclinados ao autoengano no que concerne à nossa propensão ao mal, propensão que rapidamente emerge quando o poder cai em nossas mãos. Essa percepção, que está mais de acordo com a ideia do pecado original do que com a da bondade natural, ganha relevo pela identificação por Platão do narcisismo como a raiz do pecado: "O amor excessivo de si é, na verdade, a fonte, para cada homem, de todas as ofensas; pois o amante fica cego em relação ao amado, de modo que ele julga erroneamente a respeito do justo, do bom, do honroso, e pensa que ele sempre deve preferir a si mesmo do que à verdade" (731e-732a). O que subjaz a essa passagem, assim como àquelas citadas nos dois parágrafos anteriores, é um *ethos* que julga o comportamento humano não com base em um padrão cambiante, tomando o homem como modelo, mas com base em um padrão fixo, divino.

Embora Platão seja um dos fundadores do humanismo ocidental, ele deixa claro, no livro IV, que não aprova a famosa tese de Protágoras de que "o homem é a medida de todas as coisas"[5], tese que se tornou um dos gritos de guerra do humanismo renascentista. Semelhante noção, quando levada a seu extremo e não equilibrada por reverência a Deus e à lei natural, pode conduzir ao caos social e à miséria pessoal:

> Que vida é agradável a Deus e bem-vinda entre seus seguidores? Somente uma, expressa de maneira definitiva no velho ditado de que "o semelhante concorda com o semelhante, a medida com a medida", mas coisas que não possuem medida não concordam nem consigo mesmas nem com as coisas. Ora, Deus deve ser para nós a medida de todas as coisas, e não o homem, como os homens dizem comumente: as palavras são bem mais verdadeiras a seu respeito. E aquele que quiser ser agradável a Deus deve, na medida do possível, ser como ele e tal como ele é. Logo, o homem moderado é amigo de Deus, pois se assemelha a ele; e o homem imoderado é diferente dele e age diferente dele e é injusto (716c-d).

Homero, cujas descrições dos deuses olímpicos como invejosos, libidinosos e cruéis forçaram Platão (na *República*) a rejeitar suas amadas *Ilíada* e *Odisseia* como inapropriadas como material de leitura para seus guardiões, não poderia ter feito essa afirmação, uma vez que seus deuses são incapazes de fornecer ou encarnar uma medida apropriada para a bondade ou a verdade. Além da revelação bíblica de um Deus santo, o conceito de pecado não pode realmente emergir, pois pecado é aquilo que viola a natureza de um Deus santo. Os grandes avanços que Platão fez na direção de postular um único Deus bom lhe permitiu, assim acredito, fazer afirmações como as citadas acima.

Com efeito, existe uma passagem no livro VIII na qual Platão parece caminhar na direção de um equivalente grego dos Dez Mandamentos. Em meio a uma discussão sobre a dificuldade de fazer que os cidadãos sejam dirigidos por leis que regulem a conduta sexual apropriada, Platão

---

5. ALLEN, REGINALD E., *Greek philosophy. Thales to Aristotle*, New York, Free Press, 1966, 18.

exclama, com alguma consternação, que convencer os cidadãos a regularem sua luxúria é uma

> questão de grande importância e dificuldade, em relação à qual Deus deveria legislar, se houvesse qualquer possibilidade de obter dele uma ordenança a esse respeito. Mas, vendo que não se pode obter ajuda divina, parece haver a necessidade de algum ousado que venere especialmente a clareza de fala e que diga francamente o que ele pensa ser melhor para a cidade e os cidadãos – ordenando o que é bom e conveniente para o Estado como um todo em meio à corrupção das almas humanas, contrapondo os mais poderosos desejos, sem se socorrer de homem algum, a não ser de si mesmo, e seguindo unicamente a razão (835b-c).

Sem ter a revelação direta concedida a Abraão, Moisés, Davi e os profetas, Platão não esperava que fosse possível semelhante fenômeno em nosso fragmentado e sombrio Mundo do Devir. Ainda assim, dá a entender Platão, caso fosse possível receber tal revelação diretamente das mãos de Deus, as leis teriam uma base segura, com o poder para compelir os cidadãos à obediência. Na ausência de semelhante palavra divina, a segunda melhor estratégia é indicar um legislador que, com a graça ponderada de um poeta talentoso, possa se sobressair ao rumor da massa a fim de alcançar padrões legais que se enquadrem com a razão, com o bom senso e com a Forma da Justiça que Platão descreve com tanta beleza e força na *República*.

Acalmando os deuses

A passagem que acabamos de citar do livro VIII faz apelo a um Deus que possa servir como fundamento último para as leis. Como se estivesse respondendo a seu próprio apelo, Platão, no livro X, passa a oferecer uma das mais poderosas discussões pré-cristãs de Deus, do cosmos por ele criado e de nossa relação com ele. A meu ver, somente o *Timeu*, que examinarei no próximo capítulo, alcança maiores alturas em sua visão sobre a natureza do divino.

Interessantemente, o ponto do qual parte Platão para sua profunda meditação sobre Deus é uma reafirmação de sua crença de que o mal é involuntário:

> Ninguém que, em obediência às leis, acreditasse que existam deuses jamais, de maneira intencional, realizou qualquer ato sacrílego ou proferiu alguma palavra ilegal; mas aquele que o fez deve ter suposto uma das três coisas seguintes: ou que eles não existem – que é a primeira possibilidade – ou, em segundo lugar, que, se existirem, não se importam com o homem, ou, em terceiro lugar, que eles são facilmente apaziguados e desviados de seus propósitos, por meio de sacrifícios e preces (885b).

Embora Platão pareça incapaz de se desvencilhar de sua (mal fundamentada) fé de que um homem dotado de conhecimento sempre será virtuoso, ele reconhece que o pecado ("atos sacrílegos") se vincula a algum tipo de falha em nossa aceitação e compreensão de Deus. O comportamento virtuoso se baseia não só no conhecimento, mas especificamente em um conhecimento adequado da natureza de Deus.

Aqui, Platão coloca no mesmo plano o ateísmo (a crença de que Deus não existe) e o deísmo (a crença de que, mesmo que Deus exista, ele não se envolve no funcionamento cotidiano do mundo que ele criou). O Deus que entregou a lei a Moisés no topo do Monte Sinai (Ex 20,1-17; Dt 5,1-21) – esse Deus mesmo que Platão invoca – não é um senhor ausente, como os deístas o considerariam, mas um Deus ativo, dinâmico, pessoal que participa de, e até mesmo invade, o tempo histórico e o espaço físico. Para Platão, a existência de tal Deus não só faz sentido filosófica e teologicamente, como é profundamente prática na esfera social e na política: "É uma questão que tem grandes consequências, de uma maneira ou outra, provar que existem deuses e que eles são bons, e examinar a justiça mais do que os homens o fazem. A demonstração disso seria o melhor e mais nobre prelúdio para todas as nossas leis" (887b). Note-se o quão sutilmente Platão une, de maneira pragmática, a legalidade civil e um respeito por Deus com uma definição teologicamente mais rica de Deus, que antecipa uma bem conhecida passagem do Novo Testamento: "Ora, sem fé é impossível ser-lhe agradável. Pois aquele que se aproxima de Deus deve crer que ele existe e que recompensa os que o procuram" (Hb 11,6).

No que se refere ao terceiro erro exposto por Platão – um erro mais indicativo de devotos da superstição do que do racionalismo e do cientificismo –, deve-se compreender que Deus não é alguém que pode ser subornado por oferendas e outros sacrifícios rituais para redenção de seus pecados, deve-se lembrar que o Deus de Israel expressa ira até maior do que Platão em relação àquele que

se chega junto a mim com palavras
e me glorifica com os lábios,
mas o seu coração está longe de mim (Is 29,13).

É obediência, não sacrifício, o que ele deseja de seu povo (1Sm 15,22; ver também Sl 51,16-17; Is 1,11-17; Os 6,6; Mq 6,6-8). Diferentemente de Homero e dos poetas trágicos, que sugeriam repetidamente em sua poesia que os deuses podem ser "comprados" com ricas oferendas de comida, bebida e metais preciosos – outra razão para Platão proscrevê-los na *República* –, tanto Platão como a Bíblia deixam claro que Deus não pode ser enganado por exibições externas de piedade: "Não vos iludais: de Deus não se zomba. O que o homem semear, isso colherá" (Gl 6,7).

Infelizmente, lamenta Platão, a crença amplamente compartilhada de que os deuses podem ser subornados é ensinada e reforçada tanto pelos poetas quanto pelos sacerdotes. E isso representa um grande perigo para a *pólis*, "pois, quando ouvimos semelhantes coisas [sobre os deuses] por aqueles que são considerados os melhores poetas, oradores, profetas e sacerdotes, e por inúmeros outros, os pensamentos da maioria de nós não são formados para se abster de atos incorretos, mas sim para realizá-los e para fazer reparações por eles" (885d-e). Cometa pecado agora, acerte as contas com o Todo-Poderoso depois: esta é a mensagem transmitida por aqueles que confundem a crença de que os deuses podem ser controlados e manipulados por meio de fórmulas e encantações rituais com a prece, a qual afirma a crença em um Deus soberano e pessoal que deseja e acompanha as lamentações sinceras e humildes de seu povo. O compromisso de Platão em acabar com os efeitos corruptores da primeira está por trás de uma lei que ele propõe no final do livro X, proibindo a construção e o uso de santuários públicos – pois semelhantes locais encorajam seus proprietários a pensar que "eles podem obter secretamente os favores de Deus por meio de sacrifícios e orações" (910b).

No final das *Leis*, Platão se aproxima bastante de uma compreensão bíblica de Deus como um Ser que está intimamente envolvido no mundo que ele fez, mas que não pode ser subornado com sacrifícios e preces vazias. Ainda assim, foi no grande diálogo que ele escreveu antes das *Leis* que ele mais perto chegou de desvendar a plena natureza do Criador do cosmos.

6
Timeu

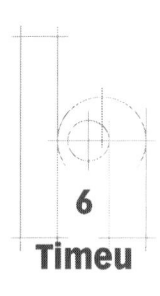

Embora o Vaticano abrigue incontáveis tesouros de arte que atestam a grande fusão entre o humanismo greco-romano e a revelação judaico-cristã, dois desses tesouros elevam essa fusão a alturas incríveis de gênio filosófico, teológico e estético. O primeiro é constituído pelos afrescos que Michelangelo pintou no teto da Capela Sistina. Ocupando o centro do teto, as histórias fundacionais de Gênesis 1–9 oferecem um testemunho mudo das glórias da criação e das misérias da queda, enquanto, cercando-as em um vasto círculo, as figuras dos profetas hebreus e de sibilas gregas e romanas mostram o advento futuro da obra de redenção de Deus. Embora os primeiros videntes fossem inspirados por contato direto com o Deus da Bíblia, e as falas crípticas das últimas capturassem apenas a sombra do Todo-Poderoso, ambos encontram sua realização última na vida, morte e ressurreição de Cristo.

O segundo tesouro se encontra não em uma igreja ou em outro local sagrado, mas nos apartamentos do Papa. Ali, na *Stanza della Signatura*, normalmente conhecida como os "aposentos de Rafael", Rafael criou seus próprios monumentais afrescos do casamento entre Atenas e Jerusalém. Em uma parede, o visitante é saudado pela *Disputa sobre o abençoado sacramento*, pintura que celebra o triunfo da Missa, da igreja e das verdades teológicas incorporadas no credo. Na parede oposta, *A escola de Atenas* nos apresenta os grandes filósofos pré-cristãos da Grécia e de Roma. Ligando-as de ambos os lados há afrescos que retratam as virtudes clássicas e teológicas e as nove musas que inspiram as artes – duas coisas que, por si só, formam uma ponte entre fé e razão. No centro da *Escola de Atenas*, no alto de uma pequena série de degraus, com nobres arcos se elevando por cima deles, estão Platão e Aristóteles, a grande porta dupla pela qual passou toda a filosófica ocidental. Platão, que nos ensinou a treinar nossos olhos para o Mundo do Ser, aponta para cima com seu dedo indicador direito. Já Aristóteles, que trouxe a filosofia "de volta à terra", gesticula para baixo com a palma de sua mão direita. À sua esquerda, Aristóteles segura um livro com a palavra *ética* inscrita nele, referência à sua *Ética a Nicômaco*, cuja abordagem pragmática da virtude exerceu profunda influência sobre Aquino, Dante e a Igreja Católica. A mão esquerda de Platão também segura um livro cuja inscrição o identifica como *Timeu*. A razão pela qual Rafael escolheu o *Timeu*, em lugar da *República*, das *Leis*, do *Fedro* ou do *Banquete* como diálogo platônico representativo consiste em que, pela maior parte do milênio anterior, o *Timeu* era o único diálogo de Platão disponível para os estudiosos medievais no Ocidente. Embora as ideias e ensinamentos de Platão fossem transmitidos à Idade Média por intermédio de autores como Aristóteles, Cícero, Virgílio, Ovídio, Agostinho e Boécio, somente o *Timeu* fornecia a filósofos e teólogos um vínculo direto com Platão.

Por menos rigoroso que possa parecer para uma academia pósiluminista, que separou a razão da revelação, sinto-me compelido a sugerir que foi a intervenção do Deus da Bíblia que levou a que o *Timeu* fosse o livro "escolhido" para representar Platão para os medievais. Meu motivo para efetuar uma sugestão tão ousada é que, de todos os diálogos de Platão, o *Timeu* é o que mais se aproxima da Bíblia em sua visão de Deus, da criação e da Visão Beatífica. Com efeito, embora seja altamente improvável que Platão tivesse acesso às Escrituras hebraicas, partes do *Timeu* podem ser lidas como um comentário a Gênesis 1. É em virtude dessas notáveis correspondências entre esse diálogo e a Bíblia, correspondências que foram observadas mais de uma vez por cristãos de primeira hora e por medievais, que reservei minha discussão do *Timeu* para o fim – mesmo que tenha sido escrito entre a *República* e as *Leis*.

A queda de Atlântida

Não só o *Timeu* se situa, em termos cronológicos, entre a *República* e as *Leis*, como também marca uma transição da *pólis* ideal da primeira para a cidade mais realista das últimas, transição que incorpora ainda uma mudança das alegorias fantasistas dos diálogos intermediários para a qualidade mais sóbria, com caráter de preleção, dos últimos diálogos. Não é por acaso, certamente, que o *Timeu* se inicia com um resumo do Estado perfeito discutido na *República* e então prossegue com um mito que se propõe estar ancorado em uma verdade histórica. Refiro-me ao grande mito de Atlântida, uma civilização avançada cuja deterioração em termos de virtude levou à sua destruição por uma grande onda – mito que mesmo hoje, dois mil e quatrocentos anos depois de Platão descrevê-lo, no *Timeu* (e no *Crítias*), instigou aventureiros no espírito de Indiana Jones à procura de seu lugar de repouso final, debaixo do oceano. Ao situar essa cidade perdida de Atlântida em um passado muito distante, bem antes da Guerra de Troia, Platão conseguiu fazê-la parecer ao mesmo tempo mais épica do que Homero e mais real do que a cidade da *República*.

Em ambos, tanto no *Timeu* como no *Crítias*, Platão estabelece um paralelo entre seu mito real de Atlântida e uma asserção de que também Atenas foi o local de uma antiga civilização. Talvez retrabalhando a história de Homero, narrada no livro XV da *Ilíada*, de que Zeus, Posseidon e Hades dividiram entre si os reinos do mar, da terra e do céu, Platão extrai uma adorável história de como, "nos dias de antigamente, os deuses distribuíram entre si a terra toda, por meio de sorteio" (*Crítias* 109b). Nessa aurora abençoada, os deuses nos favoreciam, gentilmente, como bons pastores fazem com seus rebanhos, influenciando nossas vontades diretamente, guiando nossas almas da mesma maneira que um piloto, ao virar o leme, guia um navio (109c). Hefesto e Atenas recebem a Grécia como seu lote. Ali, diz Platão com orgulho ateniense, em uma terra "naturalmente apta para sabedoria e virtude [...], eles implantaram bravos filhos do solo e puseram em suas mentes a ordem de governo" (109d). Infelizmente, esse antigo Estado edênico foi destruído por um dilúvio ao modo de Noé (uma história similar é narrada em *Leis* 3; 677a-b) e, mais tarde, repovoado por pessoas que não sabiam nada a respeito de seu passado glorioso – ou seja, não até que a civilização renascesse, permitindo o lazer necessário para uma plena "investigação sobre a antiguidade" (110a).

Assim caiu a antiga civilização de Atenas; no entanto, enquanto a queda desse mal lembrado Estado grego ocorreu naturalmente, de acordo com vastos ciclos climáticos, a queda de sua rival, Atlântida, foi derrubada por orgulho e cupidez. O contraste entre atenienses e atlântidas, feito por Platão, lembra o contraste, no Gênesis, entre a linhagem de Set e os descendentes de Caim, entre aqueles que construíram a Torre de Babel e que, como os atlântidas, atraíram para si a ira de Deus (Gn 11,1-9). Segundo o *Crítias*, a raça dos reis atlântidas foi iniciada por uma união entre Posseidon e uma mulher mortal. Seu primeiro rei se chamou Atlas, e ele foi nomeado rei acima de outros reis inferiores – talvez assim como Agamenon predominava sobre outros reis micênicos, na época de Homero. Tal como Platão a descreve, Atlântida foi construída na forma de uma série de círculos concêntricos que se alternavam entre o mar e a terra. Como uma potência naval, sua força provinha do mar (daí o elo com Posseidon), e a capital dispunha de um sistema de canais altamente desenvolvido.

Como escreve Platão, "assim era o vasto poder que [Posseidon] colocou nas ilhas perdidas de Atlântida; e esse poder, em seguida, ele dirigiu contra nossa terra" (120d). E, com essa menção ao ataque de Atlântida contra a antiga Atenas, Platão passa a narrar a queda da então poderosa cidade:

> Por muitas gerações, enquanto a natureza divina permaneceu neles, eles obedeceram às leis e eram bem afeiçoados em relação ao deus, de cuja semente provinham; pois possuíam de fato e de todas as maneiras grandes espíritos, unindo gentileza com sabedoria nas várias ocasiões da vida e nas relações entre si. Desprezavam tudo que não tivesse a ver com virtude, importando-se pouco com sua presente condição de vida e pensando pouco na posse de

ouro e de outras propriedades, que só lhes pareciam constituir um fardo; nenhum deles era corrompido pela luxúria; e tampouco a riqueza lhes retirava o autocontrole, [...] mas, quando a porção divina começou a desaparecer e ficou excessivamente diluída com a mistura mortal, e a natureza humana prevaleceu, eles começaram a se mostrar incapazes de conduzir sua fortuna, comportavam-se de maneira disparatada [...]. Zeus, o deus dos deuses, que governa segundo a lei e é capaz de enxergar essas coisas, percebendo que uma raça honrosa estava em miserável condição e desejando puni-los, de modo que eles pudessem ser purificados e melhorassem, reuniu todos os deuses em sua mais sagrada habitação, a qual, situando-se no centro do mundo, cuida de todas as coisas criadas (120e-121c).

Aqui o texto do *Crítias* se interrompe abruptamente. Embora ninguém possa dizer com certeza por que Platão deixou o diálogo inacabado, penso que seja razoável sugerir que, assim como o *Timeu* serve como ponte entre a *República* e as *Leis*, o *Crítias* serve como uma espécie de passarela entre o *Timeu* e as *Leis*. Tendo escolhido, no *Crítias*, aprofundar o mito de Atlântida que aparece no *Timeu*, Platão alcançou um ponto no qual sentiu que seu tempo seria mais bem aproveitado criando um Estado virtuoso futuro (*Leis*), em vez de analisar a queda de um Estado vicioso situado no passado histórico-mítico da épica homérica.

De qualquer modo, a passagem que conclui o *Crítias* forja um vínculo entre o comportamento virtuoso e um Estado bem-ordenado que tem em vista, retrospectivamente, a *República*, e prospectivamente, as *Leis*. Enquanto o impulso divino permanece entre os atlântidas, eles possuem a virtude necessária para lidar com seu poder e prosperidade; desdenhando a cobiça, dominam de maneira leve e põem a sabedoria acima da riqueza. Mas, quando seu vínculo com o divino é interrompido, perdem sua integridade e equilíbrio, e a virtude dá lugar ao vício, dilacerando a alma e abrindo caminho para a destruição do Estado. Altaneiros e avaros, como o bíblico Nimrod (Gn 10,8-9), os atlântidas são arrastados para baixo, e a orgulhosa marca que eles teriam deixado sobre o mundo é para sempre coberta pelas águas de um dilúvio.

Um conflito entre Oriente e Ocidente

Platão quer de fato que aceitemos Atlântida como um fato histórico? Provavelmente não, embora eu pense que seja altamente provável que Platão tenha tomado por modelo, para Atlântida, uma civilização real cujo poder se baseava no comércio e que possuía um complexo sistema de canais. Segundo o *Timeu*, a história de Atlântida foi repassada a Sólon por sacerdotes egípcios, que lhe disseram que a cidade alcançara seu apogeu nove mil anos antes (23e). Por um lado, o uso de um número tão alto de anos pode indicar o desejo de Platão de afirmar que a civilização de Atlântida, e, portanto, Atenas, era anterior à do Egito e da Babilônia. Por outro, se interpretarmos nove mil anos como um exagero de novecentos e então contarmos para trás a partir de 600 a.c. (época em que Sólon segurou as rédeas do poder em Atenas), terminamos com a data de 1500 a.c., bem na época em que a civilização minoica de Creta, potência marítima altamente avançada, estava no apogeu de sua glória, antes da erupção cataclísmica do vulcão de Tera – um dos piores desastres naturais registrados na história –, e os enormes tsunamis que resultaram levaram à queda do principal centro econômico, político e cultural do mundo mediterrânico. Foi no âmbito da queda de Creta – cujo rei fundador, Minos, nasceu da relação entre Zeus e uma mulher mortal chamada Europa – que as cidades-Estado do Peloponeso, na Idade do Bronze micênica, subiram ao poder e, quando alcançaram seu auge, enviaram sua famosa expedição contra Troia.

Além disso, se lembrarmos que a Teseu, o rei legendário de Atenas, se atribuía ter matado o monstruoso Minotauro de Creta, o qual o rei Minos alimentava com rapazes e moças de Atenas, fará sentido que a rivalidade que Platão postula entre Atlântida e Atenas tenha por referência, em parte, a legendária rivalidade entre Creta e Atenas. Uma vez que Creta, tanto no passado quando no presente, possui uma cultura distinta daquela da Grécia continental, devendo tanto à África e ao Oriente quanto à Europa, torna-se possível ler a rivalidade entre Atlântida/Creta e Atenas como uma guerra cultural entre Grécia e Troia, e a guerra histórica entre Grécia e Pérsia. Nesse sentido, Platão escreve não apenas na tradição de Homero, como de Heródoto, cuja histórica época das Guerras Persas é apresentada em termos de um conflito de civilização entre os gregos virtuosos, amantes da liberdade, e os orgulhosos persas, de mentalidade escravista[1].

É claro, deve-se admitir que a razão pela qual essa civilização se chama Atlântida é porque, assim nos diz Platão, ela se situava em uma gigantesca ilha no Oceano Atlântico, além do Estreito de Gibraltar (ao qual os antigos gregos se referiam como os Pilares de Hércules). Com efeito, somos informados de que a destruição de Atlântida tornou o oceano tão turbulento que os marinheiros não podem mais navegar nas águas fora do estreito (25d). Desse modo, os exploradores contemporâneos expandiram suas buscas por Atlântida até o Novo Mundo; alguns chegaram mesmo a sustentar que um grande espigão que corre ao longo do fundo Mar Atlântico foi uma antiga ponte terrestre entre a Europa e a América. Ainda assim, não é muito difícil, falando em termos mitológicos, ler o misterioso Oceano Atlântico como correspondendo ao Mediterrâneo, especialmente se lembrarmos que o legendário fundador de Atlântida foi Atlas e que a Cordilheira dos Atlas da África do Norte se situa bem em frente ao Rochedo de Gibraltar, na Europa – outra imagem do Ocidente (Europa) *versus* Oriente (África/Ásia). Tenhamos em mente, também, que a Sicília de Dioniso II (o fracassado rei-filósofo de Platão) constituía uma potência naval cuja relação com a Itália propriamente dita é análoga à relação entre Creta e a Grécia continental.

Criação e cosmos

Como um corredor de maratona pode se aquecer no dia anterior à sua corrida fazendo um percurso rural de oito quilômetros, da mesma forma Platão segue narrando tranquilamente uma história datada de nove mil anos antes, com um grande salto filosófico-teológico-cosmológico em

---

1. Heródoto estabelece a dicotomia entre o sóbrio e individualista Ocidente e o Oriente ostentatório e sedutor Oriente na história que ele conta do encontro entre o sábio ateniense Sólon e o tirano da Lídia, Creso, no livro 1, capítulos 30-33 de sua *História* (440 a.C.).

direção ao próprio início dos tempos. O mito de Atlântida, afinal, embora nos ajude a compreender a ascensão e queda de grandes civilizações, não nos diz nada a respeito de como nós e nossa morada terrestre passamos a existir. Certo, no mito do *Protágoras* (320d-322d), Platão narra como todos os seres vivos foram formados a partir da terra e do fogo, e como Epimeteu, o tolo irmão de Prometeu, entregou toda *technē* disponível aos animais, deixando Prometeu apenas com duas para entregar ao homem – os dons interligados da reverência e da justiça, pelos quais os homens são aptos a viverem juntos em cidades e se envolverem em política –, mas essa narrativa, por mais amável que seja, não retrocede o suficiente para descrever o procelo pelo qual, e o *telos* pelo qual, nós e nosso universo fomos criados. Essa mãe de todas as narrativas seria deixada para o mito de criação do *Timeu* – que se volta para a formação de nossas almas com a mesma intensidade pela qual os mitos da *República*, do *Górgias* e do *Fédon* se voltavam para o julgamento de nossas almas.

Segundo os naturalistas pré-socráticos, tudo o que vemos à nossa volta, incluindo a nós mesmos, evoluiu a partir de uma guerra perpétua entre os quatro elementos; segundo o poeta Hesíodo, foram as lutas entre deuses guerreiros, mais do que entre elementos em guerra, que puseram em marcha a história cósmica da qual fazemos parte[2]. No *Timeu*, não foram nem forças mecânicas, nem divindades ciumentas que moldaram o cenário de fundo contra o qual desenvolvemos nossas pequenas, mas vidas significativas. Foi Deus, não uma impessoal mente divina ou uma força panteística difundida pelo universo, mas uma divindade pessoal à qual Platão, de maneira chocante, confere os títulos de Pai (37c) e Criador.

Platão apresenta seu Deus criador e paternal como um artífice divino (ou Demiurgo) que moldou o mundo de acordo com um modelo preexistente. Em vez de argumentar de maneira dedutiva (*a priori*) da causa (Demiurgo) para o efeito (nosso mundo efetivo), Platão argumenta de maneira indutiva (*a posteriori*), da observada complexidade física e

---

2. HESIOD, *Theogony*, in: *Hesiod and theognis*, trad. Dorothea Wender, London, Penguin, 1973.

moral de nosso mundo para a única causa capaz de produzir uma ordem e finalidade tão intrincadas. Para percebermos o quão revolucionário é o mito da criação de Platão, precisamos lembrar que, além do Gênesis ("no início, Deus"), o *Timeu* é o único livro antigo a postular um Criador que *precede* a matéria. Mesmo na *Teogonia* de Hesíodo, os deuses, incluindo os deuses originais da Terra e do Céu (Gaia e Uranos), evoluem a partir da matéria-primeira, à qual os gregos chamavam de caos[3]. Isso se aplica igualmente aos mitos de criação babilônicos, egípcios e nórdicos. Embora Platão não diga especificamente que seu Demiurgo criou o mundo a partir do nada (*ex nihilo*), o *Timeu* é o único livro a se aproximar minimamente dessa tese bíblica central, a qual é mais claramente expressa em um versículo do Novo Testamento: "É pela fé que compreendemos que os mundos foram organizados por uma palavra de Deus. Por isso é que o mundo visível não tem sua origem em coisas manifestas" (Hb 11,3). Aristóteles, seguindo Platão, ensinou que matéria e espírito são coeternos, mas nisso o pupilo era menos radical que o mestre. Pois Platão é o único escritor antigo não judeu a sugerir, se não claramente afirmar, que Deus é a origem absoluta de *todas* as coisas, físicas, espirituais, temporais ou eternas.

Conforme notado há pouco, o *Timeu* de Platão ensina não somente que o Demiurgo moldou o mundo, como também que o fez de acordo com um modelo preexistente. Dadas a bondade do Criador e a beleza de nosso mundo, Platão teoriza que esse modelo (ou padrão) deve ser tanto perfeito como imutável. Nosso mundo, conclui, "foi moldado à semelhança do que é apreendido pela razão e pela mente, e é imutável, e deve, portanto, por necessidade, se isso for admitido, ser cópia de algo" (29a-b). De modo notável, se Hebreus 11 atesta a doutrina da criação *ex nihilo*, Hebreus 8 apoia o ensinamento de Platão de que as coisas de nosso mundo são cópias (ou imitações) de um modelo mais elevado, mais perfeito, que não pode ser percebido pelos olhos e ouvidos da carne. O autor da Epístola aos Hebreus deixa claro que o templo terreno no qual os sacerdotes servem não passa de uma "sombra das realidades celestes", sombra

---

3. Ibid., 27.

que se formou em imitação do "modelo" (Hb 8,5) mostrado a Moisés no Monte Sinai (ver também Hb 9,23-24). Segundo a epístola, o templo em Jerusalém, com seu denso simbolismo, representa uma cópia terrena do eterno salão do trono de Deus. Mas Platão faz uma afirmação, no *Timeu*, que é ainda mais chocante vista no contexto do Novo Testamento. Na *República*, no *Banquete* e no *Fedro*, Platão vai além de identificar uma Forma por trás de cada objeto e conceito da terra; ele anseia e encoraja seus reis-filósofos a ansiar e a ir atrás das Formas individuais a fim de apreender a Forma das Formas: o Bem. Assim, aqui, Platão identifica o modelo a partir do qual o Demiurgo forjou a criação como algo mais do que a suma algébrica de todas as Formas. O modelo para criação não é senão um ser vivo visível que contém em si todas as outras coisas vivas: "Pois o original do universo contém em si todos os seres inteligíveis, assim como este mundo nos contém e a todas as outras criaturas visíveis. Pois a Divindade, pretendendo fazer este mundo como o mais justo e perfeito de todos os seres inteligíveis, moldou um animal visível compreendendo dentro de si todos os outros animais de natureza similar" (30e). A afirmação de Platão é de fato estranha, e, todavia, somos informados, pelo Evangelho de São João, que "tudo foi feito por meio dele e sem ele nada foi feito" (Jo 1,3). Somos informados pelo apóstolo Paulo, ainda, que esse mesmo Cristo "é antes de tudo e tudo nele subsiste. É a Cabeça da Igreja, que é o seu Corpo. É o Princípio (*archē*), o primogênito dos mortos, tendo em tudo a primazia" (Cl 1,17-18). Como a segunda pessoa da Trindade, Cristo não só é Filho do Pai, como aquele por meio do qual a glória de Deus é revelada e manifestada no reino físico. A afirmação de Jesus (Jo 14,6) de que ele é o caminho, a verdade e a vida sustenta que o caminho para Deus se dá não através das coisas, mas de uma pessoa divina, que a Verdade não é um "isso", mas um "ele", e que a verdadeira vida não é acumulada de uma vez só, mas é atingida através da participação na natureza divina. Desses poderosos ensinamentos cristãos derivamos uma intrigante antecipação na maravilhosa sugestão de Platão de que nosso mundo e nossas pessoas foram moldados segundo "um animal visível compreendendo em si todos os outros animais de natureza similar".

Mas o que exatamente, pode-se perguntar o leitor, entendo por essa afirmação de que Platão vislumbrou verdades cristãs futuras? Para maior clareza, *não* estou dizendo que João ou Paulo, ou o autor da Epístola aos Hebreus foi influenciado por Platão a escrever o que escreveram. Acredito que os autores bíblicos escreveram o que escreveram porque a verdade foi revelada a eles por Deus. Ora, as palavras efetivas que utilizaram (*archē, logos*) podem refletir uma influência platônica indireta – pois, quando a maioria dos cristãos diz que Paulo foi inspirado por Deus, não pretendem afirmar que ele era um secretário tomando o ditado por Deus, mas que foi guiado pelo Espírito para escrever coisas verdadeiras sem ter sua personalidade suprimida ou obliterada no processo –, mas as verdades incorporadas nas palavras gregas usadas pelos autores bíblicos provieram diretamente do Deus que criou o universo. Quando destaco uma conexão entre, digamos, o *Timeu* e a Epístola aos Hebreus, não estou sugerindo que o primeiro influenciou a última, mas que a similaridade entre ambos sugere, àqueles que aceitam a inspiração direta da Bíblia, que Platão, trabalhando mediante uma revelação geral, mais do que especial, aproximou-se de descobrir verdades que só seriam plenamente reveladas quatrocentos anos após sua morte.

Foi plano de Deus, acredito, e a graça de Deus, usar os escritos de Platão para preparar o mundo greco-romano para essa grande revelação a vir, de modo que, quando ela veio, eles a *reconheceriam* como a realização do que já haviam aprendido com Platão. Esta é a tese do sermão que Paulo pregou aos filósofos estoicos e epicuristas no Areópago, em Atenas: "O que adorais sem conhecer, isto venho eu anunciar-vos" (At 17,23).

Atos de amor. Com essas ressalvas em mente, retornemos a outra passagem no mito da criação do *Timeu* que não só é única no mundo antigo, como também antecipa uma revelação posterior de Cristo e do Novo Testamento:

> Permitam-me contar-vos, então, por que o criado fez este mundo de geração. Ele era bom, e o bom não pode jamais ter ciúme de alguma coisa. E, estando livre do ciúme, desejou que todas as coisas fossem tão semelhantes a ele quanto pudesse. Esta é no mais verdadeiro sentido a origem da criação

e do mundo, se dermos crédito, como devemos, ao testemunho de homens sábios: Deus desejou que todas as coisas fossem boas e nenhuma má, à medida que isso for possível (29d-30a).

Embora o *Timeu* seja o único diálogo platônico que apresenta Deus em termos tão pessoais, e mesmo que o Deus do *Timeu* pareça quase impessoal comparado com o Deus da Bíblia, resta o fato de que Platão nos apresenta aqui um Deus que faz mais do que existir e colocar o cosmos em movimento. O Deus definitivamente não deísta retratado na passagem acima é bom em si mesmo e tem a vontade e os meios para difundir a bondade, um Deus que planeja e põe esses planos em ação. O que é mais maravilhoso, é um Deus que, como o Deus da Bíblia, não inveja sua criação, mas deseja abençoá-la.

Deve-se admitir, há alguns hoje que discutiriam a afirmação de que o Deus do Antigo Testamento seja um Deus que não inveja ou defende favoritos. Com efeito, tornou-se popular na mentalidade comum desprezar Iahweh como uma divindade egoísta, local, tribal que só se preocupa com Israel. Mas essa tese é desmentida pela tarefa que Deus atribui a Abrão:

> Iahweh disse a Abrão: "Sai da tua terra, da tua parentela e da casa de teu pai, para a terra que te mostrarei. Eu farei de ti um grande povo, eu te abençoarei, engrandecerei teu nome; sê uma bênção!
> Abençoarei os que te abençoarem, amaldiçoarei os que te amaldiçoarem. Por ti serão benditos todos os clãs da terra" (Gn 12,1-3).

Desde o início, Deus deixa claro que pretende não somente abençoar Israel, mas também usá-lo como veículo para abençoar todas as nações. Esse aspecto vital do chamado de Deus – que ele abençoará Israel *de modo que* este possa abençoar "todas as famílias da terra" – também está incluído na missão do filho de Abraão, Isaac (Gn 26,4), e de seu neto Jacó (Gn 28,14). Além disso, quando Pedro (At 3,25) e Paulo (Gl 3,8) proclamam a natureza universal do evangelho, eles apresentam essa universalidade como cumprimento da promessa original de Deus a Abrão de abençoar todas as nações por intermédio dele. Menciono isso não só para refutar o suposto caráter tribal da divindade do Antigo Testamento, como para reiterar o argumento apresentado acima – de que os vínculos entre Platão e o Novo Testamento não são resultado de citações feitas por Pedro, João ou Paulo, mas por Platão ter vislumbrado uma verdade profética sobre a natureza de Deus. O amor de Deus por todos é mostrado em seu desejo de abençoar todas as nações, mas é primeiramente mostrado no ato da criação. No cristianismo, o ato de criação é um ato de amor, pois, ao criar o mundo, Deus, que é completo e perfeito em si mesmo, escolheu sair de si mesmo. Diferentemente dos mesquinhos, egoístas e narcisistas deuses de Homero e Hesíodo, os quais Platão rejeita tão enfaticamente na *República* e nas *Leis*, o Deus da Bíblia (e do *Timeu*) anseia em difundir bondade a este mundo e a suas criaturas. Nesse sentido, a encarnação é o maior dos atos de amor, pois, por seu intermédio, em termos platônicos, Deus passou do Mundo do Ser para se tornar o homem de carne e osso do Mundo do Devir. Esse grau de amor divino está além da compreensão até mesmo do autor do *Timeu*, mas, ainda assim, sua descrição de Deus faz esse ato incompreensível de amor parecer quase compreensível. Onde mais, no mundo não judeu, é sequer sugerido que Deus não inveja sua criação, que ele deseja abençoá-la e não destruí-la, que ele deseja que ela tenha sua imagem?

Iniciando lentamente no final do segundo século, depois mais rapidamente nos séculos III e IV, a Igreja primitiva foi infestada por uma série de grupos gnósticos e neoplatônicos que sustentavam que nosso mundo era a criação abortada de uma divindade menor, e que, como resultado, a carne e a matéria seriam intrinsecamente más. No início de sua vida, Agostinho mesmo foi membro de um grupo assim (os maniqueus); somente sua conversão ao cristianismo lhe permitiu ver a carne como algo bom e passível de redenção, embora podendo ser usada para maus propósitos (ver *Confissões* 7 e o capítulo 10, abaixo). Deve-se admitir, os gnósticos *foram* influenciados pela distinção de Platão entre os Mundos do Ser e do Devir, assim como por sua tendência a privilegiar o primeiro como real e a rebaixar o último como irredimível, mas sua crença de que a criação do mundo material era em si uma queda na corrupção é algo que não aparece em Platão. Com efeito, no *Timeu*, Platão deixa claro que nosso mundo foi criado por um bom Deus para bons propósitos e que tomou como base um modelo perfeito. Além disso, a própria Bíblia, de maneira consistente, apresenta o céu como mais real, pleno e perfeito do que a terra, embora também sustente um compromisso final que transcende a visão de Platão: uma promessa de que a terra será redimida e transformada em céu, assim como nossos corpos físicos serão transformados em gloriosos corpos ressurrectos, como aquele que até agora reveste o Cristo reerguido.

Amor corretamente ordenado. Como Protágoras, antes dele, Platão acreditava que vivia em um cosmos ordenado. A bem da verdade, a frase "cosmos ordenado" é uma redundância. Platão, como Pitágoras, utilizava a palavra *cosmos* para se referir ao universo à nossa volta porque a palavra, em grego, significa "ordem", "equilíbrio", "beleza" e "harmonia". Os céus são cosmos, pois são o ornamento, o aspecto estético do Criador que o moldou, assim nos informa o *Timeu*, de acordo com um modelo preexistente. No interior do cosmos não existe nem desperdício nem redundância: "Então, para que o mundo possa ser solitário, como o animal perfeito [o modelo preexistente], o criador não fez dois mundos ou um número infinito de mundos; mas há e sempre haverá um só céu concebido e criado" (31b). Nosso mundo, assevera Platão, é o único que existe, não porque Deus seja um Criador de "mente estreita", mas porque é econômico. Quando Deus criou o cosmos, de maneira quase literal ele utilizou todo o material disponível – ou seja, toda a terra, ar, fogo e água que os pré-socráticos haviam postulado como os tijolos físicos do universo.

Há, na criação de Deus, uma espécie de eficiência divina – ele fez tudo o que podia com tudo o que tinha. E uma das coisas que ele fez foi o próprio tempo:

> Quando o pai criador viu o [universo] que ele pusera em funcionamento e em vida, a imagem criada dos deuses eternos, ele se rejubilou e em sua alegria determinou-se a tornar a cópia ainda mais similar ao original; e, como era eterno, procurou fazer o universo eterno, tanto quanto podia ser. Ora, a natureza do ser ideal era sempiterna, mas conferir esse atributo em sua plenitude a uma criatura era impossível. Pelo que ele resolveu ter uma imagem móvel de eternidade, e, quando organizou o céu, tornou essa imagem eterna, mas movendo-se de acordo com um número, enquanto a eternidade

em si se baseia na unidade; e a essa imagem chamamos tempo. Pois não havia dias, noites, meses e anos antes que o céu fosse criado, mas, quando ele construiu o céu, também os criou (37c-e).

Assim como o Mundo do Devir é uma imitação do Mundo do Ser, o tempo é uma imitação da eternidade – não uma imitação corrompida ou ilusória, mas uma tentativa por parte do Criador de permitir que o mundo físico participe, em uma maneira inferior, do eterno. Mais uma vez, a noção gnóstica posterior de que nós e nosso mundo caímos, não no pecado, mas na fisicalidade fortemente se distancia do *Timeu* de Platão, que apresenta Deus como alegrando-se em sua criação, como Deus, no Gênesis, declara ser boa sua criação. Com efeito, Platão deve entender o tempo como uma coisa boa, pois ele o aproxima muito do número – e, nos diálogos (especialmente *República*), a matemática é saudada como a segunda maior busca intelectual, diretamente abaixo da filosofia, pois se preocupa com a Forma ou Ideia do Triângulo Perfeito, não com sua aproximação terrena.

O tempo, portanto, é a condição natural e própria de nosso mundo, mas precisamos ter cuidado em não projetar nossa experiência do tempo em Deus. Assim, Platão continua sua discussão dos "dias, noites, meses e anos" contrastando-os com seu Criador celeste:

> São todos partes do tempo, e o passado e o futuro são espécies criadas do tempo, que nós de maneira inconsciente, mas errônea, transferimos para a essência eterna; pois dizemos que ele "era", "é", "será", mas a verdade é que somente "é" pode propriamente ser atribuído a ele, e que "era" e "será" somente podem ser ditos do devir no tempo, pois são movimentos, mas aquilo que é imutável não pode se tornar mais velho ou mais novo pelo tempo, nem fez ou se tornou, ou será, mais velho ou mais novo, nem se sujeita, de modo algum, a quaisquer desses estados que afetam o movimento e as coisas sensíveis, e dos quais a geração é a causa. Essas são as formas do tempo, que imita a eternidade e evolui de acordo com uma lei do número (37e-38a).

Vivendo, como é nosso caso, deste lado da Bíblia e de Agostinho, é provável que subestimemos a natureza revolucionária da afirmação de Platão de que Deus se situa no presente atemporal da eternidade. Os deuses de Homero e Hesíodo podem ser imortais no sentido de que não podem morrer, mas certamente não são eternos. Como vimos, eles nasceram da matéria primeira, de modo que, quer atribuamos a eles uma natureza espiritual (como o fizeram os poetas), quer material (como fizeram os pré-socráticos, estoicos e epicuristas), eles ainda possuem um começo, e assim, vivem no fluxo do tempo. Somente na Bíblia e no *Timeu* – e, talvez, de maneira tateante, em alguns dos ensinamentos de Pitágoras – temos um Deus que simplesmente *é*. Assim, Iahweh se revela a Moisés como EU SOU AQUELE QUE É (Ex 3,14); na verdade, a palavra em hebraico Iahweh se liga estreitamente ao verbo "Sou".

Além disso, é somente na Bíblia e no *Timeu* que encontramos expressa, em termos filosóficos e teológicos, uma grande verdade sobre nosso mundo que a ciência só recentemente descobriu: que nosso universo teve um início e que esse evento inicial, conhecido como *big bang*, criou, em um único momento, matéria, espaço e tempo. Ora, para citar o *Timeu*, "o tempo, portanto, e os céus, passaram a existir ao mesmo tempo, de modo que, tendo sido criados juntos, caso algum dia haja uma dissolução deles, eles podem ser dissolvidos juntos" (38b).

Entre anjos e animais

Segundo a visão bíblica de mundo, Deus fez três criaturas para viver em seu cosmos: anjos, que são puramente espirituais; animais, que são puramente físicos; e seres humanos, cujos corpos os arrastam para baixo, para o animal, mas cujas almas os puxam para cima, para os anjos. A visão cristã da natureza dual do homem não deve ser confundida com o dualismo gnóstico (maniqueu), que transforma o corpo em uma prisão da alma. A teologia cristã define o homem como uma criatura composta, cujo corpo é intrinsecamente bom, mas agora caído e destinado, no último dia, a ser redimido e aperfeiçoado. A visão de Platão está mais próxima do gnosticismo do que do cristianismo; certamente, sua crença na reencarnação, que é afirmada no *Timeu*, milita contra uma fusão entre corpo e alma. Ainda assim, embora o dualismo de Platão seja, afinal, incompatível com a visão cristã do homem como alma encarnada, há sugestões, no *Timeu*, e somente ali, da tricotomia bíblica de anjo-homem-animal – o homem tomando a posição intermediária.

A despeito dos esforços de humanistas cristãos ansiosos em construir pontes entre mitos greco-romanos e ensinamentos judaico-cristãos, os deuses olímpicos de Homero, Hesíodo, Virgílio e Ovídio – com a exceção de Hermes (Mercúrio), que traz a voz divina de Zeus (Júpiter) e cujo nome é a origem da palavra *hermenêutica* – não podem simplesmente ser conciliados com os anjos da Bíblia. Há um conjunto de deuses, porém, que apresentam notável semelhança com esse grupo de seres espirituais imortais que Deus criou no início, no período antes da criação de homens e animais. Esses deuses são descritos no *Timeu* de uma maneira que os coloca à parte de todos os outros deuses cuja presença dá tanta vida à *Ilíada* e à *Odisseia*. Consistem em dois tipos de deuses: (1) os deuses antropomórficos de Hesíodo e Homero, ainda que despojados do comportamento escandaloso atribuído a eles pelos poetas; (2) os planetas, estrelas e outros corpos celestes, os quais Platão descreve como "animais divinos e eternos, sempre vivendo e se mexendo da mesma maneira e no mesmo lugar" (40b).

Em passagem majestosa que beira a poesia épica, Platão nos permite entreouvir as primeiras palavras do Pai a suas recentemente feitas criaturas espirituais:

> Agora, quando todos eles, tanto aqueles que visivelmente aparecem em suas revoluções [as estrelas], quanto aqueles outros deuses que são de uma natureza mais retraída [os deuses dos mitos], passaram a existir, o criador do universo se dirigiu a eles nas seguintes palavras: "Deuses, filhos de deuses, que são obras minhas e de quem fui o artífice e pai, minhas criações são indissolúveis, se eu assim o quiser. Tudo o que foi feito pode ser desfeito, mas somente um ser mau iria querer desfazer o que é harmonioso e feliz. Logo, uma vez que não sois mais do que criaturas, não sois inteiramente imortais e indissolúveis, mas certamente não sereis dissolvidos nem estareis sujeitos ao fado da morte, tendo em minha vontade um vínculo maior e mais poderoso do que com aqueles com os quais vos ligastes no momento de vosso nascimento" (41a-b).

Note-se que os deuses de Platão, como os anjos da Bíblia – os quais são referidos como "filhos de Deus" (Jó 1,6) –, não compartilham a mesma existência eterna absoluta que o Criador, o qual, somente ele, é EU SOU. Sua vida imortal, mas condicional, liga-se à vida incriada, indestrutível de Deus. Não obstante, Platão deixa claro que a vida espiritual dos deuses é de uma ordem mais elevada do que de qualquer outro tipo de vida no cosmos. Embora de menor intensidade que a vida de Deus, sua natureza é bem mais pura do que a da vida animal, que será partilhada por animais e homens.

Na verdade, o discurso de Deus prossegue atribuindo aos deuses a missão de ajudá-lo a moldar a vida dos próprios animais e homens cujas vidas estarão nas mãos deles, assim como as deles estão nas de Deus:

> E ouçam agora minhas instruções: restam três tribos de seres mortais a serem criadas; sem elas o universo estará incompleto, pois não conterá todo tipo de animal que deve conter para que seja perfeito. Por outro lado, se fossem criados por mim e recebessem suas vidas de minhas mãos, estariam em condições de igualdade com os deuses. Para que, então, sejam mortais e para que este universo possa ser realmente universal, vós vos entregareis, de acordo com vossas naturezas, à formação dos animais, imitando o poder que foi mostrado por mim ao vos criar. A parte deles que merecerá o nome de imortal, que é chamada de divina e será o princípio condutor daqueles que estiverem dispostos a seguir a justiça e a vós – dessa parte divina eu mesmo lançarei a semente e, tendo dado início, passarei o trabalho a vós. E vós entrelaçareis, então, o mortal com o imortal e fareis e dareis nascimento a criaturas vivas e lhes dareis alimentos e providenciareis que cresçam e os recebereis novamente na morte (41b-d).

De Platão em diante, até a Renascença, a maioria dos grandes pensadores ocidentais acreditava no princípio da plenitude (ou completude). O cosmos de Deus era visto como sendo abundante em vida, com diferentes criaturas habitando em suas próprias esferas. Com efeito, a própria perfeição, como a justiça na *República*, baseava-se em um tipo de completude ou totalidade na qual cada parte serve a uma função específica. O Deus do *Timeu* não invoca as criaturas à vida de maneira ligeira ou por diversão, mas porque seu senso de plenitude exige que todo o espaço seja preenchido com sua forma apropriada de vida.

No Gênesis, é claro, apenas Deus molda Adão e lhe inocula o sopro de vida (Gn 2,7); no entanto, o Deus da Bíblia usa seus anjos como mediadores na realização de seus planos para nós e para nosso planeta. Tanto no cristianismo quanto no *Timeu*, Deus é ativo nas obras de nosso mundo, ainda que esteja disposto a delegar poder a suas criaturas. A soberania permanece com o Criador, mas ele não trata nem os anjos nem os homens, que são um pouco inferiores aos primeiros (Sl 8,5), como marionetes na ponta de uma corda. Em seu sermão, Estêvão acusa sua audiência judaica de não conservar a lei que "recebestes [...] por intermédio de anjos" (At 7,53; Gl 3,19). No *Timeu*, o Deus de Platão atribui aos anjos a tarefa de conduzir os homens na estrada da justiça e da correção. Embora a ideia de "anjo da guarda" seja com frequência ridicularizada em nosso mundo contemporâneo, há alguma base bíblica para ela (Sl 34,7; 91,11; Mt 18,10); e, de qualquer modo, a Bíblia deixa claro que o combate espiritual é uma realidade e que nossas lutas – e, por extensão, nosso auxílio – "não são contra o sangue nem contra a carne, mas contra os Principados, contra as Autoridades, contra os Dominadores deste mundo de trevas, contra os Espíritos do Mal, que povoam as regiões celestiais" (Ef 6,12).

Eis como Platão descreve o papel dos deuses no *Timeu*: "Quando ele [Deus] semeou-os [os seres humanos], incumbiu os deuses mais jovens de moldar seus corpos mortais e desejou que eles fornecessem o que ainda faltava à alma humana; e, tendo feito todos os complementos necessários para governá-los e para conduzir o animal mortal da melhor e mais sábia maneira que pudessem, e que deles afastassem todos os males, excetos os autoinfligidos" (42d-e). Na Epístola aos Hebreus, um papel similar é atribuído aos anjos: "Porventura, não são eles todos eles [os anjos] espíritos servidores, enviados ao serviço dos que devem herdar a salvação?" (Hb 1,14). Em ambos os casos, seres imortais de espírito puro, os quais, embora capazes de cair na corrupção, raramente o fazem, são ordenados a servir criaturas que possuem corpo e alma e para quem a luta contra a corrupção é intensa e contínua.

Homens e mulheres

Isso basta para a parte angélica da tricotomia anjo-homem-animal que é claramente ensinada no cristianismo, mas que Platão apenas sugere no *Timeu*. Mas o que dizer das duas outras partes do triângulo? Na longa passagem citada acima, Deus dá as seguintes instruções aos deuses: "Restam três tribos de seres mortais a serem criadas – sem elas o universo estará incompleto, pois não conterá todo tipo de animal que deve conter, para que seja perfeito". O fato de que Deus chame seus deuses para ajudá-lo a criar "três tribos de seres mortais" pode, à primeira vista, contradizer a tricotomia bíblica que, conforme sugeri, pode ser discernida, ainda que de maneira esmaecida, no *Timeu*. Mas não contradiz. As três tribos mencionadas não são homens, animais e alguma terceira espécie, mas seres humanos do gênero másculo, do gênero feminino e animais.

Embora Platão, tanto na *República* quanto nas *Leis*, permita que suas guardiãs mulheres recebam o mesmo tratamento que seus pares masculinos, o efeito geral – e infeliz – dos diálogos platônicos é conferir às mulheres um lugar secundário. A justificativa de Platão para privilegiar os homens sobre as mulheres é idêntica à sua justificativa para privilegiar a razão sobre a emoção. Para ele, a maioria das mulheres está fortemente ligada a seus sentimentos e desejos para ascender no caminho da filosofia – ascensão que, em sua visão, requer um compromisso masculino com a razão pura e a lógica abstrata. Devido a essa dicotomia entre masculino e feminino, lógica-sentimento, razão-emoção, Platão situa as mulheres a meio caminho entre homens conduzidos pela razão e animais conduzidos pelo apetite. Na verdade, ele explica que um homem que se entrega a seus desejos mais baixos e abandona o estreito caminho da vida virtuosa retornaria ao corpo de uma mulher, e "se, quando nesse estado, ele não desistisse do mal, seria continuamente modificado em algum animal bruto que se assemelhasse a ele na natureza má que ele teria adquirido" (42c).

Próximo ao fim do *Timeu*, Platão retorna a essa imagem de uma descida no caminho do ser, de macho a fêmea e a animal, deixando claro, desta vez, que os homens foram criados primeiro e que "aqueles que foram covardes ou tiveram vidas incorretas" (90e) renascerão na próxima geração como mulheres. Nas gerações seguintes, homens e mulheres que foram tolos ou maus, involuirão em animais irracionais da terra, do ar e do mar (91 d-92c). Note-se que Platão, aqui, concorda com o relato bíblico da mulher nascendo do homem (Gn 2,21-22); no entanto, enquanto a Bíblia apresenta Eva como uma "companheira" de Adão, que compartilha plenamente suas capacidades racionais, emocionais e espirituais, Platão vê as mulheres como necessariamente afastando os homens da busca filosófica pela verdade, virtude e razão. Ainda assim, ele retrata a mulher como estando mais próxima ao homem do que dos animais, sugerindo que a segunda involução, da mulher para o animal, não acontece naturalmente, mas apenas se a mulher abandonar completamente sua responsabilidade humana de colocar a parte apetitiva de sua alma sob a tutela e controle da racional.

De qualquer modo, como seres humanos com seus pares masculinos, as mulheres partilham da mesma forma física, forma que Platão interpreta de maneira alegórica:

> E devemos considerar que Deus deu a parte soberana da alma humana à divindade de cada um, sendo essa parte que, como dizemos, reside no alto do corpo, na medida em que somos uma planta não de crescimento terreno, mas celeste, que nos levanta da terra para nossos similares que estão no céu. E nisto falamos com verdade; pois o poder divino suspendeu a cabeça e nossa raiz desse lugar em que a geração da alma primeiramente se iniciou, e fez assim todo o corpo de uma só vez. Quando um homem está sempre ocupado com os aguilhões do desejo e da ambição, ele está ansiosamente lutando para satisfazê-los, todos os seus pensamentos devem ser mortais e, na medida em que é possível inteiramente se tornar assim, ele deve ser mortal em todas as suas partes, porque acalentou sua parte mortal. Mas aquele que se empenhou no amor pelo conhecimento e pela verdadeira sabedoria, e exercitou o seu intelecto mais do que qualquer outra parte sua, deve ter pensamentos imortais e divinos, se atingir a verdade, e, na medida em que a natureza humana é capaz de partilhar da imortalidade, ele deve ser inteiramente imortal; e, uma vez que ele está sempre acalentando o poder divino e possui a divindade dentro de si em perfeita ordem, ele será perfeitamente feliz (90).

Na *República*, Platão forja um vínculo entre o comportamento virtuoso-racional-filosófico e a verdadeira felicidade. Aqui, ele forja um vínculo similar, mas com referência não à política ou à moralidade ou à estética, mas à forma e propósito do corpo humano, que foi moldado de forma a sustentar nossa alma. Como seres humanos, machos ou fêmeas, nós nos mantemos firmes, com nossa cabeça – o centro, para Platão, tanto de nossa razão quanto de nossa alma, assim como o estômago é o centro de nosso apetite –, tendendo diretamente para os céus. Já os animais vivem com suas cabeças próximas ao chão, um sinal adequado para o modo como suas vidas são completamente controladas por seu estômago (apetite) e impulsos da carne.

Ao distinguir entre seres humanos e animais, é significativo que Platão insista que os homens foram criados antes dos animais, e não o contrário, como no relato bíblico (Gn 1,24-28). Ao fazê-lo, Platão postula que somos o modelo para toda a vida na terra, assim como os deuses (anjos) foram o modelo para nossa própria criação – embora nós, conforme explica Platão, sejamos uma mistura menos pura do que os anjos e estejamos assim sujeitos a dissolução e decadência.

Novamente, Platão não situa claramente o homem entre os anjos e os animais, como faz o cristianismo; porém, o *Timeu* admite que a alma tripartite desenvolvida na *República* seja lida em conjunção com uma luta entre o animal abaixo (parte apetitiva) e o anjo acima (parte racional). Somente quando ajudada pela parte espiritual da alma, a parte racional pode controlar os impulsos bestiais da parte apetitiva.

Essa *psicomaquia* platônica, essa guerra interna dentro da alma para dominar o lado bestial de nossa natureza, exerceria profunda influência sobre os primeiros teólogos e os teólogos medievais, fornecendo-lhes uma linguagem e uma imagética para a luta que complementaria, mais do que contradiria, a luta entre carne e espírito que Paulo descreve em suas epístolas (p. ex., Rm 7,18-25). Com efeito, será tarefa da segunda parte deste livro reconstituir não apenas essa influência, mas as outras e variadas influências que o pensamento platônico exerceu sobre a fé cristã.

Parte 2
O legado cristão de Platão

7
O caminho ascendente

Neste livro, procurei em parte não apenas pesquisar, explicar e avaliar o monumental legado filosófico de Platão à luz de alguns de seus mais conhecidos trabalhos, como apresentar esses ensinamentos de maneira a apelar a uma ampla audiência de leitores, tanto religiosos como seculares. No início desta Parte II, gostaria de restringir o meu foco a examinar como os ensinamentos de Platão poderiam ser recebidos por leitores cristãos que aceitam Cristo, a Bíblia e os credos da Igreja (com seu foco sobre a Trindade, a encarnação, a crucificação, o sacrifício e a ressurreição) como contendo a mais completa, mais direta forma de revelação divina que o mundo recebeu. Felizmente, ao tentar imaginar algo assim, não preciso forçar muito as coisas, de minha parte. Como veremos nos cinco capítulos que se seguem, muitos dos maiores pensadores cristãos – considerarei especificamente Orígenes, Gregório de Nazianzo, Gregório de Nissa, Gregório Palamas, Agostinho, Boécio, Dante, Erasmo, Descartes, Coleridge e C. S. Lewis, embora uma lista mais completa pudesse incluir Aquino, Donne, Milton, Newman e Chesterton – foram profundamente influenciados por Platão e tiveram pouca dificuldade não só em reconciliar os diálogos de Platão com o cristianismo, como em acolher esses diálogos como fontes de sabedoria que o Deus da Bíblia usou para preparar o mundo greco-romano para o advento de Cristo.

Esses pensadores são em geral designados como humanistas cristãos – ou, para ser mais preciso, cristãos humanistas –, pois eles anseiam conciliar a confissão de que Jesus Cristo é o Senhor com o preceito que Sócrates e Platão aprenderam de uma inscrição no templo de Delfos: conhece-te a ti mesmo. Eles reconhecem a soberania de Deus e a depravação do homem, ao mesmo tempo em que acreditam no poder da razão e da criatividade humanas para organizar a sociedade humana mediante o estabelecimento de leis, instituições e códigos éticos, e pelo cultivo das artes e das ciências.

Antes de examinar a influência de Platão sobre os onze pensadores acima listados, gostaria de explorar, de uma perspectiva cristão-humanista, até que ponto o sistema ético de Platão, com seu dualismo corpo-alma e sua crença, pelo menos miticamente, na reencarnação, pode ser conciliado com uma visão cristã de Deus, da alma e da salvação. Para colocar em outros termos, gostaria de explorar em que medida a fé humanista na habilidade do homem de ascender em direção à verdade pode ser integrada em um sistema cristão que postula o homem como irremediavelmente decaído e que define a salvação como justiça pela graça por intermédio da fé.

Preparando o caminho

No centro da psique platônica, cristão-humanista, reside a imagem do caminho, dos passos dourados que conduzem o iniciado para fora deste mundo de ilusão e erro, em direção a um reino mais elevado de luz e verdade. Um caminho ascendente que também é um *ex-odus* [êxodo], um caminho para fora, um movimento da escravidão para a liberdade, da ignorância para o conhecimento, da escuridão para a luz, das sombras da parede da caverna para os raios penetrantes e reveladores do sol. O caminho assinala o abandono do instinto animal bruto – o que Tennyson (*In memoriam* 118.28) chamou de "macaco e tigre" ["ape and tiger"], mas que muitos modernos aceitam como "natureza humana" – em favor de uma forma mais elevada de desejo que nos conduz para cima, em direção ao fim dotado de propósito (*telos*) para o qual fomos criados. É, sim, um tipo de evolução, mas não é nem a evolução naturalista do darwinismo, nem a evolução materialista do freudismo, nem tampouco a evolução socioeconômica do marxismo. Em outras palavras, é escatológico sem ser determinista. Pois o caminho possui um *telos* tanto individual quanto histórico em direção ao qual se move, e esse *telos* é bom, significativo e pessoal; mas os diversos passos ao longo do caminho – os erros e triunfos, os sonhos, esperanças e temores, os atos de altruísmo angelical, a luxúria bestial e a gula, o orgulho e o engano demoníacos –, esses longos e árduos passos que constituem o que gosto de chamar de trilha da escolha, esses não são nem impostos de baixo por uma natureza arbitrária, indiferente, nem impostos de cima por um Deus impassível, manipulador de marionetes.

No ocaso da Renascença, o Conde Giovanni Pico della Mirandola, refletindo longamente e com rigor sobre a natureza desse caminho ascendente e dessas criaturas "camaleônicas" que passam suas breves, mas significativas, vidas ascendendo e descendo ao longo de seus diversos degraus, compôs uma famosa oração em defesa de sua visão cristã humanista do homem, discurso que passou a ser conhecido como a "Oração sobre a dignidade do homem". Para ele, assim como para todos os cristãos humanistas, o homem se situa em algum lugar entre o anjo e o demônio. Nas palavras do grande escritor cristão humanista Thomas Browne, "essa figura anfíbia entre uma essência corporal e uma essência espiritual, essa forma intermediária que vincula ambas as coisas"[1], fusão entre corpo e alma que não só é única entre todas as criaturas, como representa o coroamento (e *telos*) de toda a criação.

No início dessa oração, Pico, tendo em seus ouvidos ecos tanto do Gênesis como do *Timeu*, imagina o Senhor "triuno" proferindo estas palavras ao recém-criado Adão:

---

1. BROWNE, SIR THOMAS, *Religio Medici*, in: PATRIDES, C. A. (org.), *The major works*, New York, Penguin, 1977, 103.

Não conferimos a ti, ó Adão, nenhum rosto propriamente teu, nem qualquer dom propriamente teu, para que qualquer lugar, qualquer forma, quaisquer dons que possas, com premeditação, selecionar, que possas adquiri-los mediante teu próprio julgamento e decisão. A natureza de todas as outras criaturas é definida e restrita dentro de leis que Nós estabelecemos; tu, por contraste, sem o impedimento de semelhantes restrições, podes, por teu próprio livre-arbítrio, a cuja custódia Nós te designamos, traçar para ti mesmo os contornos de tua própria natureza. Eu te situei no centro do mundo, de modo que, desse ponto de vista privilegiado, possas com maior facilidade contemplar à tua volta tudo o que o mundo contém. Fizemos de ti uma criatura que não pertence nem ao céu nem à terra, que não é nem mortal nem imortal, para que possas, como livre e orgulhoso artífice de ti mesmo, moldar a ti mesmo da forma que preferires. Estará em teu poder descer em direção às mais baixas e embrutecidas formas de vida; serás capaz, todavia, por meio de tua própria decisão, de se elevar novamente em direção às ordens superiores, cuja vida é divina[2].

O homem, para Pico, é uma criatura em progresso. Acima de nós paira um perpétuo ponto de interrogação: o que exatamente sou eu? O que me tornarei? Diferentemente dos animais e anjos, que estão fixados em suas respectivas esferas, nós não pertencemos inteiramente nem à terra nem ao céu. Somos verdadeiramente anfíbios, com um pé em cada mundo, e, assim, em nosso peito existe uma batalha perpétua, um *agon*: para baixo ou para cima, mais baixo ou mais alto, queda ou ascensão.

Quando Milton se propôs a escrever uma tragédia bíblica à moda do grande autor teatral grego Sófocles – um verdadeiro objetivo de cristão humanista –, ele escolheu chamá-la de *Sansão agonista* – isto é, Sansão, o lutador. Ao fazê-lo, situou Sansão em uma categoria nitidamente clássica, junto com os muitos lutadores que povoam as tragédias de Sófocles: Édipo e Antígona, Ájax e Hércules, Electra e Neoptólemo. Ao mesmo tempo, entretanto, Milton se manteve fiel à sua fonte bíblica, pois Sansão, como membro da tribo de Dan, é herdeiro daquele que engendrou todas as tribos dos hebreus, aquele a quem Deus deu o nome sagrado

---

2. MIRANDOLA, GIOVANNI PICO DELLA, *Oration on the dignity of man*, trad. A. Robert Caponigri, South Bend, IN, Gateway Editions, 1956, 7-8.

pelo qual seu povo seria conhecido. Esse homem é Jacó, e o nome que ele recebeu foi Israel: "Aquele que compete (ou luta) com Deus" (ver Gn 32,28-29). O texto bíblico nãos nos oferece comentário quanto ao tom de voz do anjo que conferiu esse novo nome a Jacó – terá ele falado de maneira elogiosa, com desprezo, com sarcasmo? –, mas o anjo abençoa o recém-"batizado" Israel, e assim devemos aceitar que o nome tem por finalidade, pelo menos em algum nível, ser um cumprimento.

Ainda assim, dada a história subsequente das tribos de Israel – ou seja, os filhos de Jacó –, eu sugeriria que o nome não é tanto um cumprimento (ou insulto), quando um chamado, um desafio profético a essa raça escolhida para se mover, crescer e moldar a si mesma no povo que ele desejava que fosse. Mesmo uma leitura corrida do Antigo Testamento revelará que seu *agon* os conduziu com mais frequência para baixo do que para cima, que, em nítido contraste com Anteu (o gigante que ganhou sua força a partir do contato com sua mãe, a Terra), sua derrota residiu em sua obstinada e arrogante insistência em lutar entre si mesmos até o fim, em vez de se dar as mãos indo em direção ao céu. No entanto, sua luta foi real e passou a defini-los como povo, assim como nossas lutas nos definem como indivíduos.

"Os mais elevados seres espirituais", declara Pico, novamente fundindo revelação bíblica com mito platônico,

> foram, desde o momento da criação, ou logo depois, fixados no modo de ser que seria o seu ao longo de imensuráveis eternidades. Mas, ao homem, no momento de sua criação, Deus conferiu sementes prenhes de todas as possibilidades, os germes de toda forma de vida. Qualquer delas que o homem cultive, amadurecerá e lhe trará frutos[3].

De maneira geral, os cristãos humanistas preferem pensar no homem e na história do homem não em termos de um plano rígido, feito em ferro, pré-arranjado até os menores detalhes antes do início do tempo, mas em termos de possibilidades escatológicas, visões do que podemos ser quando abrimos nossos corações para a graça de Deus,

---

3. Ibid., 8.

quando seguimos o desejo íntimo que nos impulsiona para cima, em direção a Deus, e combatemos o impulso, mais sombrio, que nos arrastaria para baixo, na direção da terra.

Não somos, argumenta Pico, os produtos pré-fabricados de um destino pré-determinado – ou, acrescentaria eu, os equivalentes modernos do destino: seleção natural, subconsciente e materialismo dialético –, mas sementes preciosas, maravilhosas, ricas e frutíferas, repletas de fecundidade e de mil possibilidades. Certo, muitas dessas sementes entram em nosso mundo sobrecarregadas por defeitos do corpo, da mente ou do espírito, mas esses defeitos não são enviados de cima. São, antes, subprodutos de uma "mãe natureza" que é tão decaída quanto nós, que, como nós, é sujeita à entropia e à futilidade última de nosso mundo. São, em suma, as contrapartidas terrenas desses dons divinos doados por Deus e, como tais, forçam-nos necessariamente para baixo, assim como os dons nos forçam para cima. É claro, como parte da natureza dessa luta, os defeitos, quando direcionados a Deus em boa fé, são tão capazes de nos conduzir para cima, como os dons, quando abusados e pervertidos, de nos arrastar para baixo.

E com esse lance de guerra entre defeitos dados pela natureza e dons doados por Deus, retornamos à imagem do *agon*, dessa luta de toda uma vida, nascida de nossa conformação anfíbia entre os anjos, nossa parte mais elevada, e os animais, nossa parte mais rasteira. Como "sementes prenhes de todas as possibilidades", dificilmente podemos permanecer quietos; precisamos, e queremos, seja ascender, seja descer. Descer significa nos rendermos ao instinto mais baixo, tornarmo-nos embrutecidos, abandonar as luzes da razão e da graça que foram acesas em nós em nosso nascimento. Ascender, por outro lado, significa perseguir aquelas luzes celestes, perseguição que, para Pico, é uma forma de desejo, uma corrida "em busca de coisas mais elevadas". Não é suficiente que estudemos a forma divina; precisamos amá-la e ansiar por ela também. Precisamos nos tornar verdadeiros amantes da sabedoria, iniciados ardentes nos mistérios da filosofia. Essas ideias, é claro, não são exclusivas de Pico; com efeito, caracterizam a crença central, a própria razão de ser de muitas das escolas do neoplatonismo, todas as quais com uma fonte comum nos diálogos e mitos de Platão.

Retornemos a Platão, então, e vejamos que marca seus ensinamentos deixaram sobre a busca cristã pela sabedoria.

Através do espelho, no escuro

Do ponto de vista do cristianismo ortodoxo, a falha essencial no sistema platônico é o fato de, incessantemente, privilegiar o espiritual em detrimento do físico. Uma adesão estrita ao esquema cósmico de Platão torna qualquer crença na encarnação – que Jesus era plenamente divino e plenamente humano; cem por cento Deus e cem por cento homem – tanto metafisicamente indesejável como logicamente impossível. A maioria das pessoas, hoje, tem conhecimento da heresia da Igreja primitiva chamada de arianismo, que ensinava que Jesus era o mais elevado dos seres criados, mas não o Filho de Deus (a segunda pessoa da Trindade). Menos conhecida, em nossos dias, é uma segunda heresia, o docetismo, que ensinava que Jesus havia sido um ser divino que somente parecia ser humano, um espírito que "vestia" o seu corpo como uma pessoa poderia vestir uma camisa, mas que não se tornara efetivamente humano. O docetismo, uma forma de gnosticismo que foi fortemente influenciada pelo platonismo, simplesmente não era capaz de conceber que a divindade dotaria a si mesma da matéria e da carne intrinsecamente decaídas.

Igualmente problemática, a concepção de Platão de Deus como um ser distante, imutável e inteiramente impermeável ao contato com nosso mutável e corpóreo Mundo do Devir não pode, em última instância, ser conciliada com a revelação bíblica de um Deus-Salvador misericordioso que ama tanto a humanidade que voluntariamente deixa o Mundo do Ser, assume para si a "prisão" da carne humana e sofre uma morte bastante física e sanguinolenta. Para um platônico, o pensamento de que o Deus onipotente, onisciente e onipresente se dignaria a assumir forma humana não faria sentido. E o mesmo vale para o ensinamento cristão de que Cristo renasceu corporalmente, as primícias de uma ressurreição que nós mesmos algum dia compartilharemos (1Cor 15,20). Esse ensinamento bíblico (e esperança) fundamental de que no reino dos céus revestiremos gloriosos corpos ressurretos teria sido considerado por Platão tanto absurdo como claramente aversivo. Com efeito, quando Paulo discursou em Atenas diante de estoicos e epicuristas de espírito platônico, eles ouviram muito tranquilamente até ele mencionar a ressurreição; foi então que a maioria deles virou a cara e parou de ouvir (At 17,32). Os cristãos, hoje, com frequência esquecem que aquilo que a Bíblia visa não é a algum reino do espírito abstrato, de almas desencarnadas, mas sim a um novo céu e uma nova terra. O corpo, e a fisicalidade em geral, não será extinto, mas redimido e aperfeiçoado. Essa não é uma perspectiva que teria agradado a Platão.

Devo admitir que o hiato entre os diálogos e a Bíblia é profundo, e pode parecer, à primeira vista, que Platão não pode de fato ajudar os cristãos a compreender sua natureza, seu propósito e seu lugar no universo. Mas precisamos nos lembrar, então, que, antes da era de Cristo e do Novo Testamento, nenhum judeu, em sua mais desabrida imaginação, poderia ter concebido uma encarnação real na qual a divindade dotaria a si mesma de carne. Não imagino que as profecias messiânicas que preenchem as páginas do Antigo Testamento possam ter significado para eles o que hoje significam para aqueles de nós que vivemos do outro lado da cruz e da ressurreição. Essas profecias teriam significado que Deus não os abandonara e não os abandonaria, que ele continuaria a liderar e a guiá-los, que seu amor pactuado era eterno, mas não sonhariam – como não sonharia um muçulmano hoje – que Deus literalmente se revestiria de carne, habitaria entre nós e morreria uma morte dolorosa em nosso nome.

A meu ver, é claro que o salto do "concluirei com eles [a casa de Israel e com a casa de Judá] uma aliança nova" (Jr 31,31) para "esse [cálice] é a nova aliança em meu sangue" (Lc 22,20), da promessa de um novo coração (Ez 36,26) para a habitação do Espírito Santo (1Cor 6,19), da obediência ser melhor do que o sacrifício (1Sm 15,22) para a salvação pela graça por meio da fé (Ef 2,8), este salto estaria além do discernimento espiritual até mesmo do maior dos profetas. Eles podem ter sabido, pelo menos um fariseu o soube, que o fundamental da lei é amar a Deus com todo o coração, a alma, o espírito e a força e amar o próximo como a si mesmo (Mc 12,32-33); eles podem ter sabido, também como sabia a Virgem Maria, que Deus exalta o humilde e humilha o orgulhoso (Lc 1,52); podem até mesmo ter sabido, como sabia Simeão, que olhar para o menino Jesus, de alguma esplêndida maneira, era olhar para sua salvação (Lc 2,30). Ainda assim, esse conhecimento por si só não poderia ter se transformado em uma plena compreensão das verdades da religião cristã.

Porém, e este é o ponto vital, aqueles que sabiam semelhantes coisas sobre Deus saberiam reconhecer, na maioria dos casos, quando essas verdades cristãs foram efetivamente reveladas a eles, que essas verdades eram a realização e a consumação do conhecimento limitado que eles possuíam. Jesus sabia muito bem que, não importa quantas vezes ele explicasse a eles, seus discípulos não compreenderiam o significado de sua crucificação; com efeito, somente após a ressurreição e ascensão a ignorância deles – que, às vezes, beira o cômico – se transformaria em autêntica iluminação. Desse modo, São Paulo, o qual devotou sua vida a estudar as Escrituras e conhecia, assim, cada faceta da lei, não compreendia a verdadeira e plena importância do Antigo Testamento até que a plenitude de Cristo lhe fosse revelada. Então, como se uma janela houvesse se aberto sobre as Escrituras, ele começou a perceber e a saber, como todos os cristãos depois dele, que Cristo está presente em cada livro do Antigo Testamento, que todo ele, de uma maneira ou outra, aponta para a revelação de Deus em Jesus Cristo.

Em suas *Reflexões sobre os Salmos*, C. S. Lewis aborda diretamente as profecias messiânicas que enchem as páginas dos salmos e faz uma analogia entre esses "segundos sentidos" proféticos e canônicos e aqueles poucos, porém seletos momentos em que poetas e filósofos pagãos tocaram em algo que possui um nítido sentido messiânico. Um desses momentos ocorre na descrição de Platão (na *República*) do homem perfeitamente justo que, a despeito e por causa de sua correção, é tomado pela multidão, batido e morto – descrição que, como vimos no capítulo 2, parece estranhamente com uma profecia (p. ex., Sl 22) da paixão de Cristo. Como escreve Lewis, "Platão está falando, e sabe disso, sobre o destino da bondade em um mundo mau e desorientado. Mas não se trata de algo simplesmente distinto da Paixão de Cristo. É o mesmo fenômeno do qual a Paixão de Cristo é a suprema ilustração"⁴.

Para ajudar seu leitor a compreender mais plenamente o conceito, Lewis prossegue utilizando uma analogia mais familiar:

> Se um homem que conhecesse apenas a Inglaterra e tivesse observado que, quanto mais alta é uma montanha, por mais tempo ela retém a neve durante o ano, a similaridade entre sua montanha imaginária e os Alpes reais não seria uma questão de coincidência. Ele até poderia ignorar que existem de fato tais montanhas, assim como Platão provavelmente ignorava que o exemplo perfeito de bondade crucificada que ele descreveu se tornaria real e histórico. Mas, se esse homem um dia visse os Alpes, ele não diria: "Que curiosa coincidência". Ele provavelmente diria: "Ali! Eu não te disse?"⁵.

Sendo talvez o maior cristão humanista do século XX, Lewis sabia bem que Platão havia sido feito à imagem de Deus e que, embora decaída, sua razão ainda retinha um lampejo desse sopro divino. Ele sabia, também, que o *desejo* de Platão de perceber e comungar com a Bondade absoluta tinha sua raiz em Deus, mesmo se a *realização* desse desejo fosse em última instância fútil, por faltar-lhe a graça de Deus que está em Cristo.

Compreendendo a natureza humana

Agora, por favor não pense que eu, ou Lewis, estejamos situando Platão no mesmo plano do Antigo Testamento, ou que eu esteja sugerindo que a sabedoria de Platão proveio, como provieram as de Moisés, Daniel e Isaías, da inspiração direta do Espírito Santo. Mas faço, sim, a sugestão de que Platão, como se estivesse em um espelho às escuras, vislumbrou muitas verdades que não só são compatíveis com o cristianismo, como podem instruir e guiar o cristão em sua jornada espiritual.

---

4. LEWIS, C. S., Reflections on the Psalms, in: *The inspirational writings of C. S. Lewis*, New York, Inspirational Press, 1991, 184.
5. Ibid., 185.

Sim, como vimos, sua concepção do corpo tem decididamente a ver com o docetismo; no entanto, eu sustentaria que há muitas verdades em Platão que vão muito além de sua aparente ética do "ódio à carne". Ele compreendeu, por exemplo, que há algo no homem que o puxa para baixo e embota seu desejo por união com Deus, e que esse algo está perpetuamente em guerra com algo diferente que o impele para cima, em direção ao divino. Essa luta platônica – esse puxar para baixo por parte do cavalo apetitivo, e esse puxar para cima pelo cavalo espiritual, que precisa ser moderado pelo cocheiro racional – não seria a montanha inglesa que, nas epístolas de Paulo, torna-se os poderosos Alpes da contínua guerra entre a carne (letra, lei) que matou e o espírito que comunicou a vida (2Cor 3,6)?

Para falar em um nível pessoal, foi Platão mais do que qualquer outro que me ajudou em minha própria jornada espiritual a identificar essa porção minha que é pesada e opressiva, esse irritante cabo de força da carne que nos puxa para a terra. Foi Platão, também, quem me desafiou e mesmo me convenceu a me elevar acima das lascívias da carne, não meramente por disciplina, não para merecer o aplauso de outros, mas porque fui criado para um tipo mais elevado de vida. Talvez, em termos filosóficos abstratos, o desprezo de Platão pela carne seja gnóstico, mas em termos mais práticos sempre significou para mim o que Paulo entendia por carne: aquilo que é contrário ao espírito. Em contraste com isso, cristãos legalistas desde o primeiro século até hoje leram o ataque de Paulo à carne em termos que são mais ascéticos e anticorporais do que Platão jamais poderia imaginar.

Afinal, Platão descreve Sócrates em termos que são decididamente antiascéticos. No *Banquete*, por exemplo, Sócrates quase literalmente bebe mais do que todos os jovens, os quais ele deixa desacordados antes de voltar para casa (223b-d). Nunca se vê Sócrates mortificar sua carne ou jejuar com o propósito de abnegação. Com efeito, se e quando Sócrates deixa de se alimentar, é porque está muito ocupado filosofando com seus amigos. É verdade, não se deve ser glutão, mas a justificativa platônica para essa abstinência não deriva de alguma crença de que a comida ou o corpo sejam intrinsecamente maus, mas de uma crença de que semelhante indulgência reduz nossa alma, nossa humanidade, ao estado de um porco ou de um jumento. Um dos principais credos de Platão e, acredito, da Bíblia, é que o homem não foi feito para viver como um animal, enunciado cujo verdadeiro significado é com demasiada frequência limitado a lugares-comuns como "a pureza está próxima da divindade". Seu verdadeiro significado é que fomos feitos para um tipo de liberdade negado aos animais: a liberdade de seguir os ditames de nossa razão e de nossa consciência, mesmo quando eles contradizem nossos desejos corporais. Em outros termos, a liberdade de não ser controlado pelos instintos, impulsos, ou por nossa própria natureza humana decaída.

Sempre privilegiei a definição de natureza humana mais simples, mesmo que algo redutora, apresentada pelo psicólogo cristão humanista M. Scott Peck: "A natureza humana vai ao banheiro junto com você"[6]. A criança que se esforça para aprender a usar o penico está fazendo algo que, num primeiro momento, parece profundamente antinatural. Somente depois que ela aprender a dignidade de controlar seu intestino, o processo de contenção lhe parecerá natural.

Corpo e alma

Até aqui, tudo o que se falou pode ser conciliado e, na verdade, apoiar e dar ímpeto ao apelo cristão para agirmos e crescermos à imagem de Deus. Porém, há um aspecto de Platão que não pode coexistir com a compreensão cristã do homem: a crença de Platão na transmigração das almas. Assim como o cristianismo ensina que Cristo encarnado era plenamente Deus e plenamente homem, ele também ensina que, como seres humanos, somos encarnados: não metade corpo e metade alma, mas plenamente físicos e espirituais. Não somos, como pensavam Platão e seus herdeiros, almas aprisionadas em um corpo, mas sim almas dotadas de carne. A reencarnação, como a crença de que, quando morremos, nossa alma se funde e se perde em uma Alma Una universal,

---

6. PECK, M. SCOTT, *Further along the road less traveled*, New York, Touchstone, 1998, 115.

em última instância viola nossa integridade como seres encarnados e o propósito individual único pelo qual cada um de nós foi feito.

Como, então, precisamos perguntar, pode um pensador como Platão, que compreendeu tão bem o *telos* pelo qual fomos feitos, errar sobre um ponto tão cardinal? O principal problema, a meu ver, é que Platão não teve acesso aos três primeiros capítulos do Gênesis. Tivesse tido o privilégio de ler o relato divinamente inspirado da criação e da queda do homem, ele teria sabido que a natureza da queda não é seu caráter físico – pelo contrário, o físico é um dos aspectos centrais da própria criação –, mas que são a rebelião e a desobediência, ou seja, o pecado, que nos impedem de alcançar nosso pleno potencial. Retornarei dentro em breve a examinar o pecado e a redenção; por ora, concentremo-nos na compreensão cristã da relação entre corpo e alma.

De acordo com Gênesis 2,7, Deus insuflou seu espírito em Adão, e ele se tornou uma alma viva. Em seu estado ideal, portanto, nosso corpo não foi previsto para ser, ou era, uma prisão para a alma. O que é mais importante, a alma e o corpo não deviam ser antagônicos, mas, por assim dizer, esposos especialmente ajustados um para o outro. O corpo é mais do que uma mera vestimenta; liga-se essencialmente à alma, vínculo que define nossa natureza como seres humanos. Com efeito, segundo 1 Coríntios 15, mesmo no céu nossas almas serão vestidas ou unidas em matrimônio aos nossos corpos ressurrectos; embora na morte possamos partilhar da carne, sangue e ossos que formam nossos corpos terrestres, continuaremos a existir, ao longo da eternidade, em um tipo de fisicalidade, uma corporeidade divina que não podemos imaginar agora. Desse modo, quando a segunda pessoa da Trindade ascendeu para o Pai, ela não retornou a um estado puramente espiritual, mas continuou e continuará por toda a eternidade a ser o Cristo encarnado: plenamente Deus e plenamente humano.

Não tendo tido conhecimento da encarnação e ressurreição de Cristo – o que, mais ainda que o relato da criação, forma, ou pelo menos deveria formar, o fundamento de toda a compreensão cristã do corpo e da alma –, Platão não poderia ter concebido o casamento especial, eterno que existe entre corpo e alma. Em sua ausência, teorias da encarnação se tornam não somente lógicas, como prováveis. Dada a natureza invisível e indestrutível da alma e a natureza visível e sempre em mutação da matéria, não é de admirar que Platão, ignorando a fusão única que Deus efetuou entre ambos, tenha chegado à sua própria teoria espiritual da conservação de energia: as almas não morrem jamais; elas apenas assumem formas sucessivas.

Ainda assim, se estivermos dispostos a "ajustar" os diálogos de Platão de modo a se enquadrarem com uma compreensão mais bíblica do corpo e da alma, acredito que descobriremos que suas teorias podem se mostrar, como antes, extremamente úteis em auxiliar cristãos humanistas que foram salvos pela graça para ascender ao longo do caminho ascendente da santificação em direção à Visão Beatífica. Melhor ainda: se "lermos" Platão como os escolásticos medievais "liam" o Antigo Testamento, ou seja, no sentido alegórico, descobriremos que Platão pode ser lido mesmo sem esse ajuste.

Não estou sendo impertinente aqui. As reflexões de Platão sobre a reencarnação sempre se confinam a seus mitos e, como expliquei em relação a estes últimos, embora não devam ser descartados como meras falsidades, tampouco devem ser lidos de maneira puramente literal. Funcionam não como enunciados científicos, mas como poemas filosóficos, visando fornecer explanações alegóricas para iluminar e autorizar suas asserções éticas. Coleridge poderia estar correto quando afirmou, na *Biographia literaria*, que leitores atentos da Ode de Wordsworth "Intimações da imortalidade a partir de recordações da primeira infância" ["Ode: Intimations of Immortality from Recollections of Early Childhood"] "estarão tão pouco inclinados a acusar o sr. Wordsworth de acreditar na preexistência platônica na interpretação ordinária das palavras quanto eu estou a acreditar que Platão jamais pensou ou ensinou tal coisa"[7].

Se tentarmos interpretar os mitos de Platão em sentido alegórico, rapidamente veremos emergir uma profunda verdade psicológica sobre o que acontece internamente àqueles que sobem ou descem no caminho ascendente. Pois, em termos psicológicos – e não penso no atual sentido

---

7. COLERIDGE, SAMUEL TAYLOR, *Biographia literaria*, org. James Engell e W. Jackson Bate, Princeton, Princeton University Press, 1983, 2: 147.

freudiano, mas no sentido mais espiritual do *Inferno* de Dante, no qual os pecadores são vistos, em parte, como responsáveis por criarem os próprios tormentos no inferno –, o mito platônico da jornada multigeracional da alma para cima e para baixo, o que mais tarde os filósofos chamariam de Grande Cadeia dos Seres[8] [*Great Chain of Beings*], oferece uma inteligente perspectiva sobre a maneira pela qual o abandono progressivo ao desejo sensual primeiramente embrutece, depois desumaniza e, por fim, mata a alma. Os passos pelos quais um homem que era moral pode incorrer no mais grave pecado são graduais, esboçando um quadro sucessivo de rendição da integridade, autonomia e discernimento espirituais que apresentam muita semelhança com o "descenso" [*declension*] da alma, mediante uma série de reencarnações, do pássaro para o mamífero, deste para o réptil e deste para o peixe. Do mesmo modo, os passos pelos quais a mesma pessoa poderia, mediante grande esforço, reintegrar-se na sociedade como cidadão produtivo não são muito diferentes daqueles de uma alma que lentamente ascende mediante uma sucessão de animais mais nobres até que alcança o ponto moral e psicológico do mundo humano de decisões éticas e responsabilidades morais.

O esforço para ascender os degraus cósmicos de Platão é monumental, no sentido de que envolve sucessivas libertações de uma série de correntes que pode, sem levar a credulidade muito longe, ligar-se às naturezas diversas de uma marcha ascendente dos animais e seres humanos "menos cultivados". Não é coincidência que se chamasse Israel àquele que Deus concedeu a visão dessa escada celestial ao longo da qual anjos subiam e desciam (Ex 28,10-17).

Macho e fêmea

Antes de passar para as questões relacionadas do pecado e da salvação, sinto-me compelido a discutir um difícil aspecto da teoria da

---

8. Ver LOVEJOY, Arthur O., *The Great Chain of Being*, New York: Harper & Row, 1936.

transmigração de almas de Platão, que se relaciona, assim acredito, a um aspecto ainda mais problemático de sua teoria da educação do filósofo. Segundo a seção final do *Timeu* (90e), homens "que são covardes ou levam vidas injustas" nem sempre decaem diretamente nos corpos de animais; às vezes, caem antes no corpo de mulheres. Em outros termos, em contraste com a visão bíblica, que coloca a mulher como uma criação separada e especial destinada a estabelecer um vínculo significativo de mutualidade com o homem (Gn 2,20-24), Platão sustentava tanto que a mulher seria um homem inferior, como que as mulheres, como grupo, seriam praticamente escravas do anseio físico de seus úteros.

Infelizmente, pelo fato de sua visão da alma e do corpo o levar a encarar as mulheres em termos tão negativos, Platão não conseguiu imaginar como uma mulher poderia ter algum papel na educação do filósofo. Como resultado – e aqui, admito, estou extraindo uma conclusão algo atípica, especialmente dado o fato de que Platão previu mulheres guardiãs na *República* e nas *Leis* –, o paradigma platônico para a jornada filosófica no caminho ascendente tem foco masculino. E isso nos conduz a outro assunto que até aqui omiti em minha análise dos diálogos de Platão: a homossexualidade. Na exposição da educação do amante (no *Banquete*), o amante e o amado são ambos homens. Essa bela pessoa singular a quem o futuro filósofo-amante começa amando é sempre um jovem rapaz: a relação que inicia, e com frequência perpetua a jornada ascendente, é homossexual (211b-c).

Com efeito, como é bem conhecido, Platão, assim como os gregos cultos dessa época, consideravam aceitável que um homem mais velho tomasse para si a guarda de um homem mais novo – para os gregos, a homossexualidade quase sempre se manifestava na forma de pederastia. E, embora Platão insistisse com frequência em seus diálogos que o amor ideal ("platônico") entre o homem mais velho e o mais novo não devesse ser sexual – Sócrates, somos informados no *Banquete* (219 b-d), continuamente rejeitava os avanços sexuais do belo e fogoso Alcibíades –, a atividade homossexual era claramente um componente frequente dessas relações. Meu propósito aqui não é investigar esse aspecto da vida grega antiga, mas examinar até que ponto o aspecto masculino da relação entre amante e amado constitui um elemento inseparável da educação platônica do filósofo. Pois, dado que a homossexualidade é condenada de forma inequívoca no Antigo e no Novo Testamento (Lv 18,22; Rm 1,26-27), qualquer tentativa de conciliar Platão com o cristianismo deve pelo menos fazer uma tentativa de abordar esse tema.

A maneira mais simples de efetuar essa conciliação é apontar para os grandes monastérios da cristandade como prova de que uma comunidade masculina cristã de "buscadores da sabedoria" não precisa ser de orientação homossexual, embora não se negue que casos de pederastia tenham ocorrido ali. Neste caso, a separação dos sexos significava que os monges não ficariam obrigados por nenhuma obrigação à esposa ou à família e poderiam assim seguir sua "educação" livres de quaisquer alianças que os vinculassem a preocupações mundanas. Como um cristão humanista não possa deixar de afirmar que o desejo do monge de ascender ao longo do caminho – para não mencionar o aplauso pelo fato de que foram os monastérios que preservaram a maior parte da literatura clássica que é tão importante para o credo humanista cristão; ainda assim, sinto-me perturbado tanto pelo *ethos* legalista, ascético, anticorporal que o monasticismo com frequência promove, como por sua tendência para uma separação puritana do mundo. Por conseguinte, eu gostaria de oferecer uma maneira alternativa de abordar a concepção platônica sobre a homossexualidade.

Caso Platão possuísse uma visão mais positiva a respeito das mulheres, e se as mulheres de Atenas tivessem tido acesso a oportunidades educacionais mais amplas, ele poderia muito bem ter concedido a elas um lugar e uma função no desenvolvimento da mente filosófica. Com efeito, o programa liberal de Platão para a educação das mulheres, exposto na *República*, pode indicar uma tentativa, de sua parte, de repensar a natureza e o *status* das mulheres tendo em vista a busca individual e corporativa pela justiça e pela sabedoria. A tendência, em Platão, como tem sido ao longo de grande parte da história, é identificar as mulheres unicamente com sua sexualidade; vistas nessa ótica, as mulheres parecem apenas arrastar os homens para a terra e embotar seu desejo de ascender. Tivesse sido Platão capaz de aceitar a integridade da espiritualidade feminina, tivesse ele sido capaz de ver na beleza física das mulheres uma Beleza mais profunda que conecta as almas delas com o divino, tivesse ele sido capaz de admitir que o amor de um homem por uma mulher poderia transcender a lascívia da carne e seu impulso inato para se propagar, ele teria, assim acredito, modificado o "currículo" do filósofo-amante no *Banquete*, de modo a incluir o amor heterossexual[9]. Isso não significa, é claro, que o cristianismo humanista favoreça a "semeadura de grãos selvagens" – de um ponto de vista bíblico, a heterossexualidade extramarital é tão pecaminosa quanto a homossexualidade –, mas pelo menos ela nos move na direção correta.

O que estou sugerindo é que, se Platão tivesse possuído uma visão mais elevada sobre as mulheres, ele poderia ter visto na relação de casamento a possibilidade para um tipo de dialética não dissimilar daquela empregada por Sócrates em sua busca pela verdade. A dialética de Platão envolve uma colisão de ideias da qual emerge o conhecimento. Essa colisão, esse atrito de uma ideia com outra – como o de uma madeira com um torno – é precisamente o que ocorre em qualquer autêntico casamento. Uma das principais razões pela qual Deus criou os sexos – e, portanto, o casamento –, assim acredito, foi para que o marido e a mulher pudessem se suavizar e refinar mutuamente. Com efeito, na ausência dessa relação básica, o filósofo do sexo masculino pode se tornar demasiado abstrato, divorciado do mundo.

Tennyson captura bem essa atitude estoica masculina, atitude que assinala um dos principais perigos do platonismo para aquele que se pretende humanista cristão, em seu poema "Os comedores de lótus". Os homens de Ulisses, após provarem o doce fruto do lótus, perdem todo desejo de retornar a suas casas e famílias: sua única vontade, agora, é encostar-se nos montes e comer lótus, olvidados do mundo e dos pequenos afazeres dos homens. Eles cantam:

> Façamos um juramento, e o mantenhamos com espírito firme:
> Na sagrada terra do Lótus vivermos e nos reclinarmos
> Nas montanhas, como deuses, juntos, indiferentes à humanidade.

---

9. Como possível analogia, na *República* X, Platão afirma que, se a poesia pudesse se mostrar agradável e útil e possuísse um lugar e uma função legítimos em um Estado bem-ordenado, ele ficaria feliz em permitir que os poetas retornassem à república da qual foram exilados (607d).

Pois eles se deitam ao lado de seu néctar, e os raios são lançados.
Bem abaixo deles, nos vales, as nuvens se curvam ligeiramente
Em torno de suas casas douradas decoradas com o brilho do mundo;
De onde eles sorriem em segredo, olhando para as terras devastadas,
Miséria e fome, praga e terremoto, tornados e desertos selvagens,
Lutas ferozes e cidades em chamas, e navios naufragando, e mãos em prece.
Mas eles sorriem, prestam atenção a uma música, em dolorosa canção
Derivando de uma lamentação e de uma antiga história de injustiça,
Como um conto de pouco significado, ainda que com palavras fortes[10].

Praeparatio evangelica

Mas, é claro, toda essa fala sobre subir, lutar e abrir caminho para nosso caminho ascensional não é realmente cristão, é? A Bíblia nos fala de graça imerecida (Rm 11,6), de justificação pela fé (Ef 2,8-9), de justiça imputada (Rm 1,17), da incapacidade da humanidade de lutar por Deus (Rm 3,23). As obras da lei trazem sobre nós a condenação (Rm 4,15). Como, então, pode o esquema platônico de educação do filósofo ser integrado a uma visão de mundo cristã, que enfatiza o profundo desamparo do homem diante da desesperada necessidade por perdão e salvação?

Com grande dificuldade, mencionei acima que o conceito de queda, de Platão, não inclui o conceito de pecado, que sua queda é na fisicalidade, e não na desobediência. Para Platão, somos impedidos de alcançar o divino não pela lascívia do olhar, mas pelos erros da percepção, não pela lascívia da carne, mas pelo peso corporal do corpo, não pelo orgulho da vida, mas pela falta de autoconhecimento. Já o cristianismo sustenta que somos pessoas decaídas, incapazes de alcançar a justiça por meio de nosso próprio trabalho duro e mérito. Com efeito, se não tivéssemos caído, não haveria necessidade de Deus nos enviar seu Filho para a Terra, sofrendo uma dolorosa e humilhante morte em nosso nome. A essência do cristianismo é a graça; salvação não é uma recompensa

---

10. Hill Jr., Robert W. (org.), *Tennyson's Poetry*, New York, Norton, 1971, 51 (153-164).

por trabalho duro, mas um livre dom concedido àqueles que aceitam a vida, morte e ressurreição de Cristo, e que fazem dele seu Senhor e Salvador. Se a morte de Cristo na cruz for vista apenas como ato exemplo sobre o qual devemos modelar nossas vidas, em vez de um ato de propiciação pelo qual Deus assumiu para si a punição por nossos pecados (2Cor 5,21), então o cristianismo se torna apenas uma das muitas religiões e o próprio Jesus é reduzido ao nível de um homem santo: apenas outro professor na linha distinta, mas apenas humana, de Moisés, Zoroastro, Buda, Confúcio, Sócrates, Hillel e Maomé.

Não, não podemos permitir que o respeito e a admiração por Platão separem o cristianismo de seu mais importante e essencial ensinamento: a justificação pela graça mediante a fé, oferecida pelo Deus trinitário por meio da pessoa e obra de Jesus Cristo. Se o fizermos, terminaremos nas fileiras dos gnósticos neoplatônicos, com sua crença em que a salvação provém por meio de ensinamentos secretos e sabedoria oculta, que só podem ser compreendidos pelos poucos eleitos.

Se aceitarmos, como quase todos os cristãos, que Deus nos conferiu o maravilhoso direito e responsabilidade de aceitar ou rejeitar sua graça, penso que o sistema platônico pode ter alguma relevância: não como sistema, pelo qual podemos ser restaurados numa justa relação com Deus – independente da cruz, isso é impossível –, mas como educação que possui o potencial não só para nos ajudar no movimento da salvação à santificação, mas para nos preparar para efetuar a escolha correta quando a graça de Cristo nos for oferecida. Afinal, como vimos em nossa análise do mito de Er, a educação do filósofo que Sócrates tão cuidadosamente apresenta na *República* mostra-se, afinal, como sendo uma longa preparação para uma única e importantíssima escolha: qual será nossa próxima vida.

Ou, para passarmos para um nível mais elevado, mais místico, os mitos do *Fedro* e do *Banquete* nos ensinam que seguir o caminho do filósofo platônico é ansiar pela verdade e pela realidade, desejar comungar com aquele que nos criou, e, assim, conhecer nosso *telos* próprio. É, também, uma busca pela liberdade, pois o filósofo platônico, mesmo que confunda pecado com erro, reconhece uma recalcitrância em sua carne que não aceitará ser moldado pelas Formas divinas. Ele sabe que essa teimosia rebelde precisa ser superada para que ele ascenda ao Mundo do Ser e alcance a comunhão que ele deseja. É verdade, como eu disse acima, que esse Mundo do Ser para o qual se dirige o iniciado é, afinal, um caminho impessoal e estoico: no entanto, eu diria que qualquer um que lute com todo o seu coração, alma e espírito para alcançar esse lugar, e atingir semelhante comunhão, deve em algum ponto de sua jornada perguntar-se se esse mundo mais elevado não pode ser também um lugar de amor, aceitação e perdão.

De fato, se apenas uma centelha dessa interrogação estiver presente, há uma chance muito boa de que, quando aquele que estiver buscando ouvir o amor de Jesus, sentirá alegria e reconhecimento em seu coração. Platão, como vimos antes, acreditava que toda visão superior é alcançada, ao final, mediante um ato de rememoração. Gostaria de sugerir, por conseguinte, que os cristãos podem aceitar esse ensinamento sem ter de aceitar seja a reencarnação, seja a preexistência da alma. Segundo o cristianismo ortodoxo, todos partilhamos da queda de Adão: se assim for, não podemos partilhar igualmente de sua breve vivência de comunhão direta com Deus? Não podemos, como raça humana, compartilhar todos uma memória coletiva do Éden? Se for assim, eu sugeriria ainda que nossa ascensão ao longo do caminho ascendente pode nos ajudar a recapturar essa memória especial e, assim, reconhecer que o Cristo que pregam para nós é o mesmo daquele Deus cujos passos Adão ouviu no jardim à brisa do dia (Gn 3,8).

Em certo sentido, estou ecoando aqui a crença de Agostinho de que nosso aprendizado não provém meramente do estudo, mas de um conhecimento inato e intuitivo ao qual ele se referiu (em *De magistro* 12,40 e 83; *Diferentes questões*, 46) como iluminação divina. Críticos debateram por muito tempo em que medida a teoria da iluminação divina de Agostinho se baseia na rememoração platônica e na preexistência da alma, mas, para meu argumento, não é necessário insistir sobre uma conexão rígida entre elas. É suficiente sustentar que a teoria da iluminação divina de Agostinho pode ser conciliada com a rememoração e a preexistência (Agostinho jamais negou especificamente essa ligação) e que a fonte última dessa iluminação é o espírito de Deus, no qual Agostinho situou as Formas de Platão e Cristo encarnado.

Enquanto, como cristão humanista (e platônico), eu concorde com Agostinho sobre isso, gostaria de sugerir adicionalmente que (1) nossa iluminação retrocede à nossa memória coletiva, pré-natal do jardim, quando contemplávamos não Formas impessoais, mas, de alguma maneira não especificada, Deus mesmo, e (2) que um tipo platônico de anseio pela verdade e pela iluminação – anseio por escapar das sombras da caverna – pode predispor a alma para o evangelho. Para apresentar isso em termos clássicos, pagãos, não poderia alguém que procurou sinceramente, ao longo de sua vida, conhecer e experimentar o amor de Adônis (um dos "deuses mortais" da mitologia grega) reconhecer em Jesus uma versão histórica do mito e, assim, rejubilar-se com as boas-novas de que Jesus é um Deus que pode ser diretamente conhecido e acolhido? Esse foi o caso, assim acredito, com os Magos do Oriente (Mt 2,1-12). Eles, como Platão, não dispunham da Lei e dos Profetas, mas, quando ficaram à frente de Cristo bebê, reconheceram que essa criança era o *telos* de sua longa busca natalina. Ora, mais uma vez, embora o centurião romano com o servo doente e o outro centurião romano chamado Cornélio carecessem do conhecimento direto de Deus, sua busca pela virtude (Lc 7,5; At 10,2), embora não lhes concedendo salvação, claramente os predispôs a reconhecer a autoridade e o poder de salvar de Jesus.

Precauções e esperança

Faz parte da forma e natureza de minha esperança idealista acreditar que uma educação platônica pode preparar o solo de nosso coração para a semente do evangelho, acreditar que ela possa ser, para utilizar a fecunda frase de Eusébio, uma *praeparatio evangelica*[11]. Não obstante, sob risco de me afastar do curso da virtude, permitam-me qualificar meu entusiasmo com duas ressalvas.

Em primeiro lugar, deve-se reconhecer que o sistema platônico de educação pode facilmente conduzir a uma mortal confiança na própria

---

11. EUSEBIUS, *The preparation for the Gospel*, [s.l.], Aeterna Press, 2015.

correção que em geral rapidamente nega as asserções do evangelho. Eu seria desonesto se não lembrasse a mim mesmo e aos leitores que a sabedoria de Deus é loucura para o homem, e que, para os gregos buscadores da sabedoria a cruz de Cristo é o auge da loucura (ver 1Cor 1,18-31). Sócrates, como o filósofo platônico, é um amante da verdade cujo desejo central é afastar as ilusões deste mundo para obter uma apreensão mais clara, mais direta da Bondade, Verdade e Beleza. Nesse sentido, os ensinamentos de Platão são neutros: é *como* os utilizamos e *quais* deles utilizamos para descobrir que determinará se eles nos conduzem, em uma linha reta, gloriosa, a Cristo, ou, em um círculo egocêntrico, de volta a nós mesmos.

A segunda ressalva para minha fé de que uma adesão propriamente dita ao caminho da filosofia pode, como a pregação de João Batista, preparar o caminho para o Senhor deriva do simples fato de que uma pessoa que não conhece nada de filosofia pode de maneira igualmente imediata aceitar o evangelho como alguém que vislumbrou a natureza do divino. O que é mais marcante, aqueles que devotaram suas vidas à cobiça, à libertinagem ou à ira – o ladrão na cruz, por exemplo – com frequência responderão mais rapidamente a Cristo do que o amante da sabedoria. E é assim que as coisas deveriam ser. Se assim não fosse, Deus estaria sujeito à acusação de privilegiar pessoas, e o evangelho se tornaria propriedade da elite culta.

Não, os filósofos não são nem mais merecedores nem mais capazes de receber Cristo, mas estão, eu diria, mais equipados para efetuar uma transição mais suave para a vida cristã. Se os filósofos já tiverem aprendido a controlar os desejos e impulsos da carne, eles usualmente evitarão o difícil período de ajuste que com tanta frequência atinge cristãos que chegam à fé sem nenhum conhecimento ou experiência de como se conduzir [em uma vida] "digna do Evangelho de Cristo" (Fl 1,27). Do mesmo modo, aquele que chega ao cristianismo sem um espírito disciplinado que seja utilizado para buscar coisas que não podem ser vistas, com frequência, compreenderá e praticará mais rapidamente as disciplinas espirituais da prece e da meditação sobre o Mundo. O que estou sugerindo aqui é simplesmente isto: que o sistema platônico de educação pode agir, tal qual a lei, como uma espécie de tutor, preparando-nos para a graça futura (Gl 3,24).

8
Devaneios de Orígenes

Tendo delineado a relação entre a filosofia de Platão e a fé cristã em termos amplos, começarei agora a reconstituir a influência de Platão tal como ela ocorre em um número seleto de pensadores cristãos que encontraram caminhos únicos para integrar sua fé cristã com as profundas verdades pré-cristãs que iluminam os diálogos.

Inicio não com Irineu, Tertuliano ou Justino Mártir, mas com um heterodoxo padre da Igreja primitiva que procurou honrar Platão sem comprometer a ortodoxia cristã básica[1]. Com efeito, ele estabeleceu uma famosa escola que procurou utilizar as artes liberais clássicas

---

1. Embora, três séculos após sua morte, os escritos de Orígenes fossem condenados como heréticos, no Segundo Concílio de Constantinopla (553), ele exerceu profunda influência no cristianismo. Como documentou Henry Chadwick em *The early Church* (London, Penguin, 1975), "Eusébio de Cesareia, o historiador da Igreja, retornou a Orígenes como o supremo santo e a mais alta inteligência no catálogo de heróis da história; e nenhum comentador da Escritura poderia fugir à sua influência. Até mesmo Epifânio de Salamis, em Chipre, que via Orígenes como herético, que corrompera o cristianismo com o veneno da cultura grega, admitia que havia excelente material em seus comentários bíblicos. À medida que o movimento monacal se desenvolveu no século IV, muitos ascetas encontraram na espiritualidade de Orígenes uma base teológica para suas aspirações pessoais" (112).

como preparação para a verdade mais plena da Bíblia e do Evangelho. Seu nome era Orígenes (ca. 185 – ca. 253), e sua obra-prima, *Sobre os primeiros princípios* (ca. 225), oferece uma das mais intrigantes fusões entre Platão e o cristianismo jamais concebidas.

O Deus que é sabedoria

Enquanto alguns teólogos cristãos trataram a soberania como o atributo central da natureza de Deus, e outros postularam o amor, o poder ou a santidade como a chave para desvendar os mistérios de Deus, Orígenes sugere que a sabedoria se aproxima mais do que qualquer outro atributo para definir e iluminar a natureza de Deus. Sua exaltação da sabedoria aparece primeiramente no segundo capítulo de *Sobre os primeiros princípios*, em meio a uma discussão dos múltiplos títulos de Cristo. Além de saudar Cristo como o primogênito de toda a criação e o Logos de Deus, Orígenes exalta a sabedoria como um dos principais títulos messiânicos e atributos de Deus-Filho. Ele apoia sua tese em uma bem conhecida passagem dos Provérbios:

> Iahweh criou-me [a sabedoria], primícias de sua obra, de seus feitos mais antigos. Desde a eternidade fui estabelecida, desde o princípio, antes da origem da terra. Quando os abismos não existiam, eu fui gerada, quando não existiam os mananciais das águas. Antes que as montanhas fossem implantadas, antes das colinas, eu fui gerada (Pr 8,22-25).

Segundo Orígenes, essa passagem se refere ao Cristo pré-encarnado, aquele por meio de quem todas as coisas foram feitas (Jo 1,3), asserção que leva Orígenes não só a listar a sabedoria como uma das qualidades possuídas pelo Filho, como a afirmar, de maneira bastante ousada, que a sabedoria *é* o Filho de Deus. Na verdade, ele vai além, enunciando que, uma vez que Cristo e Deus são um só, e uma vez que Cristo é sabedoria, então "a sabedoria, pela qual Deus é chamado de, tem uma parte

até mesmo na glória da onipotência. Pois é mediante a sabedoria, que é Cristo, que Deus detém poder sobre todas as coisas" (1.2; 24)².
Na verdade, a conclusão acima é um pouco mais complicada. Em termos de sabedoria, não é apenas sua deidade comum que une Pai e Filho: é o fato de que, no início, todas as coisas foram criadas por Cristo – ou, antes, essa sabedoria que é Cristo – e, no final, todas as coisas serão submetidas a Cristo, que, ele próprio, estará submetido ao Pai. Ora, argumenta Orígenes, uma vez que Deus não pode ser realmente Todo-Poderoso a menos que tenha algo sobre o que governar, e uma vez que foi por intermédio de Cristo (sabedoria) que todas as coisas passaram a existir, a sabedoria é inseparável do poder e domínio (soberania) de Deus. Do mesmo modo, se esse mesmo mundo que foi criado pela sabedoria for algum dia submetido pelos mesmos meios, então será primariamente pela sabedoria, e não pelo poder, que Deus em Cristo sujeitará o mundo:

> Ora, se todo joelho se dobra diante de Jesus [Fl 2,10], indubitavelmente foi a Jesus que todas as coisas se sujeitaram, e é ele que mantém domínio sobre todas as coisas, e todas as coisas foram submetidas ao Pai através dele; pois é por meio da sabedoria, isto é, pela palavra e pela razão, e não pela força e pela necessidade, que são submetidas. Sua glória, por conseguinte, reside no próprio fato de ele possuir todas as coisas; esta é a mais pura e mais brilhante glória da onipotência: que o universo é mantido em sujeição pela razão e pela sabedoria, e não pela força e necessidade (1.2; 25).

Embora a discussão de Orígenes sobre a sabedoria possa ter parecido, em um primeiro momento, constituir um mero exercício esotérico, espero que se note que a conclusão acima citada é, na verdade, rica de implicações.

Pois, se Orígenes está certo sobre o papel da sabedoria na sujeição do universo, se está certo em que a vitória final de Deus sobre as forças

---

2. ORIGEN, *On first principles*, org. e trad. G. W. Butterworth, New York, Harper & Row, 1966. Colocarei no corpo do texto o número do livro e capítulo, seguidos pelo número da página.

do mal e da rebelião será obtida não por meio da força e da necessidade, mas pela razão e pela sabedoria, a possibilidade de uma real sinergia entre os esforços do homem e a vontade de Deus se torna factível e mesmo provável. Postular a sabedoria como o principal instrumento de Deus para sujeitar o universo é equivalente a sugerir que Deus realizará seu plano na terra apelando – de maneira bem platônica – à razão, por meio de uma espécie de retórica divina, em vez de por aterrorizar nossos corpos por meio da força de sua cólera.

Sugere também que o conhecimento prévio de Deus não necessita do determinismo e que nossas decisões e lutas podem desempenhar um papel vital e real na realização do plano de Deus. Sobretudo, resguarda a dignidade do homem, ao permitir que nos vejamos não como peões a serem ignorados em um jogo de força onipotente, mas como estudantes, e filósofos, de um mestre divino que nos educaria e refinaria por meio de uma sabedoria que tanto cria quanto restaura uma sabedoria que, como a música de Orfeu, tem o poder de persuadir até mesmo o inferno a nos valorizar. Ou, para usar a imagética platônica, uma sabedoria que, quando dominada, nos conduz para fora da escuridão da caverna em direção à luz do sol.

Como podemos ver, a sabedoria, para Orígenes, assim como para Platão, é mais do que mero conhecimento ou compreensão: é um tipo superior de harmonia que sustenta o cosmos (o universo ordenado de Platão) e tudo o que ele contém em perfeito equilíbrio. Posteriormente, em seu livro, em arroubo de bravata especulativa que lembra o mito da criação do *Timeu*, estende essa sabedoria escatológica para o passado, para abarcar todas essas almas que um dia se sujeitariam a Deus em Cristo:

> Devemos supor, portanto, que no início Deus fez um número tão grande quanto possível de seres [almas] racionais e inteligentes, ou como quer que esses espíritos devam ser chamados, tal como ele previu que seria suficiente. É certo que ele as fez de acordo com algum número definido pré-ordenado por si mesmo; pois não devemos supor, como alguns fariam, que não haja um fim dos seres criados, pois, onde não há fim, não pode haver nem compreensão nem limitação. Se não tivesse havido fim, certamente os seres criados não poderiam ter sido controlados nem providos por Deus.

Pois, por sua natureza, qualquer coisa que seja infinita também estará além da compreensão (2.9; 129).

Deus, sugere Orígenes, não se limita a fazer tudo o que ele tem em mente e então chama sua ação como quer. Existe uma perfeição de sabedoria e harmonia que ordena e determina as ações de Deus no universo. Isso não significa que a sabedoria seja mais antiga ou mais poderosa do que Deus; significa, em vez disso, que a sabedoria é uma parte da natureza de Deus com a qual ele sempre age em harmonia. Em Deus, não existe desperdício, excesso: tudo se encontra em perfeito equilíbrio. Se realizar seus fins escatológicos para o universo necessita de um número fixo de almas, Deus se limitará a criar essa quantidade: nem mais, nem menos.

É difícil harmonizar semelhante visão de Deus com compreensões tradicionais da soberania de Deus. Ainda assim, se acompanharmos Orígenes seguindo Platão, e considerarmos a sabedoria, mais do que o poder, como sendo a qualidade central de Deus, essa visão não precisa roubar Deus de sua glória ou de suas prerrogativas. Pelo contrário, provará que ele é bem adequado para governar o universo que criou, uma vez que somente ele sabe o número exato de almas que pode prover seu universo com a quantidade máxima de diversidade, ao mesmo tempo em que assegura que todas elas podem, no final, ser restauradas à unidade. Lido a essa luz, Orígenes apresenta o plano de Deus como uma sinfonia que evolui de maneira dinâmica, suas grandes harmonias podendo acomodar bilhões de instrumentos diversos tocando as notas de um trilhão de esperanças, escolhas e sonhos.

O Deus que é sabedoria é um Deus que não somente tudo vê e tudo conhece, como um que compreende como cada parte se relaciona com o todo: "Pois há um poder que une e sustenta toda a diversidade do mundo e guia os vários movimentos para a realização de uma só tarefa, sob pena de uma obra tão imensa como o mundo se dissolver devido aos conflitos das almas" (2.1; 77). Dessa maneira, Deus é como um bom gerente, com pés no chão, que, ao estudar e conhecer bem tanto as forças quanto as debilidades de todos aqueles que lhe estão subordinados, pode coordenar as diversas e, às vezes, contraditórias atividades dos numerosos trabalhadores. Nem todos esses indivíduos trabalharão com eficiência máxima; muitos deles farão o mínimo possível; alguns podem até mesmo fazer coisas que o afastam do sucesso da companhia. Ainda assim, o bom gerente será capaz de levar em conta todos esses fatores humanos, tanto os bons quanto os maus e, cuidadosamente organizando, manipulando e recombinando esses homens, consegue cumprir as metas gerais da companhia.

Orígenes não retirou essa visão poderosa e sugestiva do "Deus que é sabedoria" do nada. Ele a aprendeu a partir da meditação sobre as verdades filosóficas apresentadas nos diálogos de Platão. Sem negar a absoluta soberania de Deus, Orígenes explora essas dimensões de Deus e de seu cosmos que abordei em minha leitura do *Timeu*. Não poder, mas equilíbrio, ordem, harmonia e proporção são as marcas distintivas desse Deus que criou o mundo do nada e lhe deu forma. Deus mostra sua perfeita sabedoria ao coordenar partes, forças e vontades contrárias. Ele a mostra igualmente em sua divina eficiência e plenitude, criando precisamente o número certo de almas e regendo essas almas em uma música antropológica de vontades, para complementar a música celestial das esferas.

Dada essa visão de Deus, a educação do filósofo assume um significado mais profundo. Começando nos primeiros diálogos, Platão argumentara de maneira consistente que nenhuma das virtudes pode ser praticada sem sabedoria, pois sem ela não podemos compreender a verdadeira natureza das escolhas que somos chamados a fazer e as virtudes que se espera que exerçamos. Somente a sabedoria pode manter a nós e à *pólis* no caminho: só a sabedoria permitirá que percebamos a Forma por trás da imitação. É claro, no cristianismo, a sabedoria sem a fé é insuficiente para nos levar a Deus, mas precisamos da sabedoria se quisermos saber aquilo em que estamos depositando nossa fé. Para que Deus não só salve e regenere a alma humana, mas a faça retornar ao equilíbrio edênico que certa vez conheceu, ele precisa instilar em nós uma vigorosa sabedoria que possa nos ajudar a restaurar a harmonia em nossas almas.

A cera e a lama

Não podemos, disse certa vez Martinho Lutero, de maneira espirituosa, impedir os pássaros de voar sobre nossas cabeças, mas podemos impedi-los de fazer ninhos em nosso cabelo[3]. Orígenes usa essencialmente o mesmo argumento no livro III de *Sobre os primeiros princípios*:

> Mas, se alguém dissesse que essas impressões de fora que impelem nossos movimentos são de tal forma que é impossível lhes resistir, quer nos incitem ao bem ou ao mal, deixe que aquele que assim pensa volte sua atenção, por pouco tempo, para si mesmo, cuidadosamente examinando seus próprios movimentos internos, e veja se ele não descobre que, quando a atração de qualquer desejo o afeta, nada se realiza sem que o assentimento da alma seja obtido e a cobiça do espírito aceda à má sugestão. É como se um apelo estivesse sendo feito com base em certos fundamentos plausíveis de dois diferentes lados, para um juiz residindo dentro do tribunal de nosso coração, para que, assim que os argumentos tiverem sido enunciados, a sentença para agir possa proceder do julgamento da razão (3.1; 161).

O pecado não reside no pensamento ou na imagem que atinge nosso olho – Jesus mesmo foi tentado três vezes na natureza selvagem (Mt 4,1-11) –, mas se nos demoramos, falamos e então agimos com base neles. Sobre esse ponto, Orígenes e Lutero teriam concordado: entretanto, Orígenes, seguindo as pegadas de Platão, postula uma parte racional de nossa alma com o poder de julgar entre dois desejos contrários que soam como a parte apetitiva e a espiritual.

Para Orígenes, cada vez que chegamos a uma situação que requer escolha, uma *psicomaquia* platônica tem lugar dentro de nós, uma luta dinâmica entre o carnal e o espiritual que ocorre dentro da alma de cada indivíduo. Assentir com muita frequência às demandas e impulsos da carne é tomar o caminho para baixo na ladeira platônica, rumo

---

3. Embora eu não tenha conseguido localizar a verdadeira fonte desse dito, ele é citado com frequência por escritores e pastores, inclusive nesta página da Igreja Luterana da Austrália (www.lca.org.au/birds-and-nests/) e esta da revista Christian History (www.christianitytoday.com/history/issues/issue-34/colorful-sayings-of-colorful-luther.html).

ao embrutecimento e à insensibilidade do mundo animal e do vegetal; "Quando a sensibilidade da alma se tornou mais bruta, mediante sua subserviência às paixões do corpo, ela fica sobrecarregada e posta para baixo pela massa de seus vícios e perde a sensibilidade para qualquer coisa refinada ou espiritual" (3.4; 236). Responder ao apelo do espírito é subir ao longo do caminho ascendente da caverna – tanto a caverna da ignorância, como Platão o teria apresentado, quanto a caverna do pecado, como a revelação mais plena da Bíblia torna claro.

Essa luta era real, para Orígenes, luta cujo resultado não era jamais certo. E, uma vez que não era certo, seria imperativo que a alma fosse treinada na arte de efetuar julgamentos sábios, arte que pode ser mais bem adquirida seguindo-se, de um modo ou de outro, o sistema educacional exposto por Platão. Pois é somente mediante semelhante educação que podemos treinar a parte espiritual da alma para vir em defesa da racional, de modo que ambas, juntas, possam superar as demandas da parte apetitiva.

A análise da luta espiritual, por Orígenes, embora fiel à Bíblia, segue muito de perto a *psicomaquia* de Platão. Quando se chega ao tipo de sistema educacional apresentado por Platão na *República*, porém, Orígenes enfatiza fatores que são exclusivos do cristianismo.

O primeiro desses fatores se centra na crença cristã de que a graça, o poder e a sabedoria de Deus devem ser aceitos para que possam nos ajudar na subida do caminho ascendente; com efeito, caso se resista a eles ou se os rejeite, eles operarão contra nós e, efetivamente, impedirão e frustrarão nossa jornada. Dessa forma, os raios do sol são veículos que nos permitem ver; porém, se olharmos diretamente para esses raios por muito tempo, eles destruirão nossa própria capacidade de ver. Ou, para usar a analogia de Orígenes, "o sol, pelo próprio poder de seu calor, derrete a cera e, ao mesmo tempo, seca e une a lama" (3.1; 175). No contexto do argumento de Orígenes, essa analogia nos ajuda a resolver o mais intrigante dos enigmas bíblicos: como poderia um Deus justo e equânime endurecer o coração do Faraó? Dado seu compromisso platônico-cristão com a realidade da volição humana, Orígenes só poderia responder que o Faraó, e não Deus, era em última instância responsável por seu endurecimento. Mas como?

Precisamos admitir, raciocina Orígenes, que o calor do sol é a causa tanto do derretimento da cera quando do endurecimento da lama, e, ainda assim, se o sol é a causa, e o sol é uma causa, como se dá que resultados tão contraditórios (derretimento e endurecimento) possam resultar da mesma fonte? A resposta, é claro, reside na natureza da cera e da lama; em termos figurativos, a cera cede ao poder do sol, enquanto a lama resiste a ele. A submissão da primeira se revela e é liberada pelo calor, enquanto a teimosia da última, pela mesma operação do sol, é exposta e intensificada.

Tendo exposto de maneira tão sucinta essa relação paradoxal entre o sol, a cera e a lama, Orígenes passa então a aplicá-la ao caso do Faraó:

> Assim, a mesma operação de Deus, que atuou por meio de Moisés na forma de signos e milagres, revelou-se, por um lado, na dureza do Faraó, a qual ele havia desenvolvido pela intensidade de sua maldade, e, por outro lado, proclamou a obediência daqueles outros egípcios que se misturaram com os israelitas e que se diz terem ido para fora do Egito com eles (3.1; 175).

O argumento de Orígenes aqui é forte e ajuda a explicar por que o Evangelho de Cristo pode produzir tanto alegria quanto ira na mesma multidão. Com efeito, embora Orígenes não faça essa conexão, eu sugeriria que sua leitura do endurecimento do coração do Faraó pode ser diretamente aplicada a uma situação similar nos Evangelhos: o endurecimento do coração dos fariseus.

Para Orígenes, a educação do cristão humanista de espírito platônico deve se iniciar com uma suavização do coração, uma humilde disposição para confessar os próprios erros e buscar ajuda de Deus:

> Aquele que não compreende, antes de tudo, sua enfermidade e doença é incapaz de procurar um médico [...]. Assim, se um homem não aprendeu primeiramente os defeitos de sua alma e a maldade de seus pecados, e não os confessou abertamente por sua própria boca, ele não pode ser purificado e absolvido; de outro modo, ele pode não ter consciência de que o que ele recebe é um dom da graça e pode pensar que a divina liberalidade era uma bênção que lhe pertencia. Isso sem dúvida suscitaria novamente a arrogância e o orgulho do coração e se tornaria uma vez mais a causa de sua queda, como, devemos acreditar, aconteceu no caso do diabo, que pensou que os

privilégios de que gozava quando vivia sem censura eram seus próprios e não conferidos a ele por Deus (3.1; 181).

Pode-se procurar em vão essa passagem nos escritos dos gregos antigos, até mesmo naqueles de Platão. Embora os gregos compreendessem bem que "a arrogância precede a ruína" (Pr 16,18), a noção de que é preciso ficar nu diante de Deus, confessar tanto o pecado quanto a necessidade, e então receber a graça de Deus com gratidão teria sido recebida por eles como estranha. É verdade que, em suas epopeias e tragédias, retratam heróis e heroínas cuja força, beleza ou boa fortuna os leva a se "destacar" e ser notados, para sua ruína, pelos deuses ciumentos, mas isso não equivale à sugestão de Orígenes de que a queda de Satã foi precipitada por sua ingratidão e orgulhosas afirmações de sua autossuficiência. A primeira visão postula um Deus tirânico que arbitrariamente fulmina qualquer um que eleve sua cabeça acima dos outros; a segunda, um Deus misericordioso, mas sagrado, que difunde sua graça livremente, mas insiste que essa graça seja recebida e reconhecida (p. ex., Mt 10,32-33).

Para Orígenes, a luta que nos conduz a Deus, afinal, é fruto da sinergia que exige de nós que recebamos e nos esforcemos pela graça de Deus. Com efeito, uma das principais diferenças entre esse embrionário humanismo protocristão de Platão e o mais completo cristianismo humanista de Orígenes reside no fato de que, enquanto o primeiro via a jornada do filósofo no caminho ascendente como inteiramente iniciada por si mesmo e automotivada – ainda que auxiliada pelas rememorações de nossa prévia existência no Mundo do Ser –, o segundo pensava que o esforço humano por si só era impotente, a menos que fosse acompanhado por e combinado com o auxílio de Deus: "Não devemos pensar que as coisas que estão em poder de nossa vontade podem ser realizadas sem a ajuda de Deus, nem que aqueles que estão nas mãos de Deus podem ser completados sem nossos atos e honestos esforços e propósitos" (3.1; 210).

Assim, embora Orígenes insistisse que devemos cultivar nossa alma por meio da disciplina – segundo a parábola de Jesus sobre o semeador, a semente que é semeada é sempre a mesma: é a natureza do solo que determina o sucesso da colheita (Mt 13,1-23) –, ele também sabia que a fonte última desse fogo divino que aquece e nos impele em nossa jornada reside não na alma do iniciado, mas na alma do Cristo encarnado. Enquanto permanecemos próximos a esse fogo, somos inspirados e capazes de subir a ladeira; mas, no momento em que nos afastamos dele, nossas almas começam a esfriar, e perdemos nossa motivação para subir. Do mesmo modo, no Canto 7 do *Purgatório* de Dante, aprendemos que as almas no purgatório só podem se mover para cima no monte durante as horas diurnas. Uma vez o sol se pondo, seu desejo por santificação e glorificação se esvanece, e elas caem em profundo torpor, do qual somente os raios matutinos podem novamente despertá-las.

A preexistência da alma e a salvação universal

A despeito de sua profunda e apaixona compreensão da misericórdia de Deus em Jesus Cristo, Orígenes, como Platão, gravitava em torno de um sistema de méritos, uma orientação filosófica e teológica que o levou a abraçar a ideia da preexistência da alma. Segundo esse ensinamento de inspiração platônica, Deus criou, em algum momento próximo ao início de sua criação, todas as almas que jamais existirão na terra ou no universo. Essas almas permaneceriam no céu, então, em estado desencarnado, até que chegasse o momento para que fossem postas em corpos e passassem a habitar na terra. Esse ensinamento não era tanto mantido por Orígenes, mas considerado por ele como a única maneira possível de abarcar sua firme crença de que "a posição de cada ser criado é o resultado de seu próprio trabalho e de seus próprios motivos [...], não por algum privilégio da criação, mas como recompensa do mérito" (1.5; 47).

O dilema de Orígenes poderia ser exposto deste modo: se nossas escolhas e ações são aceitas como fatores determinantes de quais tipos de vida, tanto no céu quanto na terra, levaremos, então que escolha ou ação poderia determinar o estado e caráter de nosso nascimento? Com base em que méritos alguns nascem ricos e outros pobres, alguns saudáveis e outros com alguma incapacidade? Nem sorte cega, nem escolha divina, nem ações parentas eram aceitáveis para Orígenes como explicações para essas desigualdades genéticas. A única solução, portanto, era que essas crianças fossem julgadas com base em méritos acumulados durante sua preexistência.

Com efeito, Orígenes leva sua explicação além, de modo a incluir anjos e demônios. Segundo sua visão, Miguel e Gabriel foram escolhidos como arcanjos, não com base em escolha, mas com base em mérito (1.8; 66). Ainda mais chocante, Orígenes supõe que a distinção entre anjo, humano e demônio era ela própria resultado do mérito e, de acordo com isso, poderíamos mudar entre esses três estados ao longo da jornada de nossa alma. Para ele, as lutas entre os iniciados para alcançar o topo da ladeira não se limitam a nosso curto período de vida; elas se estendem em ambas as direções, desde o início da criação até o fim e consumação de todas as coisas.

Devo admitir que, embora julgue que as ideias de Orígenes aqui são criativas e inspirem admiração, fico perturbado pelas plenas implicações desse curioso ensinamento. No entanto, não descartarei todas as suas ideias, como muitos fariam, apenas por seus ensinamentos sobre a preexistência da alma. Em vez disso, tentarei discernir uma verdade mais profunda em Orígenes, assim como procurei fazer em relação a Platão. E o farei tratando da preexistência da maneira pela qual Orígenes lê o Antigo Testamento: alegoricamente.

Paulo ensina, na Epístola aos Romanos, que todos partilhamos da natureza pecaminosa de Adão (Rm 5,12). Eu acrescentaria que todos partilhamos igualmente de uma memória coletiva das alegrias e perfeições do Éden. Talvez, o que Orígenes chama de preexistência da alma seja outra maneira de expressar a mesma verdade mais elevada: que estávamos todos ali no Éden, que partilhamos tanto da glória quanto da tragédia de nossos pais primevos. Assim como o filósofo platônico é capaz de crescer em sabedoria ao rememorar as glórias que ele experimentou e a sabedoria que ele conheceu durante sua jornada de mil anos pelo Mundo do Ser, do mesmo modo o iniciado de Orígenes pode adquirir uma compreensão mais plena e rica de sua posição no universo criado ao evocar sua intimidade com o Éden e com a queda.

Isso vale para os inícios. Mas o que dizer sobre os fins? Assim como o platonismo de Orígenes o conduziu para uma compreensão heterodoxa de nossa origem última, do mesmo modo o conduziu para uma compreensão heterodoxa de nossa destinação última. Ao longo de *Sobre os primeiros princípios*, ele considera a doutrina da salvação universal, a crença de que, no final, todos seremos salvos, incluindo o demônio. Em vários pontos de seu trabalho, Orígenes descreve o inferno não como um lugar de danação e punição eterna, mas como uma espécie de unidade correcional divina, na qual Deus, o grande médico, utiliza faca e fogo para remover e esterilizar o pecado de nossa alma (ver 2.10;143). O desejo último de Deus em relação ao universo é atrair todas as coisas para si, para que retornem, ou seja, para que se revertam a esse estado primevo de unidade que foi rompido quando uma grande porcentagem de almas que ele criara fizeram mau uso de seu livre-arbítrio para se rebelar contra seu Criador, em vez de lhe obedecer. Desde essa época, o universo foi marcado pela diversidade, desunião e futilidade; mas virá um tempo em que tudo o que foi perdido será encontrado, quando todos ascenderemos no caminho ascendente, quando Deus será tudo.

Por mais maravilhosamente otimistas que sejam esses devaneios de Orígenes, eles são, na melhor das hipóteses, heterodoxos e, se levados muito longe, recaem em heresia. Ainda assim, penso que, assim como fizemos em relação à preexistência da alma, elas podem ser parcialmente explicadas se as tomarmos em seu contexto geral. Deve-se compreender que a salvação universal para a qual Orígenes mira só ocorrerá no fim de nossa presente era. Orígenes não discute a existência do "lago de fogo" tal como descrito no Apocalipse de João (Ap 20,14-15). Em vez disso, ele postula que o final dessa era abrirá caminho para um novo ciclo da história que está além de nossa compreensão. E esse ciclo, por sua vez, abrirá caminho para outros, até que, no final de mil ciclos, tudo será reconciliado com Deus.

A sugestão de Orígenes de que todos serão salvos, embora esteja longe de ser ortodoxa, não precisa nos levar a rejeitá-la como sincero e poderoso pregador do Evangelho cristão. Com efeito, eu sustentaria que sua heterodoxia nessa área não surge tanto a partir de uma leitura equivocada dos conceitos bíblicos de salvação e danação como de uma leitura equivocada da compreensão bíblica do tempo. Orígenes tinha uma tendência a defender o conceito helênico em detrimento do hebraico, tendência que, neste caso, levou-o a aceitar a visão cíclica em lugar da concepção linear da história. Embora a Bíblia esteja repleta de ligações tipológicas que formam miniciclos no fluxo do tempo, ela apresenta uma visão da história que, como uma boa trama aristotélica, tem início, meio e fim.

A visão grega "mais elevada" de Platão gravitava em torno de uma compreensão do tempo mais asiática, particularmente indiana; segundo ele, o homem inicia em uma idade do ouro, mas, com o tempo, lentamente se degrada através de três eras adicionais de prata, bronze e ferro. No final da Idade do Ferro (o que os hindus chamam de Kali[4]), tudo é destruído, e uma nova idade de ouro surge, como Fênix, a partir das cinzas. Ninguém pode dizer quantos ciclos de eras precederam a nossa própria (Platão mesmo sugere isso em *Leis* 3; 676b-c, nem quantos se seguirão. Orígenes, desconfortável com a natureza estática, literal da visão hebraica do tempo, escolheu em vez disso abarcar o dinamismo e a riqueza alegórica da visão helênica; ao fazê-lo, deixou para si a tarefa algo incerta de formular hipóteses sobre o que ocorrera e o que ocorreria nesses múltiplos éons que antecedem o Jardim e se seguem à nova Jerusalém.

Mas essa interpretação equivocada do conceito bíblico de tempo não é a única fonte dos devaneios de Orígenes a respeito da salvação universal. Eles também derivam em parte de uma crucial leitura errônea de um único versículo da Bíblia: 1 Coríntios 15,28. Segundo esse versículo, quando o fim vier, todas as coisas se sujeitarão a Cristo, o qual se sujeitará ele próprio ao Pai. Por meio de uma exegese bastante livre, Orígenes trata essa sujeição como se fosse simplesmente equivalente à salvação, como se Paulo estivesse dizendo que sua sujeição final a Deus em Cristo é uma promessa de que tudo partilhará da bênção de Deus (1.6; 58). Mas, é claro, a palavra *sujeição* não sugere isso, de modo algum. Escravos estão sujeitos a seus senhores, mas certamente não partilham de sua bênção. Tiago nos informa que "os demônios creem [que há um só Deus], mas estremecem" (Tg 2,19), mas certamente não são salvos nem partilham das bênçãos de Deus. Sobre esse ponto, acredito que Orígenes era

---

4. www.britannica.com/topic/Hinduism/Cosmology#ref303701.

demasiado otimista. Como Platão, que não podia acreditar que alguém conscientemente realizasse uma atividade que sabia que lhe faria mal (pois o conhecimento é a maior virtude), Orígenes parece ter tido muita fé na racionalidade humana.

O desejo da alma

A despeito das incompreensões do tempo e da natureza humana que subjazem às teorias de Orígenes da salvação universal, meditar sobre seus devaneios platônico-cristãos pode nos ajudar a abrir os olhos para a incrível vibração da vida espiritual. Como seres espirituais, estamos constantemente subindo e descendo a escada de Jacó. Nossas almas estão em constante fluxo, ora correndo atrás dos prazeres da carne, ora lutando para subir em direção ao espírito. E qual a fonte última de toda essa vibração e dinamismo? Desejo, seja para retornar a nosso estado original de unidade com o Pai, seja para nos rebelarmos contra essa união e buscar realização em outro lugar. É o desejo que nos move para fora de nosso egocentrismo em direção aos polos complementares da carne e do espírito; é esse desejo, também, que nos move para buscar realização, consumação, o *telos* de todas nossas esperanças e sonhos.

Com efeito, tão convencido estava Orígenes do poder e necessidade do desejo que, em um momento em sua obra, ele vai tão longe a ponto de efetuar esta chocante declaração: "É melhor, se possível, que [a alma] se ligue ao espírito e se torne espiritual. Se, porém, isso não for possível, é mais proveitoso para nós seguir até mesmo a maldade da carne do que permanecermos fixos na esfera de nossa própria vontade para ocupar a posição de um animal irracional" (3.4; 234). Seu argumento aqui é profundo. No centro de toda ação e de todo movimento reside o desejo. Se nosso desejo for apenas por coisas da carne, então ele nos levará para baixo, para longe de Deus, de volta à caverna. Mas, se esse desejo for por coisas mais elevadas, pelas coisas do espírito, ele nos levará para cima, em direção a Deus, à Forma do Bem que reside no Mundo atemporal do Ser. O último desejo, é claro, é melhor do que o primeiro, mas este é melhor do que desejo algum.

Permanecendo na grande tradição de Sócrates e Platão, cristãos humanistas como Orígenes veem a vida em termos de drama e têm, assim, pouca paciência com aqueles que procurariam, como os legalistas, fechá-la ou que se contentariam, como os estoicos, em se limitar a observá-la de fora. São inimigos de toda pretensão e hipocrisia, e resistem àqueles cujos desejos são demasiado fracos para qualquer engajamento real com a vida ou com o Deus que é vida.

Desejo é bom: não é senão o alimento e a bebida de nossa alma. O desejo foi introduzido – talvez na preexistência, talvez no nascimento – por Deus, e somente ele pode realizá-lo: "Esse anseio, esse amor, assim acreditamos, foi indubitavelmente implantado em nós por Deus; e, como o olho naturalmente pede luz e visão, e nosso corpo por natureza deseja comida e bebida, assim nossa mente acalenta um anseio natural e apropriado por conhecer a verdade de Deus e aprender as causas das coisas" (2.11; 149-150). Platão, em sua sabedoria parcial, conheceu e sentiu esse anseio. Ele o buscou em sua vida, ensinou em sua dialética e encarnou em seus mitos. Resta a nós, seus herdeiros, senti-lo igualmente e permitir que ele nos conduza para fora da caverna em direção à luz.

Uma jornada para casa

Mas por que, precisamos perguntar novamente, deve um cristão que acredita na salvação pela graça mediante a fé em Cristo dedicar tanto tempo e energia para subir ao longo do caminho ascendente? A essa questão, Orígenes oferece uma resposta que é não só profundamente platônica, como também define um objetivo central do cristão humanista. No parágrafo que se segue diretamente àquele citado acima, ele tem o seguinte a dizer àqueles que seguissem seu desejo implantado por Deus:

> Ora, não recebemos esse anseio ["conhecer sua verdade e aprender as causas das coisas"] de Deus sob condição de que ele seja ou não satisfeito; pois, nesse caso, o "amor pela verdade" pareceria ter sido implantado em nossa mente por Deus, o Criador, sem propósito, caso sua gratificação jamais ocorra. Assim, quando mesmo nesta vida os homens se dedicam com grande esforço aos estudos sagrados e religiosos, embora obtenham apenas alguns

pequenos fragmentos dos imensuráveis tesouros do conhecimento divino, ainda assim [eles obtêm esta vantagem] de que ocupam suas mentes e entendimento com essas questões e seguem em frente com seu ávido desejo. Além disso, derivam muita ajuda do fato de que, ao voltarem suas mentes para o estudo e amor pela verdade, tornam-se mais capazes de receber instrução no futuro. Pois, quando um homem deseja fazer uma pintura, ele primeiro faz um esboço com o leve toque de um lápis da figura proposta e insere marcas adequadas para indicar características a serem acrescentadas depois; o desenho preliminar com seu frágil esboço sem dúvida torna sua tela mais preparada para receber as verdadeiras cores. O mesmo ocorrerá conosco se essa forma tênue esboçada estiver inscrita "nas tabuletas de nosso coração" pelo lápis de nosso Senhor Jesus Cristo. Esta talvez seja a razão pela qual se diz: "A todo aquele que pedir será dado e acrescentado". É claro, portanto, que, para aqueles que têm agora nesta vida um tipo de esboço da verdade e do conhecimento, será adicionada no futuro a beleza da imagem perfeita (2.11; 150).

A resposta de Orígenes à questão de por que cristãos salvos pela graça deveriam se dedicar a subir no caminho ascendente de Platão é tão eloquente quanto direta: para preparar.

Assim como o pintor, ao produzir uma obra de arte, preparará com frequência uma tela efetuando um esboço tênue, esquemático, do mesmo modo o cristão humanista prepara a mente para receber a presença divina de Deus em toda a sua glória ao torná-la "capaz de receber instrução". Se, por exemplo, eu soubesse que no próximo ano eu teria a oportunidade de visitar a Terra Santa, estando assegurado, eu despenderia tempo considerável preparando a viagem. Eu procuraria mapas de Israel e repassaria a história, a cultura e a arqueologia dessa terra sobre a qual caminhou nosso Salvador. Ao fazê-lo, a alegria de minha eventual jornada se multiplicaria, pois eu experimentaria os prazeres associados de primeiramente reconhecer os originais cujas imitações menores eu teria estudado no ano anterior, e, em segundo lugar, de ir além do que eu estudara em direção a um conhecimento pela experiência que é tanto real quanto íntimo.

Mas, é claro, a preparada jornada para o céu será ainda mais maravilhosa do que esta. Pois não só o reino de Deus irá *verdadeiramente* atender e exceder minhas expectativas, como essas expectativas se basearão em um anseio por Deus que foi (de maneira inata) implantado em mim antes de meu nascimento. Meu desejo de visitar a Terra Santa é de origem recente e não se vincula realmente, de nenhuma maneira íntima, às raízes e alicerces de minha alma; mas meu desejo de "conhecer a verdade de Deus e aprender as causas das coisas" é profundo, chegando às próprias fundações de meu ser. O quão glorioso será esse dia em que as coisas pelas quais ansiamos, das quais as coisas nesta vida não passam de tênues esboços em uma tela, serão reveladas em toda a sua glória, no que Orígenes chama de "beleza da imagem perfeita"?

Embora não possamos seguir Orígenes em todo o ponto teológico, inspirados por ele podemos afirmar, nas palavras de Paulo: "Agora vemos em espelho e de maneira confusa, mas, depois, veremos face a face. Agora meu conhecimento é limitado, mas, depois, conhecerei como sou conhecido" (1Cor 13,12).

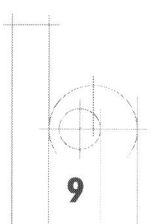

9
Platão no Oriente: os três Gregórios

Como espontaneamente admiti no capítulo anterior, muitas das meditações platônicas de Orígenes são, na melhor das hipóteses, heterodoxas. Embora em seus outros escritos – mais notavelmente, *Contra Celso* – Orígenes tenha se mostrado um efetivo defensor ferozmente ortodoxo da Trindade, da encarnação e da redenção, em *Sobre os primeiros princípios* ele escolheu, segundo ele mesmo admite, deixar sua mente vagar livremente sobre assuntos a respeito dos quais a Bíblia se cala ou é ambígua. Com efeito, em seu prefácio a esse livro, ele deixa clara a diferença entre as doutrinas essenciais e inegociáveis da fé e aqueles ensinamentos periféricos abertos à especulação:

> Os santos apóstolos, ao pregar a fé de Cristo, tomaram certas doutrinas, especialmente aquelas que eles acreditavam ser as necessárias, e as expuseram nos termos mais simples a todos os crentes [...]. Havia outras doutrinas, porém, sobre as quais os apóstolos simplesmente disseram que eram assim, mantendo silêncio sobre o como ou o porquê delas; sua intenção sendo, sem dúvida, proporcionar aos mais diligentes daqueles que os procuravam, daqueles que se mostrassem amantes do saber, um exercício sobre o qual exibir o fruto da habilidade deles (Prefácio; 2).

É precisamente porque o autor de *Sobre os primeiros princípios* escolheu ler os diálogos de Platão juntamente com a Bíblia, ao mesmo tempo em que, de maneira diligente, aplicou suas capacidades filosóficas sobre esses ensinamentos periféricos, que o analisei em primeiro lugar. Não obstante, gostaria de me voltar agora, neste capítulo e nos três seguintes, a dez pensadores cristãos que, com a (possível) exceção de Descartes, conseguiram absorver as ideias e métodos de Platão, ao mesmo tempo em que permaneceram firmemente nos limites da ortodoxia. Tomados em conjunto, esses dez filósofos-teólogos-críticos-poetas oferecem uma miríade de maneiras pelas quais a sabedoria pré-cristã de Platão inspirou e guiou os cristãos em direção a verdades duráveis.

Gregório de Nazianzo sobre a teologia

Uma vez que Orígenes, e através dele Platão, exerceu a mais direta influência sobre os Padres da Igreja oriental, parece correto iniciar pelo Oriente ortodoxo antes de passar para o Ocidente católico ocidental. O século IV assinalou um florescimento da teologia cristã no Oriente, seus grandes porta-vozes sendo Atanásio e os três Padres da Capadócia: Basílio de Cesareia e Gregório de Nissa (que eram irmãos) e seu amigo próximo Gregório de Nazianzo.

Embora fosse filho de um bispo, Gregório de Nazianzo (ca. 330 – ca. 389), como muitos jovens de sua época, recebeu uma educação pagã clássica completa, não menos do que em Atenas. Ironicamente, em um momento de seus estudos, ele teve aulas com Juliano, o Apóstata, aquele que, quando se tornou imperador, tentaria, sem sucesso, desfazer o trabalho cristianizador de Constantino e levar Roma de volta ao paganismo. Enquanto estudante, Gregório planejara tornar-se servidor público, mas escolheu, em vez disso, levar uma ascética vida monástica. Não era, por natureza, homem afeito à controvérsia pública, mas viu-se em Constantinopla durante uma revivescência da ortodoxia e foi persuadido a pregar cinco orações teológicas sobre a natureza de Deus (380). Embora mantendo-se próximo à doutrina ortodoxa, as orações de Gregório traem, de uma boa maneira, sua educação platônica.

Após uma oração introdutória, Gregório dedica sua segunda a Deus Pai, a terceira e a quarta se centram no Filho, e a quinta no Espírito Santo. Eu me limitarei aqui à sua segunda oração, pois nela ele desenvolve uma conversa com Platão que, longe de afastá-lo das verdades das Escrituras, o propele para cima, em direção a um engajamento mais pleno e mais rico com o Deus que se revelou a Moisés como EU SOU.

Anteriormente, em sua segunda oração, Gregório alude indiretamente à alegoria da caverna de Platão. Após explicar que mesmo os mais místicos dos teólogos só são capazes de ver, como Moisés, as costas de Deus (Ex 33,21-23) –, ou seja, sua glória mais do que sua verdadeira essência –, Gregório descreve assim "as partes dorsais de Deus": essas coisas "que ele deixa para trás de si, como dados de si, como a sombra e os reflexos do sol na água, que mostram o sol para nossos olhos fracos, porque não podemos olhar para o sol mesmo, pois, devido à sua luz pura, é demasiado forte para nossa capacidade de percepção" (2.3; 138)[1]. Assim como o filósofo que escapa da caverna de Platão só pode olhar para os reflexos na água até que seus olhos estejam suficientemente fortes para olhar para o sol, do mesmo modo o teólogo de Gregório deve se contentar com os reflexos (ou imitações) da natureza direta de Deus até que sua alma esteja preparada para receber o que os teólogos medievais, depois de Platão, chamavam de Visão Beatífica (ou abençoada).

Gregório prossegue no capítulo seguinte afirmando a dificuldade de definir o Deus invisível, por meio de uma alusão direta ao *Timeu* (28e) de Platão: "É difícil conceber Deus, mas defini-lo em palavras é uma impossibilidade, como um dos grandes professores de teologia grego ensinou, com certa habilidade, segundo me parece" (2.4.; 138). Como, então, deve o filósofo-teólogo proceder? Por meio do processo socrático-platônico, em dois passos, que defendi no primeiro capítulo – ou seja, primeiro afastando as falsas definições (Sócrates) e, em segundo, lugar

---

1. GREGORY OF NAZIANZUS, Theological orations, in: HARDY, EDWARD ROCJE (org.), *Christology of the later fathers*, trad. Charles Gordon Browne e James Edward Swallow, Library of Christian Classics, Louisville, Westminster John Knox, 1954, 128-214. Fornecerei no texto a oração e os números dos capítulos seguidos pelo número da página.

passando para uma definição que se adéque à verdadeira natureza da realidade (Platão).

Assim, utilizando a *erística* socrática e a *reductio*, destrói as pretensões daqueles que fazem ídolos na forma de coisas físicas, aqueles que cultuam a paixão, a beleza ou a força como divindades, e aqueles que, como os pré-socráticos, sustentam os quatro elementos como primeiros princípios do cosmos. Ele executa esse necessário trabalho de destruição como brio socrático, mas não permite que sua oração termine com uma aporia socrática. Em vez disso, como Platão, passa da eliminação negativa do falso para a afirmação positiva do verdadeiro: "Quem estiver ansiosamente perseguindo a natureza do autoexistente não se limitará a dizer o que ele não é, mas deverá ir além disso e dizer o que é; tendo em vista que é mais fácil compreender um ponto singular do que descartar ponto por ponto em detalhamento interminável, de modo a, tanto pela eliminação dos negativos quanto pela asserção dos positivos, chegar a uma compreensão desse assunto" (2.9; 142).

Significativamente, ao buscar a verdadeira natureza de Deus, Gregório começa assegurando sua audiência de que nossa dificuldade em apreender Deus mediante a razão humana *não* é o resultado da inveja de Deus em relação a passar essa informação para nós, "pois a inveja está longe da natureza divina, que é desprovida de paixão e somente boa e Senhora de tudo" (2.11; 143). Embora a Bíblia certamente indique que Deus não é invejoso – embora o descreva como sendo corretamente ciumento de nosso amor e compromisso (p. ex., Ex 20,5; Dt 32,21) –, é o *Timeu* de Platão, mais do que o Antigo Testamento ou o Novo, que inicia sua investigação da natureza do Criador postulando Deus como estando acima de sentimentos de inveja. Semelhante ponto de partida é essencial para ambos, Platão e Gregório, pois os dois baseiam suas meditações teológicas na crença firmemente mantida de que "toda natureza racional anseia por Deus e pela primeira causa" (2.8; 145).

Combinando o desejo platônico com a análise do pecado por Paulo (Rm 1,24), Gregório prossegue argumentando que, quando nossos desejos perdem sua contenção, recaímos na adoração de todo tipo de ídolos. Sobre semelhantes pessoas, diz Gregório que, "embora tenham natureza racional e tenham recebido a graça de Deus, estabeleceram o pior como sendo o melhor" (2.15; 146). A formulação do autor, aqui, eu diria, equipara os idólatras com aqueles sofistas que utilizavam mal a retórica para tornar forte o argumento mais fraco. No entanto, enquanto o pagão Platão atribuía esse mau uso à ignorância, o cristão Gregório o vincula à influência demoníaca: Satã "se apoderou de seu desejo em sua peregrinação em busca de Deus, para distorcer o poder em seu favor e roubar o desejo, levando-o pela mão, como um homem cego pedindo informações sobre um caminho; e bradou para alguns e os assustou em uma direção ou outra, em um caminho de morte e destruição" (2.15; 146).

As artimanhas do diabo são realmente fortes, mas podem apenas desviar um desejo que é em si bom e divinamente implantado. Devido a suas meditações *tanto* sobre Platão *quanto* sobre a Bíblia, Gregório está certo disto: "A razão, que procede de Deus, que é implantada em nós desde o início e é nossa primeira lei, e que nos vincula a todos, conduz a Deus por intermédio de coisas visíveis" (2.16; 147). É devido a essa certeza que Gregório pode, de maneira maravilhosa, mas inesperada, reafirmar sua dúvida em relação à nossa incapacidade de conceber a verdadeira natureza de Deus, para depois transcender essa dúvida:

> Qual é a natureza e essência de Deus, homem algum jamais descobriu ou pode descobrir. Se serão algum dia descobertas, é uma questão que quem quiser pode examinar e decidir. Em minha opinião, será descoberta quando aquilo dentro de nós que é semelhante a Deus e divino, penso em nossa mente e razão, houver se fundido com seu semelhante, e a imagem houver ascendido ao arquétipo, do qual possui agora o desejo. E esta, penso eu, é a solução desse problema delicado referente a "conhecermos à medida que formos conhecidos" (2.16; 147).

A passagem que Gregório efetua aqui, da ascensão do filósofo platônico (no *Banquete, Fedro* e *República*) para a Visão Beatífica da promessa de Paulo (1Cor 13,12) de que chegará o momento em que conheceremos assim como seremos plenamente conhecidos, é de tirar o fôlego. Platão, Paulo e Gregório descrevem igualmente o crescimento espiritual como uma ascensão ao longo do caminho para cima da Forma-Verdade-Arquétipo. Por ora, vemos vagamente, como em um espelho, mas, se continuarmos nesse caminho ascendente, acabaremos vendo e sendo vistos face a face.

Nos três capítulos seguintes, Gregório apresenta sua própria versão do papel do fiel (Hb 11), uma lista de figuras bíblicas de que traz vislumbres do verdadeiro Deus: Henoc, Noé, Abraão, Jacó, Elias, Manoá, Isaías, Ezequiel, Pedro e Paulo. Ele resume esse ponto no capítulo 21:

> A verdade, portanto – e o mundo todo –, está repleta de dificuldade e obscuridade; e com um pequeno instrumento, por assim dizer, estamos empreendendo uma grande obra, quando com sabedoria meramente humana buscamos o conhecimento do autoexistente e, juntamente com os sentidos, com os quais nascemos e vivemos, e pelos quais somos conduzidos ao erro, e não separados dele, nós nos dedicamos à busca por coisas que só podem ser apreendidas pela mente e somos incapazes de enfrentar as realidades nuas simplesmente com o intelecto, para nos aproximarmos um pouco mais da verdade e moldar a mente por seus conceitos (2.21; 150).

Embora não haja nada aqui que contradiga a Bíblia, a advertência de Gregório de que nossos sentidos podem com frequência nos conduzir ao erro é fortemente platônica, com sua insistência em que passemos de nosso olho físico para nosso olho espiritual, do que é visto para o que é invisível.

Ainda assim, Gregório não se afasta da Bíblia. Em lugar de permitir que o perigo de confiar excessivamente em nossos sentidos o afaste em direção a uma visão negativa e gnóstica da matéria e do corpo, ele o utiliza para nos instigar humildade. É por isso que ele inicia uma extensa, retoricamente poderosa peroração baseada em Jó 38-41, na qual pergunta se não podemos compreender os mistérios do Criador. Então, situando-nos em um apropriado estado humilde de espírito, ele une tudo. Se tivéssemos olhos para ver, seríamos capazes de perceber o Criador em sua criação e por meio dela; melhor ainda, permitiríamos nos maravilhar com o poder e a majestade do sol para nos levar a reverenciar o Deus que fez o sol e que ilumina o reino espiritual assim como seu sol criado ilumina o reino físico.

E isso conduz Gregório de volta à alegoria da caverna, por meio de uma alusão direta e clara à *República* de Platão, já que aquela que identifiquei no capítulo 3 é indireta e ambígua: "Tereis considerado a importância do fato de que um escritor inspirado se refira ao sol como tendo a mesma posição entre os objetos materiais que Deus ocupa entre os objetos de pensamento? Pois um fornece luz aos olhos, enquanto o outro o faz para a mente; e é o mais belo dos objetos visíveis, assim como Deus o é dos objetos do pensamento" (2.30; 157). Note-se que Gregório cita Platão, aqui, como o fizera antes, como autoridade, como alguém por meio de quem verdades reais foram transmitidas por um Deus que ele não conhecia – ou conhecia apenas em parte.

Com efeito, Gregório discerne o mesmo tipo de verdade platônica que trata o sol como imitação terrena ou representação de Deus (ou do Bem) no vínculo que Hebreus 8-9 estabelece entre o templo terreno e o celestial:

> Devemos efetuar uma pausa aqui, após discutir apenas a matéria e as coisas visíveis, ou, uma vez que a Palavra sabe que o Tabernáculo de Moisés é uma representação de toda a criação – penso em todo o sistema de coisas visíveis e invisíveis –, devemos ultrapassar o primeiro véu e, dando um passo além do reino dos sentidos, olhar no santo local, na criação intelectual e celestial? (2.31.; 158).

Tendo por balizas *tanto* a alegoria da caverna, de Platão, *quanto* a Epístola aos Hebreus, Gregório anseia por continuar sua ascensão filosófico-teológica no caminho ascendente da verdadeira causa e origem do sol físico e do tabernáculo terreno. Sem tratar a matéria ou nossos sentidos como intrinsecamente maus, o autor inspira seus leitores a transcender os limites do visível, para contemplar o Deus invisível.

Gregório de Nissa sobre Moisés

Gregório de Nissa (ca. 332-395 d.C.) partilhou do desejo de seu amigo, Gregório de Nazianzo, de transcender os limites do visível e do temporal para contemplar aquilo que é invisível e eterno. Como seu amigo, foi um destemido defensor da ortodoxia – teve importante papel na definição e conservação da doutrina essencial da Trindade – que também amava Platão e ansiava por aprender dele aquelas ideias e métodos que o aproximariam do Deus único, verdadeiro. Seu platonismo cristão percorre sua obra, mas tem um papel particularmente forte em sua leitura alegórica do relato bíblico de Moisés.

Em *A vida de Moisés* (ca. 390), Gregório fornece uma espécie de interpretação bíblica que se tornaria muito popular na Idade Média, mas que tem sua raiz na influência que Platão exerceu sobre o neoplatônico Plotino, sobre o judeu Fílon, sobre o cristão Clemente de Alexandria e sobre o aluno brilhante de Clemente, Orígenes. Na época de Aquino e de Dante, acreditava-se que todo versículo do Antigo Testamento, pelo menos potencialmente, operasse em quatro níveis separados de significados: o literal (ou histórico), o alegórico (ou tipológico), o moral (ou tropológico) e o anagógico (ou espiritual). Assim, para tomar emprestado de uma carta de Dante, um de seus patronos, o versículo "quando Israel saiu do Egito" (Sl 114,1) pode ser lido de quatro maneiras separadas, mas simultâneas: para se referir ao êxodo (literal); para indicar como Cristo nos libertou do pecado (alegórico); para descrever a conversão da alma da servidão do pecado para a liberdade em Cristo (moral); e para profetizar esse glorioso momento em que a alma humana deixará para trás a grande escravidão do corpo à morte e à corrupção e ingressará na Terra Prometida do céu (anagógico).

Embora a exegese de Gregório, tecnicamente, limite-se aos dois primeiros significados, o literal e o alegórico, ele se preocupa o tempo todo em saber como sua leitura alegórica melhorará nosso comportamento moral e como nos colocará na direção das coisas finais. Como Platão, Orígenes e Gregório de Nazianzo, ele defende firmemente o livre-arbítrio e quer que seus leitores façam um uso sábio dele, de modo a que possam crescer espiritualmente e ascender em direção à verdade de Deus.

Após fornecer uma breve visão histórica geral sobre a vida de Moisés (livro I), ele prossegue, no bastante mais extenso livro II, lendo essa história em termos alegóricos. A estranheza de sua leitura nos chama a atenção imediatamente, em sua interpretação do decreto do Faraó de matar os bebês hebreus do sexo masculino, mas não do feminino (Ex 1,16). Para Gregório, o feminino representa o físico, o emocional e o apetitivo, enquanto o masculino representa o espiritual, o racional e o ascético. Embora não tenhamos controle sobre nosso nascimento físico, argumenta, no que se refere a nosso nascimento moral, somos "de certa maneira nossos próprios pais, gerando a nós mesmo por meio de nossa livre escolha e conforme o que quisermos ser, homens ou mulheres, moldando-nos ao ensinamento da virtude ou do vício" (2.3; 55-56)[2].

Como Orígenes, Gregório vê uma *psicomaquia* platônica espreitando alegoricamente por trás do massacre dos inocentes pelo Faraó, uma que contrapõe não apenas a carne contra o espírito, como também o apetite contra a razão, o vício contra a virtude. Ele também atribui ao homem, como em Platão e Orígenes, considerável livre-arbítrio na escolha do modo de seu nascimento espiritual.

Significa isso que Gregório aceita cegamente como verdadeiras todas as teorias de Platão? De modo algum! Ele deixa claro que há coisas que os cristãos podem aceitar de Platão e coisas que devem rejeitar: "A filosofia pagã diz que a alma é imortal. Este é um fruto da piedade. Mas também diz que as almas passam de corpos a corpos e mudam de uma natureza racional para uma irracional. Este é um prepúcio carnal e alheio" (2.40; 63). Nenhum cristão ortodoxo pode aceitar os ensinamentos de Platão sobre a transmigração das almas. No entanto, embora Gregório deixe isso claro, ele encontra uma verdade alegórica na sugestão de Platão, no *Fedro*, de que as almas que se afastarem do caminho da virtude reencarnarão como animais. Assim, em sua leitura alegórica da praga dos sapos que Moisés inflige ao Egito, o autor discerne uma verdade sobre o que ocorre aos que vivem uma vida carnal:

> Vê-se [isso] na vida sórdida e licenciosa que emerge a partir da argila e do barro e que, mediante a imitação do irracional, permanece em uma forma de vida que não é nem inteiramente humana, nem inteiramente de um sapo. Sendo um homem por natureza e tornando-se uma besta pela paixão, esse tipo de pessoa exibe uma forma de vida anfíbia, de natureza ambígua (2.70; 70).

---

2. GREGORY OF NYSSA, *The life of Moses*, trad. Abraham J. Malherbe e Everett Ferguson, New York, Paulist Press, 1978 (col. Classics of Spirituality). Fornecerei o número do capítulo seguido pela página.

Depois, ao considerar a lição alegórica por trás da imoralidade sexual e da idolatria que os israelitas militarmente bem-sucedidos cometeram com as filhas de Moab (Nm 25,1-3), Gregório combina a luta racional-apetitiva dentro da alma tripartite na *República* com a reencarnação em forma inferior do *Fedro*:

> Ao vencer por sua aparência aqueles não haviam sido conquistados pelas armas, o prazer ergueu um troféu de desonra contra eles e exibiu a vergonha deles para desprezo público. O prazo mostrou que torna os homens bestas. O impulso irracional animal para a licenciosidade os fez esquecer de sua natureza humana; não esconderam seu excesso, mas se adornaram com a desonra da paixão e se embelezaram com a marca da vergonha, enquanto chafurdavam como porcos na escorregadia lama da impureza, abertamente, para que todos vissem (2.302; 132).

Gregório compreendeu bem a natureza da graça e do arrependimento, mas isso não impediu que ele instasse a si mesmo e a seu rebanho para pressionar em relação à moralidade e à espiritualidade. O iniciado cristão, como o amante-filósofo iniciado no *Banquete*, no *Fedro* e na *República*, não deve permitir-se deslizar de volta para a irracionalidade. Ele deve continuar ao longo do caminho ascendente.

Embora semelhante visão possa facilmente recair na visão das obras justas, isso não ocorre com Gregório – em grande parte devido ao fato de aceitar o desejo platônico. É esse desejo, fundido com a virtude unicamente cristã da esperança, que arrasta sua alma da beleza do que é visto para a beleza maior do que é invisível: das imitações no interior da caverna para as realidades que residem fora dela, iluminadas pelo sol.

Para o platônico Gregório, Deus realiza nosso desejo ao mesmo tempo em que nos insufla um desejo ainda maior de continuar a jornada. Precisamos permanecer tranquilos em sua presença, mesmo quanto continuamos subindo:

> A esperança sempre arrasta a alma da beleza que é vista para o que está além, sempre acende o desejo pelo oculto por intermédio daquilo que é constantemente percebido. Logo, o ardoroso amante da beleza, embora receba o que é sempre visível como uma imagem do que deseja, anseia ser preenchido com a própria marca do arquétipo (2.231; 114).

E ainda:

Esta verdadeiramente é a visão de Deus: jamais se satisfazer no desejo de vê-lo. Mas deve-se sempre, ao olhar o que pode ser visto, reacender esse desejo de ver mais. Assim, não haveria limite para interromper o crescimento na ascensão em direção a Deus, uma vez que limite algum pode ser encontrado no Bem, nem o aumento de desejo pelo Bem pode terminar, porque nunca se satisfaz (2.239; 116).

Frases como o "ardoroso amante da beleza", que lembram o *Banquete*, e "o Bem", que lembra a *República*, traem a orientação platônica de Gregório; mas também alimentam seu desejo de continuar sua ascensão em direção a esse encontro face a face com a Forma/Arquétipo último (o Deus triúnico, pessoal), pelo qual também anseia Paulo (1Cor 13,12).

Para um cristão moderno, o chamado para imitar Moisés significa um chamado para obedecer a Deus e confiar em sua provisão. Para o Gregório platônico, significa algo mais. Nada menos do que uma luta perpétua para transcender as barreiras de nosso mundo e alcançar a Visão Beatífica: "Pois aquele que eleva sua vida além das coisas terrenas, por meio de semelhantes ascensões, jamais deixa de se tornar superior do que era até então, como penso, como uma águia que, em todas as coisas da sua vida, pode ser vista acima e além da nuvem planando em torno do éter da ascensão espiritual" (2.307; 133).

Gregório Palamas sobre a luz incriada

Entre os dois Gregórios, de Nazianzo e de Nissa, e o grande Gregório Palamas (1296-1359), existe um hiato de quase mil anos. Ainda assim, em parte porque partilham de uma herança comum em Platão e na Bíblia, sua visão e seus desejos são notavelmente similares. Com uma diferença. Enquanto os dois Gregórios alegremente reconheciam seu débito com o pensamento grego antigo em geral e com Platão, em particular, Palamas, ao mesmo tempo em que trabalhava sobre parâmetros estabelecidos por Platão, negava vigorosamente apoiar-se nos antigos.

Palamas foi não apenas um monge; era um hesicasta (da palavra grega para "paz" ou "quietude"): um ermitão que buscou uma comunhão mais profunda com Deus por meio de oração e contemplação solitárias contínuas. Embora tenha sido criado em Constantinopla por uma família rica e nobre e embora tenha tido a mesma educação clássica que os dois Gregórios, renunciou a ambas as coisas em prol de uma vida monástica estrita no mais remoto e severo dos monastérios ortodoxos gregos, o Monte Athos. Como Gregório de Nazianzo, provavelmente teria preferido permanecer incógnito, mas as controvérsias religiosas de sua época o impulsionaram a escrever teologia.

O livro ao qual é mais associado, *Pela defesa daqueles que praticam a quietude* (1338-1341; mais comumente conhecido como *As tríades*) foi escrito especificamente para defender a visão de mundo e o modo de vida dos hesicastas daqueles que os acusavam de serem fanáticos, contempladores de umbigo anti-intelectuais. Como resultado, seu tom é tão polêmico e unilateral quanto o *Do servo-arbítrio*, de Lutero. Ainda assim, ironicamente, como o ataque de Lutero ao humanista clássico Erasmo é feito por meio de mais de duas dúzias de referências cuidadosamente escolhidas de escritores pagãos como Cícero, Horácio, Virgílio, Catão, Ovídio e Homero, do mesmo modo as *Tríades* de Palamas tomam emprestado extensamente da própria tradição platônica que evita.

Palamas inicia sua polêmica afirmando claramente a posição da qual ele está se distanciando nas *Tríades*:

> Ouvi certas pessoas afirmarem que os monges também deveriam buscar a sabedoria secular e que, se não possuírem essa sabedoria, é impossível que evitem a ignorância e as falsas opiniões, mesmo se tiverem alcançado o mais alto nível de impassibilidade; e que não se pode adquirir perfeição e santidade sem buscar conhecimento em todas as suas formas, sobretudo da cultura grega, que é também um dom de Deus – assim como foram aquelas visões concedidas aos profetas e apóstolas por meio da revelação (1.1.1; 25)[3].

---

3. GREGORY PALAMAS, *The Triads*, org. John Meyendorf, trad. Nicholas Gendle, New York, Paulist Press, 1978 (col. Classics of Western Spirituality). Fornecerei no texto a tríade: o livro e o número do capítulo, seguidos pelo número da página.

Eu não poderia ter exposto melhor a posição do cristão humanista que une Atenas e Jerusalém e que constrói pontes entre Platão e a Bíblia – com a exceção de que Palamas, sutilmente, sugere que os cristãos humanistas platônicos acreditam que não podem atingir a perfeição sem ajuda dos filósofos pré-cristãos greco-romanos. Esta não é minha posição, nem a de Orígenes ou dos dois Gregórios, ou dos sete escritores que discutires nos próximos três capítulos. Como Lutero depois dele, Palamas escreve em uma verve polêmica, o que o faz gravitar em torno de uma abordagem tudo ou nada que descartaria *toda* filosofia secular como vã, vazia e enganadora (ver Cl 2,8).

Vários capítulos depois, Palamas se qualifica, de certo modo: "O intelecto do filósofo pagão é [...] um dom divino, na medida em que naturalmente possui uma sabedoria dotada de razão. Mas foi pervertido pelos caprichos do diabo, que o transformou em uma sabedoria louca, má e insensata, uma vez que defende semelhantes doutrinas" (1.1.19; 27). Com apropriado discernimento, sugere a passagem, o cristão pode localizar a verdadeira sabedoria em um filósofo como Platão. Com efeito, Palamas prossegue admitindo que, se tomarmos a serpente da filosofia e cortarmos tanto sua cabeça quanto seu rabo – que ele vincula às "opiniões erradas" e "histórias fabulosas" dos pagãos –, poderemos fazer bom uso dela. No entanto, ele conclui que é bem menos perigoso evitar os filósofos e buscar o conhecimento de Deus mediante a contemplação direta.

Como teólogo ortodoxo da Igreja Oriental escrevendo na tradição de Atanásio e Dionísio Areopagita (ou Pseudo-Dionísio ou Dênis), o objetivo último de Palamas é alcançar a teose ou deificação. Assim como Deus se tornou como um de nós na encarnação, do mesmo modo precisamos lutar para nos tornarmos como ele. E, é importante, isso não significa que nos tornaremos um deus; significa, em vez disso, que nosso *telos* próprio consiste em participar na glória do Deus triúnico (2Pd 1,4). E, para tanto, devemos ingressar na luz incriada de Deus. Embora essa transformação final ocorra no céu, Palamas vê um vislumbre disso nas faces resplandecentes de Moisés quando ele desceu do Sinai (Ex 34,29), Estêvão pouco antes de seu martírio (At 7,55) e os três discípulos que testemunharam a transfiguração de Cristo no Monte Tabor (Mt 17,2).

Em uma longa e bela sentença, Palamas lista o que o iniciado precisa fazer para preparar a alma para a plenitude dessa visão de luz:

> Reconhece-se essa luz quando a alma deixa de se entregar a prazeres e paixões maléficas, quando adquire paz íntima e quietude dos pensamentos, repouso espiritual e alegria, desprezo pela glória humana, humildade aliada com um secreto júbilo, ódio pelo mundo, amor pelas coisas celestiais ou, antes, o amor pelo único Deus do Céu (3.1.36; 90).

Não utilizo a palavra *iniciado* à toa aqui. A progressão gradual que Palamas descreve traz notável semelhança com a de Platão. Palamas possui sua própria linha segmentada, sua própria peregrinação da caverna do mundo exterior que convida o iniciado, de maneira tão lenta, a separar-se das coisas vãs, temporais deste mundo, em busca de uma paz que transcende a compreensão.

Na verdade, apenas um capítulo antes, utilizando imagens platônicas, Palamas promete a seus colegas hesicastas que "nós também nos tornaremos luminosos se acendermos a nós mesmos, abandonando sombras terrenas, aproximando-nos da verdadeira luz de Cristo" (3.1.35; 90). Como em Platão, esse movimento da escuridão para a luz não é sensual – não muda as engrenagens de nossos olhos físicos, como diríamos hoje –, mas espiritual. De fato, ele insiste que até mesmo um cego pode receber a ansiada visão da luz incriada, pois não é com os sentidos corporais que a vemos.

Não obstante, Palamas acrescenta dois elementos à jornada do filósofo/amante platônico, o que torna sua visão distinta daquela de Platão: o primeiro, segundo defendo, extrai algo que já estava implícito em Platão; o segundo, insistirei, adiciona uma dimensão cristã a qual Platão, por carecer de revelação especial, ignorava.

Enquanto muitos monges, teólogos e místicos cristãos partilham da desconfiança de Platão em relação aos sentidos, Palamas dá um passo adicional. Para alcançar o incriado, algo mais do que nossos sentidos precisa ser transcendido: a visão de

> anjos e homens angélicos [...] não é uma sensação, uma vez que não é recebida pelos sentidos; tampouco é intelecção, uma vez que não é alcançada pelo pensamento ou pelo conhecimento que dele provém, mas após a cessa-

ção de toda atividade mental. Não é, portanto, produto seja da imaginação, seja da razão; não é nem uma opinião nem uma conclusão alcançada por meio do argumento silogístico (1.3.18; 35).

Em nítido contraste com a maioria dos cristãos de espírito platônico, mas ainda assim coerente com a tradição apofática da Igreja Ortodoxa Oriental, Palamas afirma que *nem* os sentidos, *nem* o intelecto, *nem* a imaginação, *nem* a razão podem apreender a luz incriada de Deus.

É verdade que o movimento, em Platão, vai do sensual Mundo do Devir para o intelectual Mundo do Ser, mas ainda assim, como vimos na primeira parte, Platão mesmo estava ciente dos limites da razão, da lógica e da dialética. Como sustentei nos capítulos 3 e 4, os maiores enunciados filosóficos de Platão sempre cedem espaço a um mito ou alegoria que fala para o leitor em um nível que transcende a razão, sem "mergulhar" num tipo de linguagem poética que Platão descartava como imitação de uma imitação. Por toda a sua exaltação da parte racional da alma, há algo nos melhores diálogos de Platão que vai além dos limites da razão, para afirmar uma contemplação pura.

No que se refere à segunda dimensão que Palamas acrescenta ao caminho ascendente platônica, de maneira bastante justa, ele a baseia na incapacidade de os gregos pré-cristãos imaginarem que nosso corpo pudesse ter um papel positivo na busca da Visão Beatífica:

> Não veem que, se alguém deseja combater o pecado e adquirir virtude, para encontrar a recompensa da luta pela virtude, ou antes, o sentido intelectual, penhor dessa recompensa, é preciso forçar a mente para retornar para dentro do corpo e de si mesmo? Por outro lado, fazer a mente "sair", não só dos pensamentos carnais, mas do próprio corpo, com o objetivo de contemplar visões inteligíveis, eis o maior erro dos helênicos, raiz e fonte de todas as heresias, invenção dos demônios, doutrina que engendra sandice e é ela própria fruto da loucura. É por isso que aqueles que falam por inspiração demoníaca ficam fora de si, sem saber o que estão dizendo. Quanto a nós, recolhemos a mente não apenas no corpo e no coração, mas também dentro de nós mesmos (1.3.4; 43-44).

Embora a linguagem de Palamas seja desnecessariamente dura e condenatória e sua invocação do diabo seja gratuita – certamente Platão não pode ser censurado por não ter acesso à Bíblia –, ele está correto em criticar os neoplatônicos por seu dualismo e gnosticismo. Assim como a maioria dos estoicos e epicuristas de Atenas riram de Paulo quando ele falou da ressurreição (At 17,32), do mesmo modo os neoplatônicos não eram capazes de conceber que uma alma quisesse se manter unida a seu corpo.

Mas essa é precisamente a razão pela qual o suposto platônico cristão deve testar e modificar os ensinamentos de Platão em conformidade com a revelação mais plena de Cristo e da Bíblia. A noção de que poderíamos ser almas encarnadas, em vez de almas presas a corpos, e de que nossos corpos poderiam ser glorificados juntamente com nossas almas simplesmente não era pensável no interior da visão de mundo de Platão. Não penso que Platão teria concebido que as atividades espirituais do iniciado pudessem transformar não só a alma, como também o corpo. Ele certamente não teria imaginado que Deus assumiria a carne humana (Jo 1,14).

Ainda assim, tivesse ele vivido após a encarnação e aceito, como os três Gregórios deste capítulo, que Cristo assumiu a plenitude de nossa humanidade, ele poderia não ter aceitado as implicações dessa grande doutrina:

> Pois, assim como a divindade da Palavra de Deus encarnada é comum a nossa alma e corpo, uma vez que Ele deificou a carne pela mediação da alma, para que ela também realizasse as obras de Deus; assim, de maneira similar, no homem espiritual, a graça do Espírito, transmitida ao corpo pela alma, concede igualmente ao corpo a experiência das coisas divinas e lhe permite experimentar a mesma bênção que a alma (2.2.12; 51).

De muitas maneiras, a doutrina ortodoxa da teose, à qual Palamas se refere nessa passagem, parecerá menos estranha ao platônico do que ao protestante evangélico. Pois o platônico sabe instintivamente aquilo que o protestante com frequência esquece: que a santificação é um processo longo, lento, no qual a salvação provoca transformação à medida em que os iniciados se conformam lentamente à imagem da Bondade, da Verdade e da Beleza as quais buscam.

Filósofos e teólogos cristãos não precisam rejeitar Platão porque ele não sabia que o corpo participa dessa transformação. Pelo contrário, deveria ser sua tarefa, e alegria, estender a compreensão de Platão da jornada da alma de modo a incluir a glorificação do corpo.

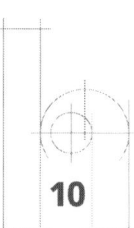

10
Platão no Ocidente: Agostinho, Boécio e Dante

No livro II, capítulo 6 de *Sobre a doutrina cristã* (ca. 397), Agostinho de Hipona, tomando emprestada uma metáfora bíblica que Orígenes utilizava com frequência, estabelece a exata relação entre a erudição pagã e a verdade cristã:

> Se aqueles que são chamados de filósofos, especialmente os platônicos, disseram coisas que são de fato verdadeiras e que se acomodam bem à nossa fé, não devem ser temidos; em vez disso, o que disseram deve ser tomado deles como detentores injustos e convertidos para nosso uso. Assim como os egípcios não apenas possuíam ídolos e lápides funerárias que o povo de Israel detestava e evitava, também tinham vasos e ornamentos de outro e prata e roupas que os israelitas levaram consigo secretamente quando fugiram, como se para dar a eles um melhor uso. Não faziam isso por sua própria autoridade, mas por mandamento de Deus, enquanto os egípcios, de maneira involuntária, lhes forneciam coisas que eles mesmos não utilizavam bem. Do mesmo modo, todos os ensinamentos dos pagãos contêm não somente fabulações simuladas e supersticiosas e lápides funerárias de trabalho desnecessário, que todos nós que deixamos a sociedade dos pagãos sob a liderança de Cristo devemos abominar e evitar, mas também disciplinas liberais mais adequadas aos usos da verdade e alguns preceitos utilíssimos concernentes à moral. Mesmo algumas verdades concernentes à adoração

de um único Deus se encontram entre eles. São, por assim dizer, seu ouro e prata, que eles não instituíram para si, mas que extraem de certas minas da Providência Divina, que se encontram difusas por toda parte e são perversa e injuriosamente abusadas na adoração de demônios. Quando os cristãos se separam em espírito de sua miserável sociedade, eles devem levar seu tesouro consigo para o justo uso do ensinamento do Evangelho. E suas roupas, que são feitas para essas instituições humanas que se acomodam à sociedade humana e são necessárias para a condução da vida, devem ser apanhadas e mantidas para serem convertidas aos usos cristãos[1].

Cito essa extensa passagem na íntegra, pois ela fornece a chave para qualquer um que queira compreender como os pensadores cristãos da Antiguidade tardia e da Idade Média interagiam com Platão. Eles estavam bem cientes dos perigos da erudição pagã, mas muitos deles tinham a fé de que poderiam se apoderar das verdades latentes em Platão e em outros autores antigos e convertê-las para uso cristão.

O episódio ao qual Agostinho alude é geralmente referido como o despojamento (ou saque) dos egípcios (Ex 12,36), episódio que Agostinho, como Orígenes antes dele, transformam em alegoria. Na interpretação padrão medieval desse episódio, o ouro e a prata apontam para as "disciplinas liberais" e "preceitos úteis" cuja origem última provém de "certas minas da Providência Divina". Deus não apenas admite, como *ordena* que saqueemos esse ouro de modo a podermos purificá-lo de seus próprios elementos demoníacos e lhes dar um uso adequado. Os seguidores de Cristo são os legítimos detentores da verdade, e é justo que reivindiquemos essa verdade sempre que a encontrem.

Neste capítulo, na medida em que passamos da Igreja oriental para sua contrapartida ocidental, examinaremos esses três pensadores originais, ainda que tradicionais, que utilizaram de maneira plena e apropriada o ouro e a prata que saquearam dos escritos de Platão. Iniciarei com Agostinho (354-430), cuja longa estrada para a fé, registrada de maneira tão memorável em suas *Confissões* (397-400), o levou de uma

---

1. SAINT AUGUSTINE, *On Christian doctrine*, trad. D. W. Robertson Jr., Upper Sadle River, NJ, Prentice Hall, 1958, 75.

seita de gnósticos conhecida como os maniqueus para a ortodoxia cristã, por meio dos escritos dos neoplatônicos.

A conversão de Agostinho

Como membro dos maniqueus, o jovem Agostinho acreditava que a carne era irremediavelmente corrupta e que dela era preciso escapar e transcender. Os maniqueus ensinavam que, em sua luta contra as forças dualistas da corrupção, o Deus incorruptível enviara um rebento de sua substância para combatê-las. Essa substância foi a alma do homem; no entanto, em sua luta com a corrupção, "tornara-se cativa, impura e corrupta, enquanto a Palavra de Deus, que deveria vir em seu auxílio, era livre, pura e incorrupta. Porém, se assim foi sido, a Palavra de Deus também deveria ter sido sujeitada à corrupção, pois proveio da mesma substância que a alma" (7.2; 135)[2].

Embora Agostinho, o maniqueu, compreendesse o problema que a alma enfrenta para adquirir a salvação e a libertação, ele logo se deu conta de que os ensinamentos dos maniqueus não poderiam efetuar a salvação pela qual ansiavam. É por esse motivo que, na segunda sentença citada acima ele utiliza uma *reductio ad absurdum* socrática para mostrar que, se os maniqueus estivessem corretos sobre a corrupção intrínseca da carne, qualquer tentativa de resgatar a alma estaria condenada desde o início. Pelos vários capítulos seguintes, ele continua a expor as contradições presentes no centro do maniqueísmo, até que, no capítulo nono, ele chega aos escritos dos neoplatônicos, particularmente Plotino, e encontra ali a ponte que precisa para atravessar o Tibre.

Nos "livros dos platônicos", explica Agostinho, ele encontrou que o Logos era Deus, que o Logos viera por si próprio e que trouxera luz e vida (Jo 1,1-5.9), mas não encontrou escrito que todos os que acreditavam em seu nome receberam o direito de serem chamados de filhos de Deus (Jo 1,12). Do mesmo modo, embora "nos mesmos livros li também

---

2. AUGUSTINE, *Confessions*, trad. R. S. Pine-Coffin, Londres, Penguin, 1961. Fornecerei no texto os números do livro e do capítulo, seguidos pelo número da página.

sobre a Palavra, Deus, que seu nascimento proveio não de matéria humana, não da vontade da natureza ou do homem, mas de Deus (Jo 1,13) [...] não li neles que a Palavra se tornara carne e passou a residir entre nós (Jo 1,14)" (7.9; 144-145). Continuando no mesmo capítulo, Agostinho faz uma terceira distinção entre os ensinamentos dos neoplatônicos e os do Novo Testamento – a saber, que, enquanto os neoplatônicos aceitam o primeiro versículo da grande passagem de Paulo sobre a encarnação (Fl 2,6) e ensinam que "Deus, o Filho, sendo ele mesmo, como o Pai, de natureza divina, não viu, no nível da divindade, um preço a ser cobiçado", negaram que o Filho "despojou-se de si mesmo e assumiu a natureza de um escravo moldado à semelhança dos homens, apresentando-se a nós em forma humana (Fl 2,7)" (7.9; 145). O que está em questão aqui é aquilo a que Paulo se refere como a *kenosis*, o ensinamento de que o Logos divino, ao assumir a humanidade, esvaziou-se da plena glória e prerrogativas de que partilhava como membro da divindade e tornou-se, para citar o autor da Epístola aos Hebreus, "um pouco menor que os anjos" (Hb 2,7).

Embora Agostinho exponha aqui erros dos neoplatônicos, ele o faz de uma maneira bem diferente do que o fizera com os maniqueus. Enquanto os segundos o tenham desviado, os neoplatônicos o ajudaram a colocar seus pés no caminho apropriado em direção à verdade. Com efeito, Agostinho termina o capítulo 9 invocando a mesma metáfora bíblica que ele utiliza na passagem de *Sobre a doutrina cristã* citada acima:

> Foi dos gentios que vim até vós e meditei sobre o ouro que desejastes que vosso povo levasse consigo do Egito, pois, onde quer que estivesse, era vosso. Por meio de vossos apóstolos disseste aos atenienses que é em vós que vivemos, nos movemos e temos nosso ser, como alguns de seus próprios poetas nos contaram [At 17,28]. E, é claro, os livros que eu lia foram escritos em Atenas. Mas vosso povo utilizara vosso ouro para servir aos ídolos dos egípcios, pois havia trocado a verdade de Deus por uma mentira, reverenciando e adorando a criatura em preferência ao Criador [Rm 1,25], e não foi sobre esses ídolos que me fixei (7.9; 146).

De maneira um tanto quanto críptica, Agostinho explica aqui que sua peregrinação em direção a Cristo não se deu por meio do Antigo

Testamento (os judeus que utilizaram mal o ouro que subtraíram dos egípcios para fazer o bezerro de ouro), mas por intermédio dos escritos dos neoplatônicos gregos (os gentios, que tiveram acesso, por meio das minas da Providência Divina, à verdade real). Para complicar um pouco mais a analogia primária, Agostinho efetua uma segunda analogia entre sua própria jornada em direção à fé e o discurso de Paulo em Atenas: assim como Paulo ajudou a construir uma ponte entre o estoicismo e o epicurismo da elite ateniense, citando um verso do poeta grego Epimênides (At 17,28), do mesmo modo Agostinho encontrou sua própria ponte entre os escritos filosóficos de Platão e seus herdeiros.

À medida que Agostinho efetua sua lenta transição da verdade parcial dos neoplatônicos – que conheciam a Palavra eterna (Jo 1,1), mas não podiam conceber a encarnação (Jo 1,14) – para a verdade plena de Cristo, da Bíblia e da Igreja, ele descreve o processo por meio de uma metáfora platônica de ascensão do físico para o espiritual: "Assim, passo a passo, meus pensamentos passaram da consideração de coisas materiais para a alma, que percebe coisas mediante os sentidos do corpo, e para a capacidade intrínseca da alma à qual os sentidos corporais comunicam fatos externos" (7.17; 151). No final, Agostinho deixa claro, foi seu encontro direto com o Cristo encarnado-ressurrecto, e não com Platão, que o salvou (7.18). Não obstante, Platão preparou o caminho ao levá-lo para o início da ladeira e ao apontar seu olhar para cima: "Ao ler esses livros dos platônicos, eu fora provocado a buscar pela verdade de algo incorpóreo, e vislumbrei sua natureza invisível, como é conhecida por meio de suas criaturas [Rm 1,20]" (7.20; 154).

O que é interessante, à medida que Agostinho conclui sua discussão do papel que os escritos dos neoplatônicos desempenharam em sua conversão, ele sugere que o maior problema com os neoplatônicos não era seu erro intelectual, mas seu orgulho espiritual:

> Como poderia eu esperar que os livros platônicos me ensinassem caridade? Acredito que foi por vossa vontade que passei por esses livros antes de estudar as Escrituras, pois desejáveis que eu sempre me lembrasse da impressão que causaram sobre mim, de modo que, mais tarde, quando fui castigado por vossa Santa Vontade e minhas feridas tinham sido tocadas por vossa mão curativa, eu fosse capaz de ver e compreender a diferença entre pre-

sunção e confissão, entre aqueles que veem o objetivo que devem alcançar mas que não podem enxergar o caminho para chegar até lá, e aqueles que veem o caminho para essa terra abençoada que não constitui mera visão mas nossa casa (7.20; 154).

Os herdeiros de Platão conheciam a meta (a Visão Beatífica) pela qual a alma devia lutar, mas não conheciam o caminho adequado para chegar lá, pois presumiam que podiam alcançá-la por meio de seu próprio esforço e sabedoria. Seus *desejos* estavam certos, mas careciam da humildade para ver e confessar sua necessidade.

E algo mais. Uma vez tendo abraçado Cristo, Agostinho percebeu que o verdadeiro *telos* para o qual fora feito transcendia a visão da Forma da Bondade. A iluminação é uma coisa boa, mas o fim próprio para o qual fomos feitos é bem mais pessoal e íntimo. O fim da jornada não é um princípio universal a ser contemplado, mas uma morada eterna na qual habitarmos. É dessa forma que Agostinho reza a Deus no famoso parágrafo de abertura das *Confissões*: "Tu nos fizeste para ti, e nossos corações não encontrarão paz até que repousem em ti" (1.1; 21).

A *Consolação* de Boécio

A *Consolação da filosofia*, de Boécio, apoia-se na premissa filosófico-teológica de que Deus fala ao mundo por meio tanto da revelação geral quanto da especial. A despeito do fato de que Platão viveu e morreu antes de Cristo e não conhecia o Antigo Testamento, seus escritos testemunham a verdade à qual todos têm acesso por meio da criação, da consciência, da razão e de nosso desejo humano comum de seguir o *telos* para o qual fomos feitos. Com efeito, a *Consolação* constitui um ponto de junção no diálogo entre a revelação geral e a especial, o paganismo e o cristianismo, Platão e Cristo.

Isso porque, em sua *Consolação*, o cristão Boécio (c. 480-524) propôs-se uma tarefa monumental: verificar o quanto de verdadeira sabedoria poderia extrair dos escritos dos melhores filósofos pré-cristãos (Platão, Aristóteles, Cícero) e das melhores escolas (neoplatonismo, estoicismo, epicurismo). Embora Teodorico, rei dos ostrogodos e governante da Itália, tenha preparado o caminho para que Boécio se tornasse Cônsul de Roma (510), ele mais tarde o enviou para a prisão (523), mais provavelmente porque Teodorico, ariano, desaprovasse as crenças ortodoxas de Boécio. Antes de sofrer uma morte de mártir, no ano seguinte, Boécio escreveu a *Consolação* na prisão, como maneira de encontrar algum consolo com o legado da filosofia greco-romana.

Por um acaso da história – ou como resultado da Providência Divina –, a *Consolação* se tornou um dos principais canais pelos quais o pensamento grego foi conduzido para a Europa medieval durante os longos anos em que a língua grega praticamente se perdeu no Ocidente (ela retornaria com a fuga dos gregos bizantinos, após a conquista otomana de Constantinopla, devolvendo à Europa o conhecimento clássico que ajudou a iniciar o Renascimento). O pensamento grego que Boécio ajudou a preservar incluía os campos da literatura, da ética, da filosofia e da teologia; nesta seção, no entanto, eu me concentrarei especificamente no modo como ele manteve vivo o apelo de Platão para empreender o caminho ascendente.

Narrado na forma de um memorável quadro dramático, que lembra os diálogos de Platão, a *Consolação* imagina Boécio recebendo na prisão a visita da Dama Filosofia, que primeiramente expulsa as musas – que só contribuíram para aumentar a tristeza e a autopiedade do autor – e o instrui a respeito do método apropriado para enxergar e lidar com seus infortúnios. Como se fosse Sócrates, criticando os atenienses por valorizar coisas menores como a riqueza e o poder, em vez de coisas como a sabedoria e a virtude, A Dama Filosofia desafia Boécio a compreender seu único propósito como ser humano racional:

> Ele [o Criador] pretendia que a raça humana estivesse acima de todas as outras coisas terrenas; porém, vós rebaixastes vosso lugar de honra para baixo dos mais inferiores dos seres. Pois, para que cada coisa boa seja mais valiosa do que aquilo a que pertence, certamente vos pusestes mais baixo do que eles [os animais] em sua estima, uma vez que considerais preciosas as coisas mais desprezíveis; e trata-se de um resultado justo. Uma vez, portanto, que esta é a condição da natureza humana, que só supera as outras classes quando percebe o que é em si mesma; assim que deixar de conhecer a si

mesma, deve reduzir-se a um nível inferior ao das bestas. Para os outros animais, a ignorância de si é natural; para os homens, é uma falta (2; 33-34)[3].

A filosofia, assim Platão aprendeu de seu mestre, inicia-se quando atendemos a este importantíssimo mandamento: conhece-te a ti mesmo. Enquanto não soubermos quem somos, não podemos determinar nosso propósito ou o quão distantes estamos de realizar esse fim. Nós certamente não podemos apreciar o valor das coisas, pois não temos padrão com o qual mensurá-lo.

Ignorar nossa natureza própria é nos reduzirmos ao nível de um animal irracional que carece tanto de consciência quanto de consciência de si. Conhecermo-nos como somos é nos elevarmos acima daquilo que, em nós, é bestial. Como cristão, Boécio não acredita na transmigração das almas, mas ainda assim encontra uma maneira de preservar e afirmar os mitos platônicos nos quais uma alma má desce em direção ao estado de vários corpos animais. E essa maneira é a alegórica, utilizada, como vimos no capítulo anterior, por Orígenes e por Gregório de Nissa. Uma vez que se referir diretamente à Bíblia violaria sua decisão de se limitar à revelação geral, Boécio toma emprestado um mito de Homero e lhe confere um sentido alegórico.

Trata-se do bem conhecido relato, em *Odisseia* 10, em que Circe transforma os homens de Ulisses em porcos. Ao localizar uma verdade espiritual eterna reluzindo na história pagã, Boécio permite que os leitores cristãos tenham acesso à sabedoria de Platão sem comprometer sua crença de que somos almas dotadas de carne:

> Como somente a bondade pode conduzir os homens para adiante em sua humanidade, o mal da necessidade levará para abaixo do estado honroso da humanidade aqueles que saírem da primeira posição. O resultado é que não se pode considerar um homem quem foi, por assim dizer, transformado por seus vícios. Se um homem violento e um ladrão arderem de cobiça pelas posses de outros homens, pode-se dizer que se trata de um lobo [...]. Se outro se encontra em um atoleiro de loucura e desejos imundos, ele é mantido

---

3. BOETHIUS, *The consolation of philosophy*, trad. W. V. Cooper, in: *The great books. Seventh year 2*, Chicago, Great Books Foundation, 1959. Fornecerei no texto o número do livro e o número da página.

embaixo pelos desejos de um porco sujo. Assim, um homem que perde sua bondade deixa de ser homem e, como não pode mudar sua condição para a de um deus, transforma-se em besta (4; 89).

Note-se que Boécio, ao mesmo tempo em que permanece fiel ao espírito de Platão, introduz de forma sub-reptícia a noção ortodoxa de teose. Como nos mitos, quando permitimos que nossas almas se tornem pesadas e preguiçosas mediante a indulgência no vício e no apetite, nos só nos desvalorizamos. Violência, cobiça e luxúria nos arrastam para baixo, transformando-nos em algo para o que não fomos criados. Podemos não nos tornar literalmente lobos ou porcos, mas nos tornamos semelhantes a eles, à medida que nossos pecados nos levam a abandonar nossa humanidade.

Não faz parte de nosso *telos* nos afundarmos na bestialidade, mas também não faz parte dele permanecermos meramente humanos. Fomos feitos para subir e participar da vida do Divino. Boécio sabe que Platão desconhecia a teose, que ele provavelmente não teria imaginado os homens vivendo na intimidade do Demiurgo do *Timeu*, e, ainda assim, o autor cria um espaço no qual a jornada de Platão da alma em direção à Visão Beatífica pode impulsionar a peregrinação da alma do cristão em direção ao Deus triuno.

Para encorajar Boécio a buscar a visão das Formas, a Dama Filosofia começa por exaltar o Criador em linguagem emprestada diretamente do *Timeu*:

> Tu, que deves governar o universo com uma lei eterna, fundador tanto da Terra como do Céu, que produziste o tempo a partir da Eternidade, para sempre firmares a Ti mesmo, e ainda assim dando movimento a tudo. Nenhuma causa foi sem Ti nem que pudesse impelir-te a criar essa massa de matéria cambiante, mas dentro de Ti existe a própria ideia do bem perfeito, que nada anseia. Pois de que podes ter inveja? Fazes que tudo siga esse padrão. Na perfeita beleza criaste em tua mente um mundo de beleza, tornando tudo uma imagem semelhante e levando o todo perfeito a completar suas perfeitas funções (3; 62).

Esse não é exatamente um Deus de amor, mas é, ainda assim, um cuja falta de inveja permite que cultive um desejo de ver suas criaturas atingir essa perfeição que ele concebeu em seu cosmos. Sim, trata-se do impassível Motor Imóvel de Aristóteles (*Metafísica* 12.7) que põe tudo em movimento, apesar de estar ele próprio imóvel, mas que possui um amor platônico pela Beleza e que moldou a criação segundo algo como essa Palavra (ou Logos) que Agostinho descobriu nos escritos dos neoplatônicos.

Mas a invocação do Criador pela Dama Filosofia é apenas o prelúdio de sua demanda para que Boécio, e todos os filósofos, sejam capazes de ascender os degraus da escada em direção ao Mundo do Ser:

> Concede-lhes, ó Pai, que esta mente nossa possa ascender a Teu trono de majestade; concede-nos que alcancemos essa fonte do bem. Concede-nos que possamos encontrar a luz de modo a nos colocarmos em teus olhos sempre abertos; afasta-te dessas pesadas nuvens deste mundo material. Brilha sobre nós em Tua própria e verdadeira glória. Ver-te claramente é o limite de nosso objetivo. Sê nosso início, nosso progresso, nosso guia, nosso caminho, nosso fim (3; 63).

Mais uma vez, isso vale para Platão e sua busca pelo Sol por trás do sol, pela Forma do Bem; mas também incorpora o anseio cristão de contemplar a luz incriada de Deus e conhecer, e ser conhecido por, o Único que é o Alfa e o Ômega, o início e o fim (Ap 1,8; 22,13). O Criador não é somente uma ideia; é um rei em um trono. Nele, há mais do que contemplação: há repouso.

Sejamos nós platônicos iniciados ou discípulos de Cristo, nosso objetivo é afastar "as nuvens pesadas deste mundo material", de modo a que possamos enxergar a luz da Verdade.

A jornada de Dante

De todos os grandes escritores medievais, aquele que foi mais profundamente influenciado pela *Consolação* de Boécio foi o poeta Dante Alighieri (1265-1321), que recebeu seu Aristóteles de Tomás de Aquino, mas que se apoiou em Boécio (e Agostinho) para a maior parte de seu Platão. Seu poema épico em três partes, *A divina comédia*, concluída pouco antes de sua morte, durante seu longo exílio de sua amada Florença, descreve uma jornada da alma que combina a visão filosófica da linha segmentada de Platão com o respeito e admiração por sua alegoria da caverna. Com efeito, seria possível ler a *Comédia* como um mito platônico estendido da vida após a morte, uma espécie de mito de Er ampliado.

Para compreender a forma da jornada épica de Dante, nada melhor do que meditar sobre três passagens do livro III da *Consolação*, as quais capturam a essência de Platão:

> Com efeito, todos os homens têm em si o desejo inato do bem verdadeiro, mas os erros de sua ignorância desviam-nos para falsos bens (3; 45).
>
> Mas volto a considerar os esforços daqueles cuja alma não cessa de procurar o que é bom para si, mesmo se sua escolha o induz ao erro; tal como o ébrio, sua alma não encontra o caminho de casa (3; 46).
>
> Todas as coisas precisam encontrar seu próprio curso peculiar novamente, e cada uma se rejubila com seu próprio retorno (3; 48).

Embora haja subjacente ao Gênesis e ao Êxodo um tema de peregrinação, de residentes serem chamados a serem estrangeiros em uma terra estranha, o conceito de jornada mística da alma é bem mais helênico do que hebraico. Mesmo o Novo Testamento, que emprega poderosas imagens de escuridão e de luz, erro e verdade, não utiliza de fato a linguagem dos mitos de ascensão de Platão. Boécio está expressando muito mais Platão do que os Evangelhos ou as epístolas de Paulo, e o mesmo vale para Dante – se bem que, quando chegamos à época de Dante, a teologia e a filosofia cristã praticamente absorveram todo Platão.

Argumentei acima que Hebreus 9 se refere ao tabernáculo celestial e ao terreno em linguagem que ecoa a distinção de Platão entre as Formas e suas imitações físicas. No entanto, quando Clemente de Alexandria, Orígenes, Gregório de Nissa ou Agostinho encontram significados espirituais nas histórias do Antigo Testamento, eles vão além do uso por Jesus ou Paulo da tipologia – "E, se quiserdes dar crédito, ele [João Batista] é o Elias que deve vir" (Mt 11,14); "Pois nossa Páscoa, Cristo, foi imolado [por nós]" (1Cor 5,7) –, assumindo um tipo de pensamento analógico cuja fonte última é Platão. Certo, Paulo escreve em termos místico-alegóricos quando compara Sara e Agar a duas montanhas e duas alianças (Gl 4,21-26) ou quando identifica Jesus com a rocha espiritual da qual Moisés e os filhos de Israel beberam (1Cor 10,4), mas o foco específico na jornada da alma em direção à luz possui raízes mais fortemente platônicas do que judaico-cristãs.

Considerem-se as famosas linhas inicias da *Comédia*:

A meio caminho em nossa jornada vital, eu me afastei
do caminho reto e acordei me encontrando
sozinho na floresta escura (*Inferno* 1.1-3; 16)[4].

Embora Dante se retrate deslocando-se física e externamente pelo inferno, purgatório e paraíso, sua jornada, à maneira de Platão, é em última instância espiritual e interna. Antes que a ação épica se inicie, o que está implícito nos versos, Dante pensara que estava seguindo o caminho certo – ou seja, até que ele se viu fora do caminho, perdido em uma floresta escura, um mundo esparsamente iluminado de erro e ilusão que sugere a caverna de Platão.

Com efeito, o vínculo entre a floresta de Dante e a caverna de Platão é reforçada pelo fato de que, quando Dante luta para encontrar seu caminho para fora da floresta, ele vê uma luz brilhando acima de si,

os doces raios desse planeta [o sol]
cuja virtude conduz os homens corretamente em toda estrada (1.17-18; 17).

Assim como o sol na alegoria da caverna representa a Forma do Bem, ele corresponde aqui ao Deus triuno. Infelizmente, Dante logo descobre que não pode ascender diretamente em direção ao sol; para que ele consiga encontrar seu caminho de volta a Deus, ele precisa tomar uma rota bem mais longa e árdua. Como Er, ele precisa descer, ainda vivo, ao mundo subterrâneo, para ver o estado final das almas e compreender as consequências de nossas escolhas na terra.

---

4. ALIGHIERI, DANTE, *The divine comedy*, trad. John Ciardi, New York, New American Library, 2003. Fornecerei no texto os números do canto e da linha, seguidos pelo número da página.

Seu guia para dois terços dessa jornada será o pré-cristão Virgílio, que tem em relação à poesia pagã a mesma relação que Platão com a filosofia pagã – a encarnação suprema do mais longe que a razão e a virtude podem alcançar sem a graça divina. Dante sabe que Virgílio (como Platão) pode levá-lo bem longe no caminho indicado – até, na verdade, o jardim do Éden –, mas não pode levá-lo ao longo do caminho todo, até o verdadeiro sol. A visão de Virgílio, como a de Platão, era limitada e precisava ser superada, *embora não cancelada*, pela revelação mais plena da graça de Deus em Cristo e no Novo Testamento, simbolizada, na *Comédia*, por Beatriz.

Virgílio e Platão, como se revela, compartilham uma morada eterna no primeiro círculo do inferno, o reino dos pagãos virtuosos: aqueles que eram essencialmente isentos de pecado, mas que careciam da graça de Cristo. Leitores de primeira viagem do *Inferno* 4 podem sentir grande piedade por Virgílio, Platão e seus colegas pagãos virtuosos, e podem até mesmo considerar Dante cruel e injusto por situá-los no inferno, mas a resposta está nos detalhes. A descrição de Dante do lugar de repouso final dos mais virtuosos poetas, filósofos e estadistas pré-cristãos se baseia diretamente na descrição por Sócrates dos Campos Elíseos, no final da *Apologia* (40e-41c; ecoada por Virgílio na *Eneida* 6): uma planície verdejante sobre a qual as almas dos homens justos caminham, discursando sobre a verdade e a virtude. Em outros termos, Dante concede a Platão e Virgílio a plena extensão de seus próprios desejos e imaginações.

Dante tem acesso a um conhecimento negado a Platão e Virgílio, mas também possui um anseio mais amplo por intimidade com Deus. O pré-cristão Platão procurou, por meio do método dialético, ativar lembranças de suas experiências pré-natais com as Formas: o cristão Dante deseja encontrar seu caminho de volta para casa, uma casa que transcende o Éden. O objetivo de Platão é escapar dos limites de nosso decadente Mundo do Devir; o objetivo de Dante é encontrar seu lugar próprio face a Deus. Utilizando uma metáfora náutica, ele explica que não só ele mesmo, mas toda a natureza se move na onda do grande mar do ser em direção a seu próprio porto (*Paraíso* 1.112-13; 600).

Os mitos de Platão são cósmicos, como na jornada épica de Dante, mas a visão deste se expande para se colocar no lugar de todo ser humano individual no interior desse cosmos. Ambos, Platão e Dante, apresentam uma visão hierárquica na qual algumas pessoas moram mais perto da verdade do que outras. O universo de Dante naturalmente recai numa linha segmentada platônica, pois seu universo opera de acordo com uma única e simples lei:

> A glória Daquele que move todas as coisas irradia-se
> por todo o universo e se reflete
> em cada coisa em proporção a seu valor (*Paraíso* 1.1-3; 596).

Nos esquemas de ambos – Platão (filtrado por Tomás de Aquino) e Dante –, haverá alguns cuja experiência da Visão Beatífica será maior do que a de outros, assim como haverá muitos que ficarão inteiramente vedados dessa visão. Mas, em Dante, a ênfase platônica no conhecimento, com a glória sendo atingida por meio de vigoroso esforço, é transcendida pela revelação mais elevada da graça de Deus. Assim, quando Dante encontra Piccarda, a alma de uma freira que reside na mais baixa esfera celestial (a Lua) e se pergunta se ela não deveria residir em uma esfera mais elevada, próxima à luz incriada de Deus, ela responde que está inteiramente contente onde está e não deseja ascender mais ou descer:

> Irmão, o poder do amor, que é nossa bênção,
> acalma toda a nossa vontade. O que desejamos, temos.
> Não há em nós outra sede além dessa. [...]
> E assim as posições que assumimos sucessivamente
> ao longo desse reino agradam a todo o reino enquanto
> agradarem Aquele que nos deseja em Sua vontade.
> Em Sua vontade está nossa paz (*Paraíso* 3.70-72, 82-85; 617-618).

Piccarda tem apenas um desejo, que é estar onde Deus gostaria que ela estivesse. Caso precisasse subir mais um degrau na escada platônica da beatitude, ela perderia a paz e a alegria que possui. Não é uma estudante procurando alcançar o mais alto grau que puder; é uma noiva que deseja estar exatamente onde seu noivo quer que ela esteja. Platão nos leva para fora da caverna e em direção à luz; Dante nos conduz para fora da floresta escura e para os braços daquele que não só fez a luz, como é ele próprio a luz do cosmos.

Diferentemente de Sócrates, que escolheu morrer a ser exilado de Atenas, Dante, mais uma vez exilado, contra sua vontade, de Florença, descobriu que sua verdadeira e duradoura cidadania se encontrava no céu.

11
Da Renascença ao Romantismo: Erasmo, Descartes e Coleridge

Embora o sempre controverso Dante tenha temperado sua *Comédia* com longas invectivas contra os padres, monges e papas corruptos de sua época, ele próprio era um cristão ortodoxo que separava, de um lado, seu amor por atores clássicos pré-cristãos como Homero, Virgílio, Platão e Aristóteles, e, do outro, aquele por Cristo, pela Bíblia e pelos credos da Igreja. Esse foi o caso, igualmente, de outro escritor controverso que viveu na aurora da Renascença e que lutou ao lado de Martinho Lutero até perceber que este tinha ido longe demais e estava causando desnecessária divisão. Refiro-me, é claro, a Erasmo de Roterdã (ca. 1469-1536), cuja publicação do Novo Testamento em grego foi instrumento fundamental para o trabalho dos reformadores protestantes e cujo satírico, anticlerical *Elogio da loucura* levou muitos leitores modernos a pensar, falsamente, que Erasmo era um protovoltaireano que utilizou o ácido do ceticismo para dissolver toda a fé e a tradição. Na verdade, Erasmo foi um cristão humanista da mais alta ordem que acreditava que a erosão do ensino clássico estava levando teólogos cristãos a serem *piores* leitores da Escritura, embora ele jamais tenha deixado a Igreja Católica, como fez Lutero:

Julgo que, em comparação com os Padres da Igreja, nossos teólogos de hoje formam um grupo patético. A maioria deles carece da elegância, do charme da linguagem e do estilo dos Padres. Contentes com Aristóteles, tratam os mistérios da revelação da maneira enviesada do lógico. Excluindo os platônicos de seus comentários, estrangulam a beleza da revelação. Entretanto, uma autoridade não menor do que Santo Agostinho prefere se expressar no estilo fluente que tanto fez para realçar os amáveis escritos da escola platônica. Ele os prefere não só porque contêm tantas ideias que são apropriadas para nossa religião, mas também porque as linguagens figurativas que utiliza, abundantes em alegorias, aproximam-se bastante da própria linguagem da Escritura. Os grandes autores cristãos do passado eram capazes de tratar até mesmo os assuntos mais áridos com uma bela prosa. Enriqueciam e coloriam seus sermões e comentários com o uso constante da alegoria. Quase todos eles estavam em casa com os escritos de Platão e dos poetas, e utilizavam seu treinamento literário, com grande vantagem, na interpretação das palavras da Escritura[1].

Lutero apoia-se fortemente em Agostinho em sua tentativa de reformar a doutrina cristã e trazê-la de volta às raízes da igreja primitiva. Erasmo também voltava seu olhar para Agostinho, mas por causa de seu classicismo, assim como por causa de sua teologia. Ambos se opunham à seca escolástica, mas Erasmo sentia que o remédio adequado não consistia em se livrar de Aristóteles, mas sim em injetar um necessário Platão.

Os reformadores tendiam a se afastar das leituras alegóricas da Escritura, embora oferecessem leituras não literais, às vezes. Por seu lado, Erasmo via a beleza estética da Bíblia como parte e parcela de sua mensagem e de sua verdade. Mas, para acessar essa beleza, como Agostinho antes dele, ele necessitava da ajuda da escola platônica, a fim de extrair apropriadamente a linguagem figurativa da Bíblia. Assim, em seu *Manual do soldado cristão* (ou *Enchiridion*; 1503), obra que também toma os pagãos virtuosos de Dante, especialmente Sócrates e Platão, como valiosos modelos para imitação e orientação ao longo do espinhoso caminho da virtude, argumenta: "Se o exemplo dos santos for demasiado

---

1. ERASMUS, *The handbook of the militant Christian*, in: DOLAN, JOHN P. (org. e trad.), *The essential Erasmus*, New York, Mentor, 1964, 63-64.

para nós, devemos pelo menos ter orgulho suficiente para não ser deixados para trás por pagãos. Com pouco conhecimento de Deus e menos ainda do inferno, muitos deles conseguiram conduzir vidas limpas e justas. Alguns deles até mesmo sofreram perda de propriedade e da vida por isso"[2].

Embora sempre buscando a Bíblia como autoridade final, Erasmo considerava o mandamento socrático de conhecer-se a si mesmo como um excelente ponto de partida para o crescimento espiritual, assim como considerava a poesia e a filosofia pagãs como portas de entrada naturais para a meditação madura sobre a Escritura. A sabedoria pagã corretamente utilizada por ser um mestre eficaz para nos conduzir a verdades mais elevadas. Afinal, para governar os israelitas, não procurou Moisés conselho de seu sogro pagão Jetro (Ex 18,19)?

Erasmo sobre a justiça

Eu poderia dizer mito mais sobre o *Enchiridion* de Erasmo, em particular sobre seu foco na jornada platônica do cristão ao longo do caminho ascendente, mas há outro livro vital de Erasmo que precisa ser mais bem conhecido hoje, livro no qual ele atualiza e cristianiza a *República* de Platão. Publicado em 1516, a *Educação de um príncipe cristão*, de Erasmo, veio a público um ano antes de Lutero afixar suas 95 Teses, no mesmo ano em que Thomas More publicou a *Utopia*, e três anos depois de Maquiavel ter escrito *O príncipe* (embora só o tenha publicado em 1532). Se Maquiavel provou ser o Trasímaco da Renascença – que ensinou que o poder estabelece o que é certo e que a justiça é a vontade do mais forte –, Erasmo esperava ser a contrapartida socrático-platônica ao realismo político [*Realpolitik*].

Assim como Maquiavel parece ter acalentado a esperança de que seu tratado político lhe granjeasse o cargo de conselheiro dos Médici ou dos Bórgia, do mesmo modo Erasmo, que dedicou seu tratado ao

---

2. Ibid., 76.

jovem príncipe que se tornaria o poderoso Imperador do Sacro Império Romano, esperava que ele lhe proporcionasse um cargo junto a Carlos V ou a seu rival igualmente poderoso, o rei Henrique VIII da Inglaterra. No entanto, diferentemente do cortesão Maquiavel, Erasmo deseja ser para Carlos ou para Henrique o que Platão tentou ser para Dionísio II da Sicília: um tutor, a fim de conduzi-lo ao longo do caminho da virtude.

Erasmo inicia a *Educação* exaltando a sabedoria como a principal virtude do príncipe cristão e, então, como bom humanista, cita Xenofonte, Platão, Homero, Plutarco e Esopo, antes mesmo de mencionar a Bíblia. Na verdade, o livro pode ser lido como um comentário mais à *República* do que à Bíblia. Ou não? Repetidamente, Erasmo arrasta seus leitores do melhor do paganismo para o mais alto chamado de Cristo e de sua Igreja. Após estabelecer a compreensão pagã do príncipe justo, ele convoca os príncipes cristãos a superarem os ideais pré-cristãos de Platão, Aristóteles, Sêneca e Plutarco: "Talvez fosse suficiente para um príncipe pagão ser generoso em relação a seus cidadãos, mas apenas justo em relação a estrangeiros. Mas é marca de um príncipe cristão não considerar ninguém estrangeiro, exceto aqueles que são estranhos aos sacramentos de Cristo, e evitar provocar até mesmo a estes, ao injuriá-los" (5; 78)[3].

Assim como Erasmo espera que seus leitores cristãos superem, não arrastem atrás de si, as virtudes dos antigos, do mesmo modo ele assume aqui que alguém que conhece Cristo e cumpre os sacramentos mostrará maior piedade, caridade e hospitalidade do que os melhores governantes pagãos. Os príncipes cristãos devem manter um padrão mais elevado, não só porque foram regenerados por Cristo, mas também porque possuem um acesso maior e mais nítido ao Bem, ao Verdadeiro e ao Belo.

Desde o início da *Educação*, Erasmo demonstra que possui uma lúcida compreensão da *República*. Enquanto muitos pensam, hoje, que Platão defendia reis-filósofos porque eles eram mais cultos, mais

---

3. ERASMUS, *The education of a Christian prince*, org. Lisa Jardine, trad. Neil M. Cheshire e Michael J. Heath, New York, Cambridge University Press, 1997. Citarei a seção e o número de página no corpo do texto.

inteligentes ou mais estudiosos do que outros homens, Erasmo se centra na mais importante qualificação:

> Uma grande parte das massas oscila ao sabor de falsas opiniões, como aquelas pessoas amarradas na caverna de Platão, que olhavam para as sombras vazias das coisas como se fossem as próprias coisas. Mas é papel do bom príncipe não ficar impressionado pelas coisas que as pessoas comuns consideram ter grandes consequências, mas pesar todas as coisas, examinando se elas são realmente boas ou más (1; 13).

Essa qualificação não mudou quando a intuição platônica deu lugar à revelação cristã; o que mudou foi a expectativa de que um príncipe cristão deveria possuir *mais* discernimento e *maior* capacidade de abandonar as sombras deste mundo pela realidade da verdade. Platão estava certo em fazer do conhecimento da Forma o principal critério para o príncipe justo; ele não poderia imaginar que a justiça se mostraria como sendo uma pessoa, assim como uma ideia.

A insistência platônico-cristã de Erasmo em que os príncipes devem promulgar leis que "se conformem aos ideais da justiça e da honra" (6; 79) se apresenta em nítido contraste com a visão maquiaveliana, de molde sofístico, de que a justiça – o bem e o mal, o certo e o errado, a virtude e o vício – muda de época para época e de uma cultura para outra, e que o príncipe eficaz, portanto, deve se adaptar às instáveis emoções da massa e ao progressivo *Zeitgeist* [espírito da época] (*O príncipe* 25). Na verdade, Erasmo, assim como Platão, estava tão comprometido com um padrão absoluto de justiça que aconselhava os príncipes a abdicar, antes de violar a justiça: "Mantenha-se firme em sua resolução e prefira ser um homem justo a um príncipe injusto" (1; 20).

Assim deveria ser a natureza do governante justo. Mas o que dizer sobre o Estado justo? A esse respeito, Erasmo também segue bem de perto os passos de Platão:

> Um reino ou cidade é uma excelente instituição se todos tiverem um lugar e realizarem suas funções próprias, ou seja, se o príncipe agir como príncipe, os magistrados desempenharem sua parte e o povo se submeter as boas leis e a magistrados justos. Mas onde o príncipe age em seu próprio interesse e os magistrados simplesmente pilharem o povo, onde o povo não se submeter

a leis honradas, mas lisonjearem o príncipe e os magistrados, independente do que façam, ali a mais terrível confusão reinará (7; 91-92).

Para Erasmo, assim como para Platão, a essência da justiça reside em um equilíbrio e harmonia adequados – seja no Estado, seja na alma individual – no qual cada parte realiza sua função própria. No âmbito de seu quadro de referência mais geralmente platônico, Erasmo – como Platão em suas mais pragmáticas *Leis* – oferece uma série de sugestões práticas no que concerne a que tipos de leis, quantas e com que sanções devem ser promulgadas pelo príncipe. Outras sugestões utilitárias são feitas sobre tratados e casamentos dinásticos, paz e guerra, tributos e economia, mas ao longo de todas elas Erasmo mantém diante de si a Forma platônico-cristã da Justiça, como medida de referência final. Em nenhum lugar de seu tratado admite-se que meios injustos sejam justificados tendo em vista fins supostamente justos. Padrões absolutos devem ser mantidos, mesmo que isso signifique que o príncipe precise abdicar de sua coroa para evitar rompê-los.

Certo, a visão de Platão percorre toda a *Educação de um príncipe cristão*, mas Erasmo talvez esteja no auge de seu platonismo quando apresenta sua própria leitura alegórica da insígnia utilizada pelos príncipes cristãos:

> O que significa a unção dos reis, a não ser grande brandura de espírito? O que é a coroa em sua cabeça a não ser uma sabedoria suprema em meio a inúmeras pessoas? A corrente trançada em seu pescoço corresponde à combinação harmônica de todas as virtudes; as belas joias com brilho multicolorido significam a perfeição da virtude e que todo tipo de bondade deve residir no príncipe; as vestes de púrpura brilhante significam sua intensa afeição em relação a seus súditos; seus adornos oficiais indicam que ele igualará ou ultrapassará as realizações de seus ancestrais (1; 49-50).

Essa complexa passagem revela uma mente ativa que procura enxergar através das aparências, buscando verdades mais profundas ali contidas. O mundo do cristão platônico é um mundo repleto da presença de bondade, verdade e beleza, no qual cada pedra, cada ornamento, cada ritual – para não mencionar toda taça de vinho e pedaço de pão – pode conter significado e fins divinos.

Descartes sobre a busca da verdade

Ainda que tenha vivido e morrido na alta Renascença, René Descartes (1596-1650) preparou boa parte do terreno para o Iluminismo. Nesse sentido, pode-se censurá-lo por ter separado a filosofia de suas raízes platônicas e produzido uma visão de mundo moderna que não mais acredita e, portanto, não mais busca, padrões absolutos de Bondade, Verdade e Beleza. Porém, a acusação é injusta. Pode-se conceder que Descartes tenha aberto uma caixa de Pandora filosófica, mas ele mesmo, em seus métodos e compreensão da natureza da realidade, honrou Platão bem mais do que se afastou dele.

Certo, em seu *Discurso do método* (1637), ele corajosamente afastou tudo o que vinha antes dele, mas o fez à maneira de Sócrates-Platão, e não como um antigo sofista ou como um cético moderno. Assim como Sócrates apagou da lousa as definições falsas, de modo que Platão pudesse nela inscrever as verdadeiras, do mesmo modo o suposto ceticismo de Descartes constituiu apenas um estágio preliminar em direção a seu objetivo final de identificar distintamente o que é verdadeiro. Descartes amava, sobretudo, a sabedoria: eis o significado da palavra *filó-sofo*. Ele acreditava firmemente que existia a verdade, mas sabia que ela só poderia ser encontrada mediante um método de pesquisa vigoroso, quase matemático.

Assim, em suas *Meditações sobre a filosofia primeira* (1641), ele inicia colocando em dúvida tudo, exceto o que seja claro e distinto. Recusando-se a ser enganado pelas ilusões deste mundo – as sombras da parede da caverna –, ele fecha sua mente para tudo que não seja real e efetivo. Ao fazê-lo, no entanto, ocupa o papel não do moderno materialista/empirista que somente acredita em coisas físicas que possa ver com seus olhos, mas de um platônico que privilegia o invisível, o imutável e o eterno ao tangível, mutável e temporal. Em outros termos, Descartes, à maneira de Platão, examina tudo em sua própria cabeça.

Diante do que passa por "bom senso", Descartes sustenta que nossa ideia da mente, em geral, e de Deus, em particular, é mais clara e mais distinta do que a de objetos físicos percebidos pelos sentidos. Ele pode não empregar exatamente a linguagem das Formas de Platão, mas é o que ele busca em suas *Meditações*. Isso se torna evidente em seu discurso sobre a cera. Quando um pedaço de cera é aproximado do fogo, ele muda sua forma física de tal modo que os sentidos não podem mais apreendê-lo da maneira como fazia antes: ainda assim, trata-se da mesma cera. Isso acontece porque, segundo afirma Descartes,

> a natureza desse pedaço de cera de modo algum é revelado pela minha imaginação, mas é percebida unicamente pela mente (refiro-me a este pedaço particular de cera; o argumento é ainda mais claro no que concerne à cera em geral) [...]. A percepção que tenho dela é um caso não de visão, toque ou imaginação – nunca foi, a despeito de aparecer assim –, mas sim de mero escrutínio mental (2; 21)[4].

O que Descartes percebe aqui se aproxima muito, se não é idêntico, ao que Platão chamaria de Forma da Cera, a verdadeira essência da cera que só pode ser vista pelo olho da mente. Nossos sentidos, que se baseiam na opinião, mais do que no conhecimento, enganam-nos com muita frequência e nos desorientam. Como na linha segmentada e na alegoria da caverna de Platão, Descartes nos apresenta um mundo dividido em dois reinos distintos: o reino inteligível (Mundo do Ser), que é percebido pela mente/alma – ao qual Platão chamava de psique – e o mundo físico (Mundo do Devir), que percebemos por meio de nossos sentidos e imaginação. É este último, e não o primeiro, que é menos real e menos efetivo.

Mais do que isso, o primeiro deve ser a causa final do último, pois é um princípio fundamental e não negociável da filosofia que a causa (ou fonte ou origem) deve ser maior e mais perfeita do que o efeito; ou, para apresentar isso de outra maneira, o menor não pode criar o maior. Esse primeiro princípio fundacional, que está por trás das provas filosóficas da existência de Deus apresentadas por Aristóteles, Anselmo e Aquino, é central à concepção da realidade de Platão e Descartes. O filósofo-amante platônico não continuaria sua jornada ao longo do

---

4. DESCARTES, *Meditations on first philosophy*, org. e trad. John Cottingham, Cambridge, Cambridge University Press, 1996. Fornecerei o número da meditação e o número da página no corpo do texto.

caminho ascendente se não acreditasse que seu desejo possui uma fonte transcendente em direção à qual poderia ascender; do mesmo modo, Descartes não continuaria suas *Meditações* se não acreditasse que sua mente possui uma fonte sobrenatural.

Descartes talvez faça o uso mais evidente dessa orientação platônica para a causa e efeito – orientação que se alinha com a revelação da Escritura – em seu argumento a favor da existência do infinito, que ele lista, juntamente com a imutabilidade, onisciência e onipotência, como uma das qualidades eternas de Deus:

> E não devo pensar que, assim como chego a minhas concepções de repouso e escuridão ao negar o movimento e a luz, do mesmo modo chego a minha concepção do infinito não por meio de uma ideia verdadeira, mas sim meramente pela negação do finito. Pelo contrário, eu claramente compreendo que há mais realidade em uma substância infinita do que em uma finita e que, portanto, minha percepção do infinito, que é Deus, é de algum modo anterior à minha percepção do finito, ou seja, eu mesmo. Pois, como eu poderia compreender que duvidei ou desejei – ou seja, careci de alguma coisa – e que eu não era inteiramente perfeito, a menos que houvesse em mim alguma ideia de um ser mais perfeito que me permitisse reconhecer meus próprios defeitos, por comparação? (3; 31).

Uma vez que Descartes compreende a ideia de infinito, mas não a possui dentro de si, deve haver uma origem dessa ideia que transcenda sua natureza finita. Se a ideia (Forma) de infinito não existisse de fato, como poderia Descartes estar ciente de sua própria falta de infinitude? Do mesmo modo, não estaríamos cientes do fato de que somos imperfeitos se a ideia de perfeição não existisse efetivamente.

Mas como, deve-se perguntar, ideias como de infinito e perfeição encontram lugar nas mentes de mortais finitos e imperfeitos? Também aqui Descartes oferece uma resposta que é tanto platônica como cristã: essas ideias são inatas em nós, postas ali antes de nascermos. Enquanto tal, o aprendizado, em parte, é uma forma de rememoração, de evocação do que já está armazenado em nossa alma. Embora Descartes não teorize sobre a preexistência em si mesma, ele discorre sobre esse processo de aprendizado por rememoração de uma maneira que lembra a cena, no *Mênon*, em que Sócrates "ensina" matemática superior a um jovem escravo, extraindo dele a geometria que ele já conhecia. Assim, ao discutir as ideias de quantidade e extensão, Descartes diz que "à primeira vista, portanto, parece que não estou tanto aprendendo algo novo, como lembrando o que sabia antes; ou parece como notar pela primeira vez coisas que já estavam havia muito presentes dentro de mim, embora eu nunca tenha voltado meu olhar mental para elas antes" (4; 44). Então, lembrando o *Mênon* mais diretamente, ele confessa igualmente encontrar dentro de si a ideia de um triângulo que é de "uma natureza, essência ou forma determinada [...], a qual é imutável e eterna, e não inventada por mim ou dependente de meu espírito" (5; 45).

Ora, não questiono que as *Meditações* de Descartes tiveram um papel central na preparação do caminho para a redução, feita pelo Iluminismo, do Deus envolvido, dinâmico, triuno da Bíblia a uma divindade distante (o Deus dos filósofos), cujas principais funções, se não exclusivas, são existir e colocar o universo e suas leis em movimento. É por isso que Descartes (como Boécio, em sua *Consolação*) se apoia apenas na revelação geral, especialmente em Platão, em sua formulação de Deus, com o resultado que ele rouba de Deus sua ação, seu amor e sua natureza sagrada, e suas interações com a história humana. Na mesma veia platônica, ele substitui a doutrina central cristã do pecado original por uma noção mais helênica de pecado como erro, ignorância e desvio.

Não obstante, a plena redução de Deus pelo Iluminismo só ocorreu, segundo sustento, quando Locke deixou de lado o foco platônico de Descartes no conhecimento inato e, assim, sua crença igualmente platônica de que uma coisa deve ser maior do que o efeito[5]. Platão pode ter conduzido Descartes na direção de um Deus estático, impessoal, mas ele também o ajudou a mantê-lo baseado na verdade bíblica de que Deus "introduziu a eternidade em seus corações" (Ecl 3,11).

---

5. No *Ensaio sobre o entendimento humano* 1.1.-2, Locke rejeita o conhecimento inato; em 2: 17, ele reverte a causa e o efeito, argumentando que poderíamos ter extrapolado a ideia de infinito de nosso conhecimento de números finitos simplesmente acrescentando um número após o outro, sem jamais concluir.

Coleridge sobre a imaginação

Embora Samuel Taylor Coleridge (1772-1834) seja mais conhecido por sua poesia, particularmente seu místico e altamente imaginativo "Kubla Khan" e "Versos do antigo marinheiro" ["Rimes of the ancient mariner"], ele acabou depondo sua pena poética para se tornar um dos mais refinados filósofos críticos do século XIX. Mais do que isso, por meio de uma intensa jornada filosófico-teológica pelos "ismos" de sua época (associacionismo, idealismo, panteísmo e unitarismo), amadureceu como um dos mais finos pensadores cristãos da era romântica. Para documentar, em parte, sua peregrinação intelectual da fé, Coleridge redigiu sua própria versão das *Confissões* de Agostinho, uma autobiografia espiritual que também constitui obra de crítica literária: *Biographia literaria* (1817).

Um dos demônios que Descartes deixou sair da caixa de Pandora foi uma forma nascente de materialismo reducionista, que concebeu a mente humana como produto de associações aleatórias que seriam puramente naturais e sobre as quais não teríamos nenhum controle. Começando com a crença de Locke de que nossas mentes são folhas em branco, sobre as quais a sensação e a experiência deixam suas marcas, e culminando com as teorias determinísticas elaboradíssimas de David Hartley, o associacionismo, Coleridge passou a acreditar, essas teorias nos roubam a volição[6]. Baseia-se, como ele explica, em uma "subordinação das causas finais às eficientes no ser humano, que flui da necessidade do pressuposto de que a vontade e, com ela, todos os atos de pensamento e atenção são partes e produtos desse mecanismo cego, em vez de serem faculdades distintas, cuja função consiste em controlar, determinar e modificar o caos fantasioso da associação" (1.7; 116)[7].

---

6. Ver livro 2, capítulo 2 do *Ensaio sobre o entendimento humano*, de Locke, e a primeira parte, seção 2 das *Observations on man, his frame, his duty, and his expectations* ["Observações sobre o homem, seu contexto, seu dever e suas expectativas"], de David Hartley (1749).

7. COLERIDGE, SAMUEL TAYLOR, *Biographia literaria*, org. James Engell e W. Jackson Bate, Princeton, Princeton University Press, 1983. Fornecerei os números do livro, do capítulo e da página no corpo do texto.

Platão deu o pontapé inicial para a verdadeira filosofia no Ocidente, ao negar a crença, sustentada pela maioria dos pré-socráticos (mas não por Pitágoras e Parmênides) de que todas as coisas devem e podem ser explicadas por meio de causas eficientes, mecânicas. Causas finais que transcendem nosso mundo físico, natural, material, argumentava Platão, são necessárias para explicar muitos dos efeitos que vemos em nosso mundo, uma premissa filosófica que seria elaborada por Aristóteles e cristianizada por Agostinho e Aquino. Como vimos, Descartes também se apegou a essa premissa, embora sua infeliz separação entre mente e corpo tenha deixado este último presa das causas eficientes e então deixado a mente desencarnada à mercê de filósofos como Espinosa e Hume, que também a sujeitariam a associações materiais.

Ao examinar Hartley de uma maneira bem socrática, Coleridge descobre o erro no centro de sua teoria: "O [fato de] confundir as *condições* de uma coisa com suas *causas* e *essência*; e o processo pelo qual chegamos ao conhecimento de uma faculdade, com a própria faculdade. O ar que respiro é a *condição* de minha vida, não sua causa" (1.7; 123). Por meio desse raciocínio platônico, Coleridge resgatou-se de um materialismo agressivo que reduzia tudo a processos objetivos (naturais), apenas para cair temporariamente no extremo oposto: uma mistura de idealismo filosófico (Fichte) com panteísmo místico (Jakob Böhme), que postulou a mente consciente subjetiva como fonte de todas as coisas[8]. Daí, ele passou para o unitarismo, no qual, apesar de ter encontrado alguma verdade religiosa, foi impedido de abraçar os principais ensinamentos da trindade, da encarnação e da expiação. Nem o platonismo, nem o unitarismo lhe ofereceram uma maneira pela qual curar a ferida aberta entre Deus e o homem, a mente e a natureza, as pessoas e as coisas, o sujeito e o objeto.

Não obstante, a visão platônica por trás do idealismo e do misticismo o preservou das heresias gnóstico-arianas do unitarismo, como explica Coleridge ao comparar sua jornada à de Agostinho:

---

8. Ver, de Fichte, *Fundamento da teoria completa do conhecimento* (1794) e de Böhme, *Descrição dos três princípios da essência divina* (1619).

Não posso duvidar que a diferença entre minhas noções metafísicas [místico-idealistas] e as dos unitários em geral tenham contribuído para minha reconversão final à verdade plena de Cristo; mesmo como, segundo sua própria confissão, os livros de certos filósofos platônicos (*libri quorundam Platonicorum*) deram início ao resgate da fé de Santo Agostinho do mesmo erro, agravado pelo bem mais grave seguimento da heresia maniqueísta (1.10; 205).

Foram o foco platônico sobre as Ideias (Formas eternas, transfísicas, que são a fonte e origem de nossas ideias) e a intuição (como veículo para nos conectar, via ideias inatas, com as Formas) que ajudaram Coleridge a escapar dos becos sem saída tanto do materialismo quanto do unitarismo, e que o impeliram a construir uma síntese cristã mais completa. Com efeito, enquanto se prepara para estabelecer o método para alcançar essa síntese, Coleridge invoca Platão pelo menos três vezes. Em primeiro lugar, ele deixa claro que o sistema que ele procura requer o tipo de visão e rigor que Platão evocava em seus mitos de ascensão: "Um sistema cujo primeiro princípio consiste em permitir que a mente intua o *espiritual* no homem (isto é, daquilo que se encontra *no outro lado* de nossa consciência natural) deve ser bastante obscuro para aqueles que jamais disciplinaram e reforçaram essa consciência ulterior" (1.12; 243).

No que concerne à capacidade dessa intuição de nos conectar com as Formas, Coleridge alude diretamente ao *Mênon*: "Sócrates mostra, em Platão, que um escravo ignorante pode ser levado a compreender e resolver sozinho o mais difícil problema geométrico" (1.12; 251). Por último, ao afirmar o ponto de partida adequado para a síntese cristã superior que ele busca, Coleridge invoca o principal postulado de Sócrates-Platão:

> O postulado da filosofia e, ao mesmo tempo, o teste de capacidade filosófica não são outro senão aquele descido do céu CONHECE-TE A TI MESMO! [...] E isso ao mesmo tempo de maneira prática e especulativa. Pois, como a filosofia não é apenas nem uma ciência da razão ou do entendimento, nem meramente uma ciência da moral, mas a ciência do SER, seu fundamento primário não pode ser nem meramente especulativo, nem meramente prático, mas ambos. Todo conhecimento se baseia na coincidência entre um objeto e um sujeito (1.12; 252).

Ao destacar o comando socrático de conhecer-se a si mesmo, Coleridge vincula o cartesiano "penso, logo existo" com a revelação de Deus para Moisés como EU SOU (Ex 3,14). Ele também relaciona a filosofia prática, científica e indutiva, que se inicia com observações concretas e físicas da natureza, com a filosofia especulativa, intuitiva e dedutiva, que se inicia com verdades abstratas e metafísicas e com os primeiros princípios, que são aceitos, mais do que provados.

Embora essas duas orientações filosóficas normalmente estejam em oposição entre si, devido à sua fé cristã na encarnação Coleridge passou a acreditar que poderiam ser perseguidas como métodos complementares para alcançar a mesma fusão encarnacional entre mente e natureza, sujeito e objeto – fusão ou casamento que não rejeita Platão, mas transcende os limites de sua imaginação. Por um lado, explica Coleridge, há o filósofo natural, que inicia sua jornada, sua educação, com a natureza (objeto) e passa para a mente (sujeito). Embora esse ponto de partida seja natural, seu fim último tem de ser realizar "a perfeita espiritualização de todas as leis da natureza nas leis da intuição e do intelecto" (1.12; 256).

Por outro lado, há o filósofo transcendental, que inicia sua jornada-educação com a mente transcendente (sujeito) e desce em direção à natureza (objeto). Para iniciar essa peregrinação metafísica, o filósofo transcendental, à maneira de Descartes, precisa primeiro livrar sua mente de toda sensação, assumindo "um absoluto ceticismo científico" (1.12; 258). A partir daí, porém, ele precisa descer em direção às realidades sensoriais do mundo físico, procurando sempre encarnar o universal no concreto.

Se ambos os filósofos completarem com sucesso suas jornadas, eles se encontrarão no meio do caminho: em um ponto de conexão metafísico entre o geral e o específico, no qual o buscado casamento entre sujeito e objeto, mente e natureza, pode se realizar. No entanto, por meio de que capacidade da mente, de que faculdade mental, pode semelhante casamento se realizar? A resposta de Coleridge, especificamente romântica, pode à primeira vista se parecer com um tapa na cara de Platão, que expulsou os poetas de sua república perfeita, mas eu sustentaria que ela representa uma realização, um tipo de consumação, dos desejos mais elevados de Platão.

Para Coleridge, somente a imaginação poderia efetuar esse casamento. Diferentemente de Hobbes e de Locke, que tenderam a tratar a fantasia e a imaginação de maneira intercambiável, Coleridge afirmava que se tratava de faculdades distintas. Enquanto a fantasia constitui uma faculdade menor, limitada, que só pode mudar imagens em novos padrões, a imaginação constitui uma faculdade mais livre, mais vital, que recombina ideias e imagens à vontade, para criar novas e mais elevadas unidades. Somente a imaginação, como o amor, possui a capacidade perceptiva de ver similitude em meio à dessemelhança e possui o poder sintético de fundir e reconciliar opostos em um só. A imaginação pode fazer essas coisas porque ela é uma faculdade "esemplástica" [*esemplastic*], uma palavra cunhada por Coleridge a partir de três raízes gregas, significando "moldar em um só" (1.10; 168).

Por todas as coisas negativas que Platão diz sobre as artes e sua tendência a se centrar nas sombras da parede da caverna, ele mesmo possuía precisamente o tipo de imaginação "esemplástica" que Coleridge invoca. Seus mitos elevam o físico para o espiritual, mas com uma realidade concreta que tende a preencher nosso mundo, e não a esvaziá-lo, com significado e verdade. Platão não enxergava com clareza suficiente para conceber o grande casamento entre Cristo e a Igreja que constitui o clímax da Bíblia (Ap 21–22), mas ele ansiava por uma Visão Beatífica na qual o amante poderia contemplar, pela eternidade, a amada Forma da Beleza.

12
O platonismo cristão de C. S. Lewis

O mundo moderno, com seu naturalismo, utilitarismo e profundo ceticismo, não se mostrou terreno muito fértil para discípulos de Platão, sejam cristãos, sejam seculares. Bentham e Mill, Darwin e Freud, Nietzsche e Marx, Sartre e Derrida relativizaram tanto a Bondade, a Verdade e a Beleza a ponto de cortar o homem não só das Formas platônicas, como de qualquer origem, fonte ou causa transcendente. Pior: na ausência de um padrão ou pedra de toque divino, para não mencionar um Criador pessoal, o objetivo de seguir o caminho ascendente rumo à Visão Beatífica perde não apenas sua desejabilidade, como também sua possibilidade. Sem um *telos* real e efetivo para amar e buscar, a ascensão só pode se voltar para si mesma, promovendo o ego mais do que a admiração, a autossatisfação mais do que a gratidão, a equanimidade estoica mais do que uma alegria doadora de vida.

Felizmente, para aqueles que aceitam tanto a sabedoria de Platão quanto a verdade mais plena do Novo Testamento, o século XX legou ao mundo um de seus mais finos plantonistas cristãos: C. S. Lewis (1898-1963). Em sua apologética cristã ecumênica, seus acessíveis escritos acadêmicos e em sua ficção imaginativa, com muitas camadas, Lewis, deão e professor de língua e literatura inglesa em Oxford e Cambridge, encontrou inúmeras maneiras de informar e reforçar sua fé por meio das atemporais intuições de Platão. Refletindo seja sobre nossa jornada ao longo do caminho ascendente, seja sobre a natureza do céu e do inferno, seja sobre o papel do desejo na vida cristã, Lewis uniu em uma síntese impecável os ensinamentos platônicos com a doutrina cristã. Enquanto tal, é a figura ideal para concluir um livro que se propôs a revitalizar o papel de Platão no cristianismo.

Lewis sobre a escolha

A maior parte do que diz Lewis sobre a prática da virtude no livro III de *Mero cristianismo* [*Mere Christianity*] provém diretamente da *Ética a Nicômaco* de Aristóteles. Não obstante, sua visão geral da vida cristã constitui um cabo de guerra que nos puxa quer na direção de Deus, da virtude e do céu, quer na direção de Satã, do pecado e do inferno, e está mais próxima da psicomaquia do platonismo do que do meio termo de Aristóteles:

> Toda vez que você faz uma escolha, você está transformando sua parte central, a parte que escolhe, em algo um pouco diferente do que era antes. E, tomando sua vida como um todo, com todas as suas inumeráveis escolhas, ao longo de toda a sua vida você está lentamente transformando essa coisa central em uma criatura celestial ou em uma criatura infernal: seja em uma criatura que está em harmonia com Deus e com as outras criaturas e consigo mesma, seja em uma criatura que está em estado de guerra e de ódio com Deus, com suas criaturas e consigo mesma. Ser um tipo de criatura é o céu: ou seja, é alegria, paz, conhecimento e poder. Ser a outra significa loucura, horror, idiotismo, impotência raivosa e solidão eterna. Cada um de nós, a cada momento, está progredindo seja para um estado, seja para o outro (4; 81)[1].

---

1. Todas as minhas citações de *Mere Christianity*, *miracles*, *The great divorce*, *The problem of pain* e *The abolition of man* serão retiradas de *C. S. Lewis signature classics*, New York, Harper One, 2017. Qual livro estou citando ficará claro no texto; a referência será pelo número do capítulo seguido pelo número da página.

Temos aqui, em um contexto que é tanto cristão como bíblico, uma visão platônica de fundo de uma progressão que nos conduz seja para cima, seja para baixo: que conduz, se puder mesclar mitos de Platão, para fora da caverna em direção à luz da verdade, ou para baixo na cadeia do ser, para reencarnar como animal. Sim, a visão é bastante dantesca (e boeciana), mas a visão de Dante era fortemente inspirada pelos mitos de Platão, assim como filtrada pela *Consolação* de Boécio. Como em Platão, nossas escolhas não apenas trazem consequências imediatas; também moldam nossas almas. Platão, ele próprio, era inspirado pela visão de Pitágoras, que acreditava que nossa alma continuaria reencarnando até que se tornasse tão sintonizada com os ritmos do cosmos que ouviria a música das esferas. Ao enfatizar como nossas escolhas nos levam a ficar seja em harmonia, seja em oposição a Deus, Lewis leva adiante uma compreensão platônica da necessidade de um equilíbrio apropriado na alma. O ortodoxo Lewis não busca aqui eliminar ou mesmo minimizar a salvação pela graça por meio da fé. Em vez disso, ele descreve o processo de santificação em uma linguagem metafórica que é bem platônica. Embora ele *de fato* tome emprestada de Aristóteles a noção de que a virtude é um hábito, seu foco mais forte naquilo que o pecado provoca em nossa alma o leva de volta, repetidamente, aos mitos platônicos de ascensão e descenso.

Lewis inicia o livro III de *Mero cristianismo* sustentando que existem três partes da moralidade e mostra isso concretamente ao compará-las com uma frota. Pois, para que a frota opere apropriadamente, os navios não podem colidir entre si (a moralidade social, que nos pede que sigamos a regra de ouro), cada navio precisa estar em boas condições (a moralidade pessoal, que nos pede que tenhamos vidas limpas e íntegras) e a frota precisa ter um destino, que a manterá no rumo (a moralidade espiritual, que se orienta para um *telos*). Se esquecermos a segunda parte, reduziremos a moralidade à crença contumaz de que podemos fazer o que quisermos, contanto que não machuquemos ninguém. Se esquecermos a terceira, nós nos veremos à deriva em um oceano amoral, sem uma estrela fixa ou uma linha costeira para nos basearmos.

Assim como os navios precisam saber para onde se dirigem, para que consigam chegar ao destino, da mesma forma precisamos conhecer nosso *telos* para que possamos fazer as escolhas certas – ou mesmo saber a natureza e o que está em jogo *com* essas escolhas. "Não faz uma grande diferença se sou, por assim dizer, o senhor de minha própria mente e corpo, ou se sou apenas um preposto, responsável pelo real proprietário? Se alguma outra pessoa o fosse, para seus próprios fins, então eu teria uma série de deveres que eu não teria se simplesmente pertencesse a mim mesmo" (1; 68). A verdadeira moralidade não existe no vazio, com pessoas cometendo atos aleatórios de bondade, em um momento, e violência, em outro, mas existe em relação com uma clara compreensão de quem somos, por que motivo estamos aqui e qual é o nosso propósito. Além desse conhecimento, não temos nada com o que avaliar nossas escolhas.

Até aqui, os argumentos de Lewis se baseiam fortemente na teleologia aristotélica sobre determinar qual é o fim próprio para cada objeto e, especialmente, para cada criatura viva. Ainda assim, o autor inevitavelmente nos leva de volta aos mitos de Platão e à jornada do iniciado. Na alegoria da caverna, a ousada peregrinação do filósofo começa quando a verdadeira natureza da situação se torna evidente: o aparentemente real não passa da sombra de uma sombra. Para Lewis, o verdadeiro crescimento cristão se inicia quando nos damos conta de que "o homem caído não é simplesmente uma criatura imperfeita que necessita de melhoria; é um rebelde que precisa depor suas armas" (*Mere Christiniaty*, 2.4; 54). Embora Platão não tivesse conhecimento da doutrina do pecado original, tanto ele como Lewis partilhavam da mesma aguda percepção da natureza da escolha: que ela se apoia em uma percepção adequada de nosso potencial e de nossas limitações. Há aquilo dentro de nós que deseja ascender; porém, vivemos em um mundo que engana e que faz com que nos percamos.

Em *O problema da dor* [*The problem of pain*], Lewis descreve a natureza da queda e o efeito que ela teve sobre nossa capacidade de escolher, ao construir "um 'mito' no sentido socrático, um relato não improvável" (5; 593). Como nos conta Lewis, mesmo antes da queda, esperava-se que obedecêssemos a Deus e nos submetêssemos à sua vontade; em nosso estado pré-lapso, porém, essa submissão significava apenas "a deliciosa superação de uma entrega infinitesimal que proporcionava o prazer da superação" (5; 596). Após a queda, ainda se esperava que nos submetêssemos, mas essa submissão – essa escolha de obedecer a Deus em detrimento de nós mesmos – tornou-se difícil e amarga. Pois "submeter uma vontade própria inflamada e inchada com anos de usurpação é uma espécie de morte" (6; 603). Para ser justo, a resistência que Lewis descreve aqui é moral, enquanto aquela mencionada na alegoria da caverna é metafísica. No entanto, ambos os tipos de cegueira repousam sobre nossa recusa de avançar para a luz e a verdade e sermos expostos por quem e pelo que somos.

Antes que a ascensão ao longo do caminho possa seriamente se iniciar, algo tem de ser afastado: para Platão, trata-se de nossa falsa percepção de que o mundo de baixo é mais real, concreto e eterno do que o mundo de cima; para Lewis, trata-se de nossa falsa sensação de autossuficiência, que nos leva a acreditar que podemos nos tornar pessoas boas e virtuosas sem Deus. Porque não podemos confiar apenas em nossos sentidos (Platão) ou em nós mesmos (Lewis) para nos prover da verdade sobre nossa situação, mas precisamos aprender a ver com novos olhos. Tanto o Sócrates da *Apologia* quanto o Jesus dos Evangelhos expuseram hipócritas que pensavam ser pessoas corretas em posse da verdade e abriram os olhos de discípulos que estavam dispostos a admitir sua falta de visão e a aceitar a ajuda que lhes era oferecida.

O pensar correto era tão vital para Platão quanto para Lewis, e não deveria surpreender que ambos tenham escrito de maneira perceptiva sobre a educação. Na *República* de Platão, a educação apropriada dos guardiões é fundamental para atingir o equilíbrio na alma do rei-filósofo e no corpo mais amplo da política. Em *Abolição do homem*, de Lewis, que traz o extenso subtítulo *Reflexões sobre educação, com especial referência ao ensino de inglês nas formas superiores de escolas* [*Reflections on education with special reference to the teaching of English in the upper forms of schools*], uma sociedade que abandona padrões fixos de Bondade, Verdade e Beleza de seu sistema educacional trará ruína para si mesma. E o fará precisamente porque uma sociedade que relativiza a virtude, reduzindo-a a mero sentimento, acabará provocando um colapso no funcionamento apropriado da alma tripartite de Platão.

Explica Lewis:

> Isso nos foi contado há muito tempo por Platão. Assim como o rei governa por meio de seu executivo, do mesmo modo a razão, no homem, deve governar os meros apetites por meio do "elemento espiritual". A cabeça governa o ventre, por meio do peito – a sede da Magnanimidade, das emoções organizadas por meio de hábito treinado em sentimentos estáveis, como nos diz Alanus. Peito-magnanimidade-sentimento: esses são os indispensáveis oficiais de ligação entre o homem cerebral [a parte racional de nossa alma] e o homem visceral [a parte apetitiva]. Pode-se dizer, até, que é por meio desse elemento intermediário que o homem é homem: pois, pelo seu intelecto, ele é mero espírito, e, por seu apetite, mero animal (1; 704).

A jogada efetuada por Lewis aqui é estonteante. No final do capítulo 6, sugeri que o *Timeu* de Platão chega perto de vincular a alma tripartite da *República* (e o mito do cocheiro, no *Fedro*) a uma compreensão protocristã do homem como situando-se a meio caminho entre o anjo e a besta. Enquanto Platão postula a parte racional da alma (ou o cocheiro) como sendo a figura mediadora que segura as rédeas da parte apetitiva e da espiritual (ou os cavalos selvagens e os nobres), Lewis exalta a parte espiritual de nossa alma, a qual ele vincula ao peito, como a parte que faz a mediação entre a razão (cabeça) e o apetite (ventre). Ao fazê-lo, ele afirma algo sobre a pessoa humana que Platão não conhecia: que somos seres encarnados plenamente físicos e plenamente espirituais.

Ao cristianizar Platão, Lewis permanece fiel à luta essencial dentro da alma, que deve levar a um equilíbrio apropriado, para que o indivíduo e o Estado do qual ele é parte alcancem justiça e harmonia.

Lewis sobre o inferno

Uma das coisas mais importantes que Lewis tomou emprestado de Platão – tanto diretamente quanto mediante Agostinho, Boécio e Dante – foi o *drama* da salvação e da santificação, o contínuo através do qual nossas escolhas nos levam à medida que nos aproximamos ou nos afastamos de Deus, daquele que é a Forma das Formas. Embora a ênfase, em Lewis, seja sempre sobre a volição humana, ele evita ficar preso às antigas controvérsias entre predestinação e livre-arbítrio, Lutero e Erasmo, Calvino e Armínio. Para ele, trata-se menos do mecanismo divino do que aquilo que nossas escolhas fazem sobre nossas almas individuais, enquanto prosseguem em sua jornada. É por isso que o platonismo de Lewis é mais forte em sua ficção mitopoética.

Imitando seus mestres (Sócrates e Jesus), ambos, Platão e Lewis, escreveram livros que rasgam o véu e revelam as coisas primeiras e eternas que realmente importam. Em vez de escolher por nós, elas ajudam a compreender a natureza da escolha que precisamos efetuar. No mito de Er, toda a filosofia conduz a esse momento crítico em que precisamos escolher nosso destino para a próxima vida; em *O grande divórcio* ["The Great Divorce"], de Lewis, uma espécie de combinação entre o mito de Er e a *Divina comédia*, a escolha para a qual a vida toda conduz é ao mesmo tempo moral (iremos nós nos arrepender e aceitar o perdão de Deus?) e metafísica (aceitaremos e obedeceremos à visão de Deus acerca da realidade ou à nossa própria?).

E se, imagina Lewis, as almas no inferno pudessem, se assim desejassem, pegar um ônibus para o céu? E se, quando chegassem, fossem recebidas pelas almas abençoadas de santos que eles conheciam em vida e que tentam convencê-las, mesmo agora, a abandonar seu pecado e autoilusão e a abraçar a misericórdia e a verdade de Cristo? O que elas fariam? Na verdade, todas exceto uma delas, voluntariamente escolhem retornar ao inferno: não porque o céu seja demasiado tolo e chato, mas porque é muito real e imponente. Preferem a escuridão da caverna à dolorosa luz do Sol.

Quando a alma condenada de um pintor de paisagens diz à alma abençoada de um colega pintor que ele também gostaria de pintar as belas vistas do céu, o segundo lhe diz para não se incomodar com isso. Quando o primeiro hesita diante dessa resposta, o colega, utilizando linguagem e imagens platônicas, explica: "Quando você pintava na terra – pelo menos em sua juventude – era porque você vislumbrava lampejos do Céu na paisagem terrena. O sucesso de sua pintura se devia ao fato de que você permitia que outros também tivessem esse vislumbre.

Mas aqui você tem a própria coisa. Foi daqui que as mensagens vieram. Não há como nos *contar* o que há aqui, pois nós já o vemos" (9; 510). Embora se espere que a alma condenada permaneça no céu e festeje as Formas originais das quais suas pinturas eram apenas imitações, ele rejeita a oferta e retorna ao inferno para montar uma nova exposição de suas pinturas. Ele preferia se dedicar a estudar e competir a respeito das sombras na parede da caverna do que ir em direção ao Sol e ficar exposto à (e pela) sua luz e verdade. É um pintor que perdeu tanto sua capacidade quanto o desejo de ver.

Uma rejeição similar do Real em favor do irreal, da Verdade em favor da mentira, se dá em *A última batalha*, o último volume das *Crônicas de Nárnia*, por um grupo de anões rebeldes que rejeitam Aslan (a figura crística de Nárnia), entram em desespero e traem Nárnia. Quando morrem, vão parar no mesmo espaço geográfico dos personagens bons que morreram. No entanto, enquanto estes, cujos peitos permaneceram fortes e puros, se veem em um Jardim do Éden restaurado, os anões acreditam que se encontram em um estábulo escuro e sujo cercado por feno estragado e excrementos animais. Quando os personagens bons tentam convencê-los de que estão em um jardim, recusam-se a acreditar nisso; sua visão, olfato, paladar, tato ou audição não são capazes de perceber a beleza à sua volta.

Finalmente, Aslan chega e prepara uma festa para eles. Mas são incapazes de usufruir dela. Acabam rejeitando a ajuda que lhes é oferecida, recusando-se a serem tomados por tolos. "Vejam", explica Aslan, "eles não nos deixarão ajudá-los. Escolheram a astúcia em lugar da crença. Sua prisão está apenas em suas mentes, mas estão de fato nessa prisão; e temem tanto serem enganados que não podem ser tirados de lá" (13; 148)[2]. Tanto para Lewis quanto para Platão, a confusão moral e a mental caminham juntas. Ao sucumbir ao pecado, os anões se tornam incapazes de ver o céu e ainda menos de entrar nele. Preferem permanecer na caverna. Embora essa equiparação entre ver a verdade e participar dela

---

2. Lewis, C. S., *The last battle*, New York, Collier, 1970. Fornecerei o número do capítulo e da página no texto.

possa parecer mais platônica do que bíblica, Jesus mesmo, em sua conversa com Nicodemos, equipara diretamente o ver o reino do céu com o ingressar nele (Jo 3,3-5). Não podemos fazer nenhuma das duas coisas a menos que nasçamos de novo.

Lewis sobre o céu

Ao estabelecer esse vínculo platônico-cristão entre ver e ingressar, Lewis corre o risco de reduzir o inferno e o céu a meros estados de espírito. Mas não é sua intenção. Com efeito, quando ele sugere isso a seu guia, em *O grande divórcio* (George MacDonald, que combina Virgílio e a Beatriz de Dante), ele é severamente silenciado: "Não blasfemes. O inferno é um estado de espírito – nunca disseste algo mais verdadeiro. E todo estado de espírito, deixado a si mesmo, todo encarceramento da criatura no torreão de sua própria mente, é, no final, o inferno. Mas o céu não é um estado de espírito: é a própria realidade. Tudo o que é plenamente real é celestial" (9; 504).

Ao insistir que o céu não apenas é mais real do que o inferno, como mais real do que a terra, Lewis oferece a suprema cristianização da distinção de Platão entre o Mundo do Ser e o Mundo do Devir. Porque Lewis sabia que Deus havia feito o mundo e o chamara de bom (Gn 1,31), ele naturalmente via o mundo como mais substancial e real do que Platão. Ainda assim, ele não via problema (no último capítulo de *A batalha final*) em se referir a nosso mundo como as "Terras da sombra" (16; 183), pois, *em comparação* com a ribombante realidade do céu, vivemos em um mundo de sombras desprovidas de substância.

Em nítido contraste com nosso atual mundo antiplatônico, que tende a usar terminologia negativa sempre que discute Deus, Lewis, em *Milagres*, insistia que o que ocorre é o oposto:

> Deus é o Fato ou a Atualidade básica, a fonte de todo a factualidade restante. A todo custo, portanto, Ele não deve ser pensado como uma generalidade desprovida de forma. Se Ele existe, é a coisa mais concreta que há, a individualmente mais "organizada e minuciosamente articulada". Não se pode

falar dele não por ser indefinido, mas sim por ser demasiado definido, devido ao caráter inevitavelmente vago da linguagem. As palavras *incorpóreo* e *impessoal* são enganosas, pois sugerem que Ele carece de alguma realidade que possuímos. Seria mais seguro chamá-Lo de *transcorpóreo, transpessoal* (11; 381).

O mesmo vale para o céu, que não é, como muitas pessoas hoje imaginam, uma terra com toda a matéria física (o "estofo") excluída. O céu, como os corpos ressurretos que teremos quando estivermos lá, será não físico, mas transfísico.

Em *O grande divórcio*, o céu é descrito como um lugar de realidade e substância tangíveis. A grama é tão dura e real que as almas condenadas, a quem Lewis descreve como desprovidas de substância e de aparência fantasmal, não podem sequer dobrá-la. O que é mais chocante: quando chegamos ao final do romance, aprendemos que o bonde não se *moveu* do inferno para o céu: ele *cresceu*. Isso porque, como explica George MacDonald, "todo o inferno é menor do que uma pedrinha em nosso mundo terreno: mas é menor do que um átomo *desse* mundo, o Mundo Real" (13; 537).

No entanto, Lewis reserva a plena glória da visão platônico-cristã do céu para *A última batalha*, na qual o leitor acompanha os heróis à medida que eles penetram, cada vez mais fundo, no País de Aslan. À medida que eles se movem "cada vez mais para cima e para dentro" ["further up and further in"], que é o título do capítulo 15 (161), eles descobrem que a terra pela qual passam se parece com Nárnia. Isso os confunde, pois acabaram de ver Nárnia ser destruída, até que se dão conta de que o que estão vendo não é a antiga Nárnia, mas a nova Nárnia. Na verdade, Lewis não se expressa exatamente dessa maneira. Se o fizesse, estaria apenas aludindo ao novo céu e à nova terra celebrados nos dois últimos capítulos do Apocalipse de João.

Em vez disso, Lewis mescla imagens cristãs e platônicas. Falando da Nárnia que acabara de ser destruída, o professor Digory explica às crianças "que não era a verdadeira Nárnia. Que havia um início e um fim. Tratava-se apenas da sombra ou de uma cópia da verdadeira Nárnia, que sempre estivera ali e sempre estaria: assim como nosso próprio mundo, a Inglaterra e tudo o mais, é apenas uma sombra ou cópia de algo no mundo real de Aslan" (15; 169). Então, caso não notássemos a referência platônica, Digory acrescenta duas outras coisas. Primeiro, ele explica que a verdadeira Nárnia e a Nárnia que eles viram ser destruída são "tão diferentes quanto uma coisa real é diferente de uma sombra ou como a vida desperta é diferente de um sonho". Então, ele exclama, sem rodeios: "Está tudo em Platão, tudo em Platão!" (15; 169-170)

Ora, como vimos, esse conceito platônico, de que a verdadeira Nárnia sempre existira e de que a Nárnia terrena se baseava nela, pode ser conciliado com a ligação feita em Hebreus 8–9 entre o tabernáculo celestial e o terreno: especialmente o versículo que afirma que os sacerdotes "realizam um culto que é cópia e sombra das realidades celestes, de acordo com a instituição divina recebida por Moisés a fim de construir a Tenda. Foi-lhe dito, com efeito: 'Vê *que* faças tudo segundo o modelo que te foi mostrado na montanha'" (Hb 8,5). Ainda assim, sem a influência da teoria das Formas de Platão, Lewis e os muitos cristãos platônicos antes dele poderiam ter deixado de perceber a plena importância desse significativo versículo.

O celestial *precede* o terreno, pois o primeiro, como o Mundo do Ser de Platão, é real, eterno e imutável. As coisas espirituais não possuem significado porque projetamos esse significado nelas, como modernistas como Freud sustentariam – ou a bruxa no capítulo 7 de *A cadeira de prata* ["The Silver Chair"], que chega perto de convencer nossos heróis de que sua Subterra semelhante a uma caverna é o único mundo real e que Nárnia (e Aslan) são um sonho infantil. Pelo contrário, o espiritual, que é a fonte do físico, é o que confere sentido às coisas de nosso mundo. Pão e vinho adquirem seu significado e importância finais devido ao corpo e sangue eternos do "Cordeiro morto desde a fundação do mundo" (Ap 13,8), mesmo que o pão e o vinho já existissem muito antes da Última Ceia. Na encarnação, Cristo se tornou como nós, mas somente porque nós, como almas dotadas de carne, fomos feitos à imagem do Cristo eterno e pré-encarnado. O núcleo da apologética de Lewis se baseia na tese de Platão de que a causa precisa ser maior do que o efeito. Para Lewis, é preciso haver uma origem ou fonte divina e sobrenatural de coisas como a moralidade, a religião e a razão.

E mais uma coisa. Deve haver também uma origem ou fonte última de nossos desejos pelo céu, assim como deve haver, em Descartes, de nossa ideia de infinito. "As criaturas não nascem com desejos", argumenta Lewis no livro III de *Mero cristianismo*, "a menos que a satisfação desses desejos exista. Um bebê sente fome; ora, existe algo como comida [...]. Se encontro em mim um desejo que experiência alguma no mundo pode satisfazer, a explicação mais provável é que fui feito para outro mundo" (10; 114). É claro, nossos anseios pelo céu não provam em e por si mesmos que atingiremos o céu, mas, se a natureza é um sistema fechado e não há nada além do físico, então de onde proveio o desejo? Como poderia a natureza inconsciente produzir em nós um desejo consciente por algo que está além da natureza?

Em certo sentido, não só as *Crônicas de Nárnia*, mas todos os escritos de Lewis conduzem às extasiantes (platônicas) palavras pronunciadas por Jewel, o Unicórnio, quando ele chega ao País de Aslan, no final de *A última batalha*: "Finalmente cheguei em casa! Este é o meu verdadeiro país! Pertenço a este lugar. Esta é a terra que busquei ao longo de toda a minha vida, embora eu não soubesse disso até agora. A razão pela qual amávamos a antiga Nárnia é que ela às vezes se parecia com esta" (15; 171). Platão capturou um lampejo do mundo de fora da caverna e, ao fazê-lo, vislumbrou, sem saber, o céu maior revelado no Novo Testamento. Lewis, que se inspirou tanto em Platão quanto na Bíblia, capturou um lampejo que era mais distinto, e, assim, teve uma melhor percepção do que Platão da verdadeira e última origem desse desejo que ambos sentiam.

Ainda assim, mesmo C. S. Lewis, em seu estado mortal, ligado à terra, possuía seus limites. É por isso que, após tentar descrever a bondade, a luz e a alegria do céu, Lewis conclui o livro III de *Mero cristianismo* com esta humilde confissão: "Mas isso está próximo ao estágio no qual o caminho passa à beira de nosso mundo. Olho algum pode ver muito longe além disso: olhos de muitos podem ver mais longe do que os meus" (12; 123).

Conclusão

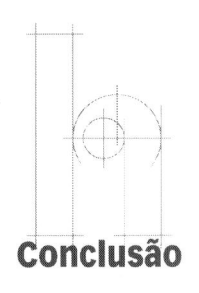

Platão, o subcriador

Em seu romance de ficção científica platônico-ptolomaico-danteano *Fora do planeta silencioso* [*Out of the silent planet*] (1938), C. S. Lewis, que era muito mais um homem da Idade Média do que de nossa própria época, envia seu protagonista, Ransom, em uma jornada a Marte. Embora Ransom, como homem moderno educado na visão de mundo do naturalismo, espere ver apenas espaço vazio quando olha pela janela do foguete, fica chocado de encontrar, em vez disso, algo para o que seu treinamento pós-iluminista não o preparara:

> Ele lera sobre o "Espaço": no fundo de seu pensamento, por anos, escondera-se a sombria fantasia do vácuo escuro e frio, o estado de morte profunda, que supostamente separaria os mundos. Ele não sabia o quanto isso o afetara, até agora – agora que o próprio nome "Espaço" parecia um libelo blasfemo para esse radiante oceano empírico no qual eles nadavam [...]. Ele o julgara estéril: via agora que era o ventre dos mundos, cuja brilhante e inumerável descendência encarava a Terra toda noite com tantos olhos – e, aqui, com muito mais! Não: espaço era um nome

errado. Pensadores mais antigos foram mais sábios quando o nomearam, simplesmente, os céus[1].

Se Lewis teria modificado essa seção de seu romance, caso tivesse vivido na era da exploração espacial, é uma questão biográfica interessante, mas é irrelevante para o que ele realiza enquanto teólogo, filósofo e artista. Seu objetivo, como cristão humanista fortemente influenciado por Platão, é levar seus leitores a verem o universo como os medievais o viam: como um verdadeiro cosmos, um ornamento belamente ordenado que exibe em seu esplendor a glória do Deus que fez, da palavra, ser. O grande amigo de Lewis, J. R. R. Tolkien, partilhava de seu amor pelo cosmos medieval e pelo grande filósofo ateniense que teve papel tão importante em moldá-lo tanto como modelo filosófico quanto como objeto estético. Com efeito, em sua síntese histórica do período anterior a *O senhor dos anéis*, *O Silmarilion*, Tolkien desenvolve uma história da criação que pode ser lida como uma fusão entre Gênesis 1, Jó 38,7 ("entre as aclamações dos astros da manhã e o aplauso de todos os filhos de Deus?") e o *Timeu*. O Deus de Platão, desejando criar seres novos e únicos para viver sobre a terra, convida os deuses a moldar efetivamente esses seres, embora os instrua a fazer isso de acordo com suas intenções (41b-d). De maneira similar, o Deus de Tolkien (a quem ele chama de Eru ou Ilúvatar) primeiro cria, através da música, um grupo de deuses/anjos (os Ainur) e então permite que eles participem na modelagem da terra e na criação dos elfos e dos homens. No entanto, como no *Timeu*, Ilúvatar estabelece parâmetros para a Terra Média e seus habitantes, ao primeiro imaginá-los em uma canção, canção que os Ainur recebem o privilégio de completar, e então os materializa no mundo físico do tempo e do espaço. Assim, embora Deus/Ilúvatar seja o Criador supremo, os deuses/Ainur são autorizados, para tomar emprestada uma frase de Tolkien, a ser subcriadores. "A fantasia", acreditava Tolkien, "é uma atividade humana natural [...] [assim como] um direito humano: fazemos na nossa medida e em nosso modo derivativo

---

1. LEWIS, C. S., *Out of the silent planet*, New York, Macmillan, 1971, 29-30.

porque somos feitos: e não só feitos, como feitos à imagem e semelhança de um Demiurgo"[2].

Acredito eu que Platão foi um dos maiores subcriadores do mundo antigo. Ele pode não ter escrito épicos, como Homero, ou tragédias, como Sófocles, ou históricas, como Heródoto – ou, a propósito, fantasias como Lewis e Tolkien –, mas construiu mitos que trouxeram vida cintilante a sua visão de um cosmos dividido em dois, no qual o invisível Mundo do Ser é mais real e substancial do que o Mundo do Devir que percebemos, dia a dia, por meio de nossos sentidos. O que é igualmente importante: seus mitos inspiraram gerações e gerações de filósofos, teólogos e poetas – pagãos e cristãos – a efetuar uma jornada do mundo inferior para o superior.

Aqueles que realmente amam Platão não se satisfizeram em estudá-lo. Ansiaram por ver as "coisas que são" com a clareza que ele as viu, perceber por trás das sombras cambiantes de nosso mundo as coisas eternas que não desaparecem, não decaem nem morrem. Procuraram defender o Bem, o Verdadeiro e o Belo como coisas reais e a justiça como um absoluto ao qual precisamos nos conformar. E lutaram bravamente para resistir ao apelo para baixo da parte apetitiva de sua alma, para não se tornarem tolos, lânguidos e brutos. O subcriador Platão nos faz desejar fazer tais coisas, assim como Lewis e Tolkien nos fazem desejar visitar Nárnia e a Terra Média ou olhar para cima e ver os céus, não como nossa casa, mas como nosso lar.

Existe uma antiga tradição que diz que Paulo chorou no túmulo de Virgílio, pois não podia compartilhar com ele o evangelho da salvação. No Canto 22 do *Purgatório*, Dante inventa uma história segundo a qual o poeta romano Estácio, do primeiro século, converteu-se do paganismo

---

2. TOLKIEN, J. R. R., On fairy-stories, in: *Tree and leaf*, Boston, Houghton Mifflin, 1965, 54-55. Tolkien cunha a palavra "subcriador" em um poema que precede a passagem citada acima e que descreve o homem como um criador natural de mitos, que faz a refração, em si, da luz criativa de Deus: "O homem, subcriador, a luz refratada/através da qual se divide de um único Branco/ em muitos azuis e infinitamente combinados em formas vivas que se movem de mente para mente" (54). ["Man, Sub-creator, the refracted Light / through whom is splintered from a single White/ to many blues, and endlessly combined / in living shapes that move from mind to mind"].

para o cristianismo quando se deu conta de que a pregação dos apóstolos se alinhava com a Quarta Écloga de Virgílio: um poema que, de maneira notável, pode ser lido como uma profecia messiânica de Isaías. Embora o poema de Virgílio tenha conduzido Estácio à luz de Cristo, não pôde salvar Virgílio, que morreu em 19 d.C. A lâmpada que Virgílio manteve para aqueles que vieram depois dele, explica Estácio, o ajudou a ir na direção da luz, mas se mostrou inútil para o próprio Virgílio.

Embora eu chore à maneira de Paulo e lamente à maneira de Dante e de Estácio que Platão, como Virgílio, não tenha tido acesso à revelação especial de Cristo e do Novo Testamento, celebro o legado que ele deixou e o quanto ele foi enriquecido pela Igreja. As obras de Platão se provaram como marcos no caminho para a fé de Agostinho, Coleridge e Lewis. Em relação a Orígenes, aos três Gregórios, a Boécio, a Dante, a Erasmo e a Descartes, sua leitura e relação com os diálogos de Platão os ajudaram a aperfeiçoar sua teologia, filosofia e poesia, e os ensinou a ver, se maravilhar e desejar de maneira mais clara e apaixonada.

Quanto a mim, posso atestar que a leitura de Platão me fez desejar ser um homem melhor, melhor professor e melhor cristão, a ascender ao longo do caminho ascendente e, assim, encontrar meu verdadeiro *telos*, o mais alto propósito para o qual nasci.

Ensaio bibliográfico

Capítulo 1

É uma felicidade que o estudante ou leitor em geral que deseje estudar os primeiros diálogos de Platão só precise adquirir um livro: *Early Socratic dialogues*, organizado, com uma introdução geral, por Trevor J. Saunders (Penguin, 1987). Essa excelente edição é inteiramente anotada e exibe não só uma introdução de primeira qualidade aos diálogos como um todo, como contém introduções detalhadas a cada diálogo individual. É realmente o único livro que o leitor em língua inglesa necessita.

Mas, se você quiser mais, um estudo-padrão pode ser encontrado em Richard Robinson, *Plato's earlier dialectica* (Clarendon, ²1966). Esse livro está esgotado, mas aparece em *The philosophy of Socrates: a collection of critical studies* (University of Notre Dame Press, 1991), obra organizada por Gregory Vlastos. Vlastos, que não é de fácil leitura e que tem suas perspectivas próprias, devotou a vida a estudar Sócrates e seus métodos, e foi autor de *Socrates: ironist and moral philosopher* (Cornell University Press, 1991) e de *Socratic studies* (Cambridge University Press, 1994).

A edição-padrão dos escritos dos pré-socráticos, com seleções feitas em grego e inglês, é a de G. S. Kirk e J. E. Raven, *The Presocratic philosophers: a critical history with a selection of texts* (Cambridge University Press, ²1984). No entanto, eu encorajaria o iniciante a adquirir *The Presocratics*, de Philip Wheelwright (Prentice Hall, 1966). É a melhor abordagem em um só volume: tem apresentação e formato mais acessíveis do que o de Kirk e Raven e vem acompanhada de excelentes introduções e análises.

Em 2000, contribuí com uma conferência sobre os pré-socráticos para um gigantesco curso em oitenta partes intitulado "Great minds of the Western intelectual tradition". A série foi publicada por The Great Courses e está disponível online em www.teach12.com . Também reuni minha própria série de vinte e quatro conferências, "De Platão ao pós-modernismo: compreendendo a essência da literatura e o papel do autor" ["Plato to postmodernism: understanding the essence of literature and the role of the author"], que inclui uma conferência sobre a *República* de Platão. Entre outros grandes cursos que os leitores deste livro podem julgar úteis se inclui "A *República* de Platão, Mestres do pensamento grego: Platão, Sócrates e Aristóteles, e os Diálogos".

Dedico um capítulo a cada um dos grandes diálogos de Platão e à *Defesa de Sócrates* em meu *Ancient voices: an insider's look at classical Greece* (Stone Power Press, 2020). Também incluo um capítulo que fornece um contexto histórico para Sócrates e Platão.

Capítulo 2

A meu ver, a melhor e mais acessível tradução da *República* de Platão para o inglês é a de Richard W. Sterling e William C. Scott (Norton, 1996). Ao mesmo tempo em que permanece fiel ao grego, essa tradução verte Platão para o inglês moderno, idiomático: na verdade, é tão bem feita que, embora tenha sido feita nos anos 1980, essa tradução continua fluente e não datada até hoje. Diferentemente da excelente edição da Penguin Classic traduzida por Desmond Lee (com reimpressão em ²2003), a qual é carregada de úteis notas e explicações de cada seção, a edição de Sterling e Scott é anotada de maneira muito leve; inclui, todavia, um útil ensaio sobre a linha segmentada. Embora eu seja fã da Universidade de Chicago (especialmente suas edições das tragédias gregas) e embora eu seja fã igualmente de Alan Bloom, julgo sua tradução (Basic Books, ²1991), na qual ele procura ser excessivamente fiel ao texto original, de difícil leitura. Não obstante, as notas de Bloom são válidas, assim como o que ele tem a dizer sobre Platão e a *República* em seu justamente celebrado *The closing of the American mind* (Simon and Schuster, 1988). Não é preciso dizer que existem muitas outras traduções da *República* disponíveis: uma que é ornamentada com muita avaliação crítica é a edição da Oxford, World's Classics, por Robin Waterfield (Oxford University Press, 2008).

Um recurso muito útil é o *The Cambridge companion to Plato's "Republic"*, organizado por G. R. F. Ferrari (Cambridge University Press, 2007). Outros recursos úteis são o *Companion to Plato's "Republic"* de Nicholas P. White (Hackett, 1979), *The Blackwell guide to Plato's "Republic"*, organizado por Gerasimo Santas (Blackwell, 2006), *Plato's "Republic": a study*, por Stanley Rosen (Yale University Press, 2008), *Philosopher-kings: the argument of Plato's "Republic"*, por C. D. C. Reeve (Hackett, 2006) e *Plato's "Republic": critical essays*, organizado por Richard Kraut (Rowman & Littlefield, 1997).

Uma das mais influentes críticas à *República* de Platão continua sendo o livro clássico de Karl Popper *A sociedade aberta e seus inimigos*, volume 1, *O feitiço de Platão* (*The spell of Plato*, Princeton University Press, 1971). Popper expõe os perigos da engenharia social e coloca parte da culpa em Platão. No segundo volume, Popper prossegue estudando Hegel, Marx e o totalitarismo. Não é preciso concordar inteiramente com a tese de Popper para reconhecer os riscos inerentes a uma sociedade planejada como aquela descrita na *República*. Em contraste com a tese de Popper, Gene Fendt e David Rozema, em *Platonic errors: Plato, a kind of poet* (Greenwood Press, 1998), tentam ler Platão como literatura e os diálogos como tais, um método que ajuda os autores a contornar o suposto ódio pelas artes e a defesa do totalitarismo por parte de Platão.

Aqueles que tiverem interesse pela visão de Platão sobre as artes podem querer consultar, de Morriss Henry Partee, *Plato's poetics: the authority of beauty* (University of Utah Press, 1981) e *Plato: on beauty, wisdom, and the arts*, organizado por Julius Moravcsik e Philip Temko (Rowman & Littlefield, 1982). Para um estudo algo técnico, mas ainda acessível, sobre a teoria das Formas de Platão, ver, de David Ross, *Plato's theory of ideas* (Oxford University Press, 1951). Ao longo de meu *Atheism on trial: refuting the modern arguments against God* (Harvest, 2018), mas particularmente no capítulo 5, trato Platão como um apologista que defendeu a realidade do Bem, da Verdade e do Belo contra os sofistas e os pré-socráticos.

Capítulos 3 e 4

Minhas traduções preferidas de *Protágoras* e *Mênon* são as da edição da Penguin Classics feitas por W. K. C. Guthrie (Penguin, 1956). Embora todas as notas às edições da Penguin Classics dos diálogos de Platão sejam boas, aquelas escritas por Guthrie para esses dois diálogos são excelentes. Constituem uma boa introdução não só a eles, como à distinção entre Platão e Sócrates e os ensinamentos de Platão. Também privilegio fortemente as edições da Penguin do *Fedro* (traduzido por Walter Hamilton e incluindo as cartas VII e VIII de Platão, 1973), do *Fédon* (parte de *The last days of Socrates*, traduzido por Hugh Tredennick, 1969) e do *Banquete* (traduzido pelo sempre confiável Walter Hamilton, 1951). O *Górgias* da Penguin é bom, mas também gosto da edição da Library of Liberal Arts, traduzido por W. C. Helmbold (Bobbs-Merril, 1952).

Um bom panorama do desenvolvimento do pensamento de Platão, com reflexões sobre os mitos, pode ser encontrado no livro, de J. E. Raven, *Plato's thought: a study of the development of his metaphysics* (Cambridge University Press, 1965). Para um estudo que ajuda a avaliar o mito do *Mênon* e o papel que ele desempenha no pensamento de Platão, ver, de Roslyn Weiss, *Virtue in the cave: moral enquiry in Plato's "Meno"* (Oxford University Press, 2000). Para dois estudos bem próximos do *Fedro*, ver, de Graeme Nicholson, *Plato's "Phaedrus": the philosophy of love* (Purdue University Press, 1999) e, de G. R. F. Ferrari, *Listening to the cicadas: a study of Plato's "Phaedrus"* (Cambridge University

Press, 1987). Fãs do *Banquete* podem querer consultar uma coletânea de ensaios sobre o diálogo publicada pelo Centro de Estudos Helênicos em Washington, D.C., *Plato's "Symposium": issues in interpretation and reception*, obra organizada por J. H. Lesher, Debra Nails e Frisbee C. C. Sheffield (Harvard University Press, 2006).

Também, sobre os mitos de Platão, o grande filósofo católico alemão Josef Pieper oferece muitas sugestões: ver seu *Divine madness: Plato's case against secular humanism* (Ignatius, 1995) e *The Platonic myths* (St. Augustine's Press, 2011). Em meu *The myth made fact: reading Greek and Roman mythology through Christian eyes* (Classical Academic Press, 2020), analiso bem de perto sete mitos de Platão, interpretando-os de um ponto de vista cristão e fornecendo questões de estudo para famílias, salas de aula, escolas dominicais, livros de leitura e devoções pessoais.

O capítulo 5 do livro interessante, informativo e, com frequência, instigador de Thomas Cahill *Sailing the wine-dark sea: why the Greeks matter* (Doubleday, 2003) inclui uma releitura e reinterpretação parcial do *Banquete* de Platão que vale a pena conferir.

Capítulo 5

Minha edição preferida de as *Leis*, de Platão, é a da Penguin Classics, traduzida por Trevor J. Saunders (1970). Saunders oferece uma excelente introdução que situa o diálogo no contexto apropriado. Devo mencionar aqui que, por questão de espaço e para ajudar a manter este livro acessível ao leitor em geral, escolhi não explorar alguns dos diálogos tardios que Platão escreveu no mesmo período de as *Leis*: *Parmênides*, *Teeteto*, *Sofista*, *Político* e (escrito antes) *Crátilo*. Esses diálogos mais difíceis e mais técnicos exploram a teoria do conhecimento e da linguagem de Platão e são em geral menos acessíveis do que os diálogos mais conhecidos. Penso também que as maiores contribuições de Platão podem ser apreendidas plenamente na *República*, nas *Leis* e em outros diálogos mais curtos discutidos neste livro.

Ainda assim, para aqueles interessados em diálogos menos conhecidos, eu sugeriria, de Kenneth Dorter, *Form and good in Plato's Eliatic dialogues: the "Parmenides," "Theaetetus," "Sophist," and "Statesman"* (University of California Press, 1994). Dois outros estudos que se aprofundam bastante na teoria do conhecimento de Platão, incluindo reflexões sobre a *República* e as *Leis*, e que são difíceis, mas ainda acessíveis, são os livros de J. C. B. Gosling *Plato* (Routledge, 1983) e de F. M. Cornford *Plato's theory of knowledge: the "Theaetetus" and the "Sophist"* (Dover, 2003).

Um panorama clássico de Platão que cobre tópicos como a alma, os deuses, as artes, a educação e a governança podem ser encontrados em *Plato's thought*, de G. M. A. Grube (Hackett, 1980). Para uma visão esteticamente mais rica do pensamento de Platão, incluindo as interações com os pré-socráticos, Sócrates e os sofistas, por um sábio vitoriano, ver Walter Pater, *Plato and platonism* (Greenwood Press, 1969). Dois outros guias confiáveis para o pensamento de Platão podem ser encontrados no capítulo 1 do altamente legível *The story of philosophy* de Will Durant (Pocket Books, 1991) e o um pouco mais difícil volume 1 (*Grécia e Roma, dos pré-socráticos a Plotino*) de Frederick Copleston, *A history of philosophy* (Image, 1993). O capítulo 4 de A. E. Taylor, *Platonism and its influence* ("Platão, o teólogo", Cooper Square Publishing, 1963), oferece uma excelente visão geral de *Leis* 10, assim como argumenta de maneira convincente, como tentei fazer várias vezes neste capítulo, que muitas das ideias que associamos a Aristóteles encontram sua verdadeira origem em Platão.

Capítulo 6

Minha edição preferida do *Timeu* e do *Crítias* é a da Penguin Classics, traduzida por Desmond Lee (Penguin, 1977). Essa edição inclui não só uma excelente introdução, como um ótimo apêndice sobre o mito de Atlântida.

Para um estudo clássico da cosmologia do *Timeu*, ver o monumental *Plato's cosmology: the "Timaeus" of Plato*, de F. M. Cornford (Routledge, 1971). Para outro estudo mais recente do assunto, que leva em conta desenvolvimentos modernos da ciência, ver o intrigante *Inventing the universe: Plato's "Timaeus", the Big Bang and the problem of scientific knowledge*, de Luc Brisson e F. Walter Meyerstein (State University of New York Press, 1995).

Meu estudo favorito sobre a persistência do modelo cosmológico de Platão, que foi transmitido à Idade Média por intermédio de Ptolomeu, é o livro de C. S. Lewis *The discarded image* (Cambridge University Press, 1964). Para uma visão geral mais rápida e mais fácil desse modelo, que persistiu ao longo da Renascença e até o final do Iluminismo, ver E. M. W. Tillyard, *The Elizabethan world picture* (Vintage, 1959). Para o exame mais exaustivo do modelo, ver, de Arthur O. Lovejoy, *The great chain of being* (Harvard University Press, 1964).

Capítulo 7

Eu de certa maneira sigo meu próprio caminho neste capítulo, mas gostaria de sugerir alguns livros úteis. O de A. E. Taylor, *Platonism and its influence* (Cooper Square Publishing, 1963), oferece um estudo breve, mas clássico sobre a influência de Platão na filosofia, na ética e na teologia, e também avalia com precisão a dívida do cristianismo em relação a Platão. Em seu monumental *Plato: the man and his work* (Dover, 2001), Taylor oferece uma visão panorâmica completa sobre a obra de Platão. Os livros de Paul Elmer More *The religion of Plato* e *Hellenistic philosophies* (Princeton University Press, 1921; 1923) são também muito bons. Para um estudo mais difícil, mas profundo, das implicações religiosas por trás dos diálogos e mitos de Platão, ver o livro de Eric Voegelin, *Plato* (Lousianna State University Press, 1966).

Dois livros menos conhecidos que oferecem muitas sugestões sobre Platão e sua influência no cristianismo são o de Constantine Cavarno, *The Hellenic-Christian philosophical tradition* (Institute for Byzantine and Modern Greek Studies, 1989), e de Jerry Dell Ehrlich, *Plato's gift to Christianity: the gentile preparation for and the making of the Christian faith* (Academic Christian Press, 2001). O foco do primeiro livro é muito bem resumido em seu longo subtítulo: *Four lectures dealing with philosophy in the Greek East from Antiquity to Modern Times, with special reference to Plato, Aristotle, Stoicism, and the Greek Church Fathers* ["Quatro conferências lidando com a filosofia no Ocidente Grego, da Antiguidade à Modernidade, com especial referência a Platão, a Aristóteles, ao estoicismo e aos Padres gregos da Igreja"]. A primeira conferência examina o impacto do Ocidente helênico da visão de Platão sobre as Formas, a alma e a unidade das virtudes. O último livro oferece um panorama muito completo e altamente acessível desses elementos do pensamento de Platão que influenciaram profundamente a Igreja primitiva. Esse livro, porém, tem a falha de sua tentativa excessivamente zelosa de personalizar o Deus de Platão e sua perspectiva anti-Antigo Testamento (mas jamais antissemítica), perspectiva que, de maneira bastante chocante, é similar à do herético Marcião, da Igreja primitiva. Em vez de se limitar a argumentar que Deus utilizou Platão para preparar o mundo greco-romano para a plena revelação do cristianismo, Ehrlich sustenta que os conceitos de pecado e de salvação de Jesus baseiam-se mais em Platão do que no Antigo Testamento. Ele também afirma que os primeiros Padres da Igreja só se vinculavam ao Antigo Testamento para evitar a perseguição romana, uma vez que os romanos aceitavam o judaísmo como uma antiga religião, mas desconfiavam de novas religiões. Ainda assim, seu panorama de Platão *é* útil e fornece muitas inspirações. Para uma compreensão mais acurada de como a Igreja primitiva selecionou de Platão os elementos que se adequavam à Bíblia, tanto o Antigo como o Novo Testamento, tomem Cavarnos, cujo *Plato's view of Man* (Institute for Byzantine and Modern Greek Studies, 1975) é também muito bom.

Leitores interessados na alegorização dos escritores pré-cristãos podem consultar, de Robert Lamberton, *Homer the theologian: neoplanist, allegorical reading and the growth of the epic tradition* (University of California Press, 1986) por seu olhar sobre como Platão e seus sucessores (sejam pagãos, sejam cristãos) "ajustaram" Homero para atingir sua essência espiritual. Depois de Platão e Aristóteles, o autor pré-cristão que talvez tenha sido mais completamente cristianizado foi Virgílio; para um estudo clássico desse processo, ver, de Domenico Comparetti, *Vergil in the Middlle Ages*, traduzido por E. F. M. Benecke (Princeton University Press, 1977).

Em meu próprio livro *From Achilles to Christ: why Christians should read the Pagan classics* (IVP Academic, 2007), desenvolvo um tema central para este capítulo: a saber, que o Deus da Bíblia usou Homero, Virgílio e os trágicos gregos – como tento mostrar, neste livro, que ele usou Platão – para ajudar a preparar o mundo clássico para o advento da plena revelação cristã. Um dos primeiros livros a identificar essa preparação é o do grande historiador da Igreja primitiva Eusébio de Cesareia, *Preparação para o Evangelho (Praeparatio Evangelica*, em latim).

Outra fonte de inspiração a respeito do platonismo cristão pode ser encontrada nos escritos de Simone Weil, em particular seu *Intimations of Christianity among the ancient Greeks*. E. Jane Doering e Eric O. Springsted organizaram uma coletânea de ensaios sobre esse aspecto do pensamento de Weil, *The Christian Platonism of Simone Weil* (University of Notre Dame Press, 2004).

Finalmente, devo mencionar que um dos melhores livros sobre o homem como alma encarnada é o do Papa João Paulo II, *The theology of the body* (Pauline Books & Media, 1997) [São João Paulo II, *Teologia do corpo*, trad. bras., São Paulo: Paulus, 2019]. Acredito que esse livro se destine a se tornar um modelo teológico; sua compreensão firmemente bíblica e ortodoxa do corpo, dos sexos e da identidade em geral o torna leitura essencial em nosso mundo atual cada vez mais agnóstico.

Capítulo 8

Minha edição preferida de *Sobre os primeiros princípios*, de Orígenes, é aquela organizada e traduzida por G. W. Butterworth (Harper & Row, 1966). Além desse texto, sigo um caminho bastante próprio. Ainda assim, aqueles que desejarem mais informações sobre Orígenes fariam bem em consultar o livro de Joseph W. Trigg, *Origen* (Routledge, 1998), que oferece tanto uma biografia como alguns de seus textos seletos. Também recomendaria fortemente o livro de Henri de Lubac, *History and spirit: the understanding of Scripture according to Origen* (Ignatius, 2007).

Capítulo 9

Henri de Lubac também escreveu o estudo definitivo sobre a abordagem alegórica à Escritura da Antiguidade tardia e da Idade Média: *Medieval exegeses: the four senses of Scripture* (Eerdmans): o volume 1 foi traduzido por Mark Sebanc (1998); e os volumes 2 e 3, por E. M. Macierowski (2000-2009). Esse livro ajudará a fornecer o pano de fundo para algumas das estranhas exegeses que se encontra em Padres do Oriente, como Gregório de Nissa (neste capítulo) e em Padres do Ocidente, como Agostinho (no próximo capítulo).

Meus textos sobre os três Gregórios, todos os quais com boas introduções que situam a obra deles em seu contexto histórico e teológico, são citados nas notas ao capítulo, mas deve-se acrescentar que meu texto sobre Gregório de Nazianzo, *Christology of the late fathers*, também inclui *Sobre a encarnação*, de Atanásio, leitura seminal para qualquer um que deseje acompanhar as influências platônicas no Oriente, juntamente com dois trabalhos mais curtos de Gregório de Nissa. Para uma boa visão geral sobre os três padres da Capadócia, ver Patrick Whitwort, *Three wise men from the Eats: the Capadocian Fathers and the struggle for orthodoxy* (Sacristy Press, 2015).

St. Gregory of Palamas and Orthodox spirituality, de John Meyendorff (St. Vladimir's Seminary Press, 1974), oferece o pano de fundo relevante, assim como muitos *insights* sobre a alma ortodoxa. Para um panorama bom, altamente acessível e em volume único sobre a ortodoxia, ver, de Timothy Ware, *The Orthodox Church: an Introduction to Eastern Christianity* (Penguin, 2015). Para aprender sobre a Oração de Jesus, a principal prece do movimento hesicasta, tome uma das muitas edições de *O caminho do peregrino* [*The way of pilgrim*], a autobiografia de um monge medieval russo que se dedicou à oração. Finalmente, se desejar imergir na ortodoxia, apanhe um ou mais dos quatro volumes de *The philolakia* (Faber and Faber, 1979), uma coletânea de escritos por parte de monges e místicos medievais.

Aqueles que gostaram deste capítulo e do anterior podem querer ler também obras dos seguintes padres: Justino Mártir, Irineu, Clemente de Alexandria, João Crisóstomo, Dionísio Areopagita, João Clímaco (cujo livro *Ladeira da ascensão divina* trai sua forte dívida com Platão), João de Damasco, Fócio e Simeão, o Novo Teólogo.

Capítulo 10

Embora eu tenha utilizado a tradução das *Confissões*, de Agostinho, de Pine-Coffin, da Penguin, conheço uma série de latinistas que julgam essa tradução insatisfatória. Aqueles que partilham dessa precaução fariam bem em consultar a excelente tradução de Henry Chadwick (Oxford, 2009). Uma das melhores maneiras de experimentar as *Confissões*, especialmente seu foco sobre o desejo, é ler, de Peter Kreeft, *I burned for your peace: Augustine's Confessions unpacked* (Ignatius, 2016), que proporciona o prazer de ler Agostinho sobre os ombros de um dos mais acessíveis filósofos cristãos de nossos dias – um que sabe muito bem como mesclar as percepções de Sócrates e Platão com as verdades mais elevadas de Cristo e da Bíblia.

Um dos melhores estudos da influência de Platão sobre Agostinho é o de Philiph Cary, *Inner grace: Augustine in the tradition of Plato and Paul* (Oxford, 2008). Cary também preparou um excelente curso em vídeo/áudio sobre Agostinho, para The Great Courses, que trata a fé de Agostinho de maneira justa e honesta: "Agostinho: filósofo e santo". Para um estudo clássico de como Agostinho ajudou a preservar o legado de Platão, ver Raymond Klibansky, *The continuity of the Platonic tradition during the Middle Ages* (Warburg Institute, 1939). Ver também seu *Plato's "Parmenides" in the Middle Ages and Renaissance* (Ulan Press, 2012).

Embora eu utilize a tradução mais antiga de W. V. Cooper para Boécio, encorajaria os leitores a empregar a excelente tradução moderna feita por Scott Goins e Barbara H. Wyman (Ignatius, 2012). Essa edição crítica da Ignatius inclui vários ensaios acessíveis sobre a *Consolação*, incluindo um que apresenta um panorama do livro todo. Em sua síntese do modelo cosmológico medieval, *The discarded image* (Cambridge, 1964), C. S. Lewis faz a melhor defesa do argumento de que a *Consolação* foi escrita por um cristão em um modo pré-cristão.

Sempre preferi a tradução de Dante por Ciardi; porém, as traduções (e notas) por Dorothy Sayers (Penguin) e Anthony Esolen (Modern Library) também merecem ser consultadas. Em meu *Heaven and Hell: visions of the afterlife in the Western poetic tradition* (Wipf & Stock, 2013), dedico dois capítulos a Platão e nove a Dante. O livro de Rod Dreher, *How Dante can save your life* (Regan Arts, 2015), oferece um olhar atento, acessível, altamente pessoal ao modo como a épica de Dante nos direciona para nosso verdadeiro lar.

Capítulo 11

The essential Erasmus, do qual citei o *Enchiridion*, de Erasmo, contém muitas obras-chave, incluindo *Elogio da loucura* e *Uma investigação sobre a fé*. Minha edição da *Educação de um príncipe cristão* contém uma valiosa introdução e excelentes notas textuais. Para duas biografias boas, acessíveis, ver Johan Huizinga, *Erasmus and the Age of Reformation* (Benediction Books, 2009) e Roland Bainton, *Erasms of Christendom* (Hendrickson, 2016).

Minha edição das *Meditações* de Descartes contém uma útil introdução, mas poucas notas explicativas. Os leitores devem consultar o livro de Peter Kreeft, *Socrates meets Descartes* (St. Augustine's Press, 2012) para um diálogo vigoroso e interessante, que ajuda a chegar ao núcleo de Descartes. Uma maneira divertida de experimentar a história da filosofia, com Descartes em um papel central, é ver o cativante livro de Jostein Gaarder, *Sophie's world: a novel about the History of Philosophy* (Farrar, Straus and Giroux, 2007) [*O mundo de Sofia*, trad. Leonardo Pinto Silva. São Paulo: Seguinte, 2012].

Minha edição da obra de Coleridge *Biographia* (Princeton University Press, 1983) é uma das melhores. A introdução e as notas oferecem uma riqueza de informação que situa o autor, o livro e as ideias em seu contexto histórico. O co-organizador, James Engell, publicou seu próprio livro, acessível, sobre o Iluminismo e teorias românticas da imaginação: *The creative imagination: Enlightenment to Romanticism* (Harvard University Press, 1981). Minha série de conferências "From Plato do

Postmodernism" (citada acima) abrange várias teorias da imaginação, com uma conferência inteira dedicada a Coleridge.

Capítulo 12

Apresento um panorama da vida e dos escritos de C. S. Lewis em minha série de doze conferências em *The Great Courses*: "A vida e os escritos de C. S. Lewis". Em *Lewis agonistes: how C. S. Lewis can train us to wrestle with the Modern and Postmodern world* (B&H, 2003), ofereço uma biografia de Lewis, seguida por capítulos sobre como Lewis, frequentemente com ajuda de Platão, lutou com a ciência, a Nova Era, o mal e o sofrimento, as artes, e o céu e o inferno. Dedico sete capítulos à apologética de Lewis em *Apologetics for the 21st century* (Crossway, 2010) e trato de sua ficção e escrita acadêmica em *Restoring beauty: the Good, the True, and the Beautiful in the writings of C. S. Lewis* (Biblica/InterVarsity Press, 2010). Em *C. S. Lewis: an apologist for education* (Classical Academic Press, 2015), discuto a visão de Lewis sobre a educação; em *On the shoulders of Hobbits: the road to virtue with Tolkien and Lewis* (Moody, 2012), discuto a virtude e o vício nas *Crônicas de Nárnia*. Platão tem um papel nos quatro livros.

Entre os vários excelentes livros sobre C. S. Lewis, eis cinco que ajudarão a elucidar alguns dos pontos deste capítulo: Michael Ward, *Planet Narnia: the seven heavens in the imagination of C. S. Lewis* (Oxford, 2008; reeditado como *The Narnia code*) sustenta que Lewis relacionou cada Crônica aos sete planetas medievais, uma visão de mundo que é essencialmente platônica. Armand Nicholi, em *The question of God: C. S. Lewis and Freud debate God, love, sex, and the meaning of life* (Free Press, 2002), compara e contrasta as visões de mundo opostas de Lewis e Freud (que era tanto antiplatônico como antideus). O livro de Will Vaus *Mere theology: a guide to the thought of C. S. Lewis* (InterVarsity Press, 2004) oferece um acessível panorama sobre as crenças teológicas de Lewis. O livro de Marsha Daigle-Williamson *Reflecting the eternal: Dante's Divine Comedy in the novels of C. S. Lewis* (Hendrickson, 2015) acompanha a influência direta de Dante sobre Lewis, e, ao fazê-lo, muita da influência indireta de Platão. O livro de Peter Kreeft *C. S. Lewis for the Third Millennium: six essays on "The abolition of Man"* (Ignatius, 1994) oferece uma análise que se apoia pesadamente sobre Platão, como o fez o próprio Lewis.

Índice das escrituras

ANTIGO TESTAMENTO

Gênesis
1   15, 120, 246
1–9   119
1,24-28   140
1,31   241
2,7   136, 155
2,20-24   158
2,21-22   139
3,8   163
10,8-9   123
11,1-9   122
12,1-3   130
26,4   130
28,14   130
32,28   147

Êxodo
1,16   192
3,14   134, 230
12,36   202
18,19   219
20,1-17   116
20,5   188
28,10-17   157
33,21-23   187
34,29   197

Levítico
18,22   159

Números
25,1-3   194

Deuteronômio
5,1-21   116
32,21   188

1 Samuel
15,22   117, 150

Jó
1,6   135
38–41   190
38,7   246

Salmos
8,5   137
22   151
34,7   137
51,16-17   117
91,11   137
114,1   192

Provérbios
8,22-25   168
16,18   176

Isaías
1,11-17   117
29,13   117

Jeremias
31,31   150

Ezequiel
36,26   150

Oseias
6,6   117

Miqueias
6,6-8   117

NOVO TESTAMENTO

Mateus
2,1-12   164
4,1-11   173
5,29   86
7,6   103
10,28   86
10,32-33   176
11,14   211
13,1-23   176
13,42   86
13,49-50   86
17,2   197
18,10   137
24,51   86
25,30   86
25,41   86

Marcos
10,29-30   83
12,32-33   151

Lucas
1,52   151
2,30   151
7,5   164
22,20   150

João
1,1   205
1,1-5   203
1,3   128, 168
1,9   203
1,12   203
1,13   204
1,14   200, 204, 205
3,3-5   241
14,6   13, 128

Atos dos Apóstolos
3,25   130
7,53   137
7,55   197

10,2   164
17,23 129
17,27 12
17,28 204
17,32 150, 200

Romanos
1,17   161
1,20   205
1,24   188
1,25   204
1,26-27 159
3,23   161
4,15   161
5,12   178
7,18-25 140
11,6   161

1 Coríntios
1,18-31 165
5,7   211
6,19   150
10,4   212
13,12 184, 189, 195
15   155
15,20 149
15,28 180

2 Coríntios
3,6   153
4,18   33
5,21   162

Gálatas
3,8   130
3,19   137
3,24   165

4,21-26 212
6,7   117

Efésios
2,8   150
2,8-9 161
6,12   137

Filipenses
1,27   165
2,6   204
2,7   204
2,10   169

Colossenses
1,17-18 128
2,8   197

1 Timóteo
6,10   113

Hebreus
2,7   204
8   127
8–9   191, 243
8,5   128, 243
9   211
9,23-24 128
11   127, 190
11,3   127
11,6   117

Tiago
1,17   93
2,19   180

2 Pedro
1,4   197

Apocalipse
1,8   210
13,8   243

20,14-15   179
21–22   231
22,13   210

Edições Loyola

editoração impressão acabamento
Rua 1822 n° 341 – Ipiranga
04216-000 São Paulo, SP
T 55 11 3385 8500/8501, 2063 4275
www.loyola.com.br